한국의 시승
韓國의 詩僧
-조선-

路談 集譯

조계종
출판사

서문 序文

　화엄경 입법계품은 선재동자가 남방으로 오십삼 선지식을 친견하고 법을 얻는 구법의 행각을 기술한 것이다. 이는 불교와 불교 밖에 존재하는 모든 지혜를 가르치면서, 가르침을 배우는 데는 아상, 인상, 중생상, 수자상을 버리는 끝없는 수행과 진리를 찾고자하는 원력, 진실한 지혜를 얻고자하는 신심으로 깨달음을 얻는데 있다.

　한국의 시승이란 제하에 조사스님들의 문집을 찾아 헤맨 지 십년이 넘었다.

　선재동자는 보현보살의 가르침으로 오십삼 선지식을 찾아뵙는 데에는 시간과 공간을 초월하여 친견할 수 있었지만, 조선시대 조사스님들의 시문집을 찾아 조사스님을 친견하기에는 조사스님들의 수행방법과 시대의 벽이 부러진 새의 날개처럼 쉽게 친견할 수 있는 것도 아니었다. 설혹 조사스님들을 찾아뵙더라도 조사스님의 법문이 그렇게 쉽게 이해되는 것은 더욱 아니지만, 겨울바람에 눈이 내리고 눈 내린 길을 밟으며 첫발자국을 남기려고 길을 나서면 어느 만큼에선가 앞서 나간 발자국을 만나게 된다.

　『한국불교전서』가 그렇다. 앞서간 눈 위의 선명한 발자국처럼 『한국불교전서』에는 신라 조사스님이 있고, 고려 조사스님도 있고, 조선 조사스님들도 있다. 현존하는 조사스님들의 저서와 문집을 집대성해 놓았다는 이야기이다. 나는 이곳에서 금맥을 찾아 금을 캐는 광부처럼 조사스님들의 시를 찾아 전체가 아닌 조그만 부분을 관견(管見)으로 풀어보고자 했다.

　조사스님들의 문집과 어록은 조사스님들이 수행하면서 얻은 지혜의 말씀이며 법이자 법문이다. 한 구절 두 구절 풀어 읽다 보면 시대의 절박함과 위치가 보이고, 그렇게 행동해야만 하는 철학이 보이고, 환경의 아름다움이 보이고, 함께

하는 친구가 보이고 이별해야만 하는 못난 아픔과 그리움 속에 만나는 환희와 법을 얻은 희열이 보인다. 참으로 읽는 사람의 지견만큼 열어 보이는 것이 신이할 뿐이다.

우리 주변에는 중국불교라 할 수 있는, 즉 관심론, 혈맥론, 신심명, 육조단경, 조주록, 위산록, 조동록, 몽산법어 등 헤아리기 어려울 정도로 많은 어록과 문집이 한글로 번역되어 있고, 번역된 책들은 신심과 원력, 수행법과 사상, 언어적 표현 방법까지 제방 납자들에게 전법의 등불로 하늘의 북극성이 되어 있다. 그러나 한국불교 조사스님들의 어록은 중국불교 조사스님들의 번역본에 비하면 아이의 걸음마에도 비교되지 않을 뿐만 아니라 조사 어록 문집을 접하기도 어렵다. 많은 조사스님들의 어록은 많은 조사스님들 만큼, 수행법이 다르고, 수행법에 따라 행하는 위의(威儀)가 다르고, 행하는 위의에서 얻은 지혜도 다르고, 지혜로 제접(提接)하는 가르침이 다르기 마련이다. 어쩌면 우리는 우리들의 사상과 수행법, 지혜와 위의, 제자들을 제접하는 방법을 놓치고 있는 것은 아닌지 생각을 하게 된다.

『동국승니록』에서는 승려 분류를 '명승(名僧) 니고(尼姑) 시승(詩僧) 역승(逆僧) 간승(奸僧)'으로 구분하고 있지만 이는 정치적인 분류이지 어찌 부처님 제자가 간승과 역승이 있겠는가? 여하튼 문집이 있고 시집이 있고 문집에 시가 있으면 시를 쓴 것이고 시를 썼으니 시승인 것만은 지당하고 자명하다.

본 도서에서는 『해동고승전』, 『한국불교전서』, 『동사열전』을 근간으로 현전하는 조선시대 64분의 조사스님들 시(詩)가 있는 문집만을 찾아 정리하였다. 시대구분인 조선은 조선건국 1393년부터 대한제국 이전인 1896년까지로 했다. 때문에 1896년 이전에 태어나서 1896년 이후까지 생존하신 조사스님의 어록이나 문집은 기록하지 않았다. 또한 조사스님들의 인물 정리는 한국민족문화백과대사전과 기타 백과사전을 참고로 했다.

『한국의 시승-조선』에서 다룬 조선 고승문집은 다음과 같다.

1. 기화 함허 (己和 涵虛 1376~1433)   함허화상어록.
2. 보우 허응 (普雨 虛應 ?~1565)   허응당집. 나암집.
3. 청허 휴정 (淸虛 休靜 1520~1604)   청허당집.
4. 일선 정관 (一禪 靜觀 1533~1608)   정관집
5. 해일 영허 (海日 暎虛 1541~1609)   영허집
6. 경헌 제월 (敬軒 霽月 1542~1632)   제월당집
7. 선수 부휴 (善修 浮休 1543~1615)   부휴당대사집
8. 유정 사명 (惟政 四溟 1544~1610)   사명대사집
9. 명조 허백 (明照 虛白 1593~1661)   허백집
10. 충휘 운곡 (沖徽 雲谷 ?~1613)   운곡집
11. 인오 청매 (印悟 靑梅 1548~1623)   청매집
12. 기암 법견 (奇巖 法堅 1552~1634)   기암집
13. 일옥 진묵 (一玉 震默 1562~1633)   진묵유적고
14. 태능 소요 (太能 逍遙 1562~1649)   소요당집
15. 해안 중관 (海眼 中觀 1567~?)   중관대사유고
16. 청학 영월 (淸學 詠月 1570~1654)   영월대사문집
17. 언기 편양 (彦機 鞭羊 1581~1644)   편양당집
18. 수초 취미 (守初 翠微 1590~1668)   취미당집
19. 현변 침굉 (懸辯 枕肱 1616~1684)   침굉집
20. 처능 백곡 (處能 白谷 1617~1680)   백곡집
21. 무주 월봉 (無住 月峯 1623~?)   월봉집
22. 현일 한계 (玄一 寒溪 1630~1716)   한계집
23. 성총 백암 (性聰 栢庵 1631~1700)   백암집

24. 경일 동계 (敬一 東溪 1636~1695)　　동계집
25. 도안 월저 (道安 月渚 1638~1715)　　월저당대사집
26. 명찰 풍계 (明察 楓溪 1640~1708)　　풍계집
27. 명안 백우 (明眼 白愚 1646~1710)　　백우수필
28. 성능 계파 (聖能 桂坡 ~1711~)　　북한지
29. 추붕 설암 (秋鵬 雪巖 1651~1706)　　설암난고
30. 수연 무용 (秀演 無用 1651~1719)　　무용집
31. 지안 환성 (志安 喚醒 1664~1729)　　환성시집
32. 자수 무경 (子秀 無竟 1664~1737)　　무경집
33. 약탄 영해 (若坦 影海 1668~1754)　　영해대사문집
34. 태우 남악 (泰宇 南岳 ?~1732)　　남악집
35. 범종 허정 (法宗 虛靜 1670~1733)　　허정집
36. 나식 송계 (懶湜 松桂 1685~1766)　　송계집
37. 새봉 상월 (璽篈 霜月 1687~1767)　　상월대사시집
38. 해원 천경 (海源 天鏡 1691~1770)　　천경집
39. 태율 월파 (兌律 月波 1659~?)　　월파집
40. 조관 용담 (慥冠 龍潭 1700~1763)　　용담집
41. 유기 호은 (有機 好隱 1707~1785)　　호은집
42. 시성 야운 (時聖 野雲 1710~1776)　　야운선사문집
43. 의민 오암 (義旻 鰲岩 1710~1792)　　오암집
44. 체조 용암 (體照 龍巖 1714~1779)　　용암집
45. 무외 대원 (無外 大圓 1714~1791)　　대원대사문집
46. 최눌 묵암 (最訥 默菴 1717~1790)　　묵암집
47. 홍유 추파 (泓宥 秋波 1718~1774)　　추파집
48. 팔관 진허 (捌關 振虛 ?~1782)　　진허집

49. 취여 괄허 (取如 括虛 1720~1789)　괄허집
50. 유일 연담 (有一 蓮潭 1720~1799)　임하록
51. 기여 몽암 (箕潁 蒙庵　미상)　몽암대사문집
52. 비은 월성 (費隱 月城 1710~1778)　월성집
53. 응윤 경암 (應允 鏡巖 1743~1804)　경암집(관식)
54. 의첨 인악 (義沾 仁岳 1746~1796)　인악집
55. 천유 해붕 (天遊 海鵬 ?~1826)　해붕집
56. 지탁 삼봉 (知濯 三峰 1750~1839)　삼봉집
57. 정훈 징월 (政訓 澄月 1743~1804)　징월대사시집
58. 혜장 아암 (惠藏 兒庵 1772~1811)　아암집
59. 계오 월하 (戒悟 月荷 1773~1849)　가산고
60. 의순 초의 (意恂 草衣 1786~1866)　초의시고
61. 선영 역산 (善影 櫟山 1792~1880)　역산집
62. 치능 함홍 (致能 函弘 1805~1878)　함홍당집
63. 각안 범해 (覺岸 梵海 1820~1896)　범해시고
64. 세환 혼원 (世煥 混元 1853~1889)　혼원집

작은 일이든 큰일이든 일을 홀로하거나 힘으로 하면 일은 능률도 오르지 않고 힘만 들고 쉬이 지친다. 또 혼자하면 독선에 빠지기 쉽다. 그래서 일은 여럿이 해야 한다. 여럿이 하기 위해서는 연구소나 번역원이 있어야 한다. 일시적이나 단편적이 아니라 항구적으로 지속 가능해야하기 때문이다.

한국의 시승을 찾는 십여 년의 기도를 회향하려고 한다. 한국의 시승 – 삼국·고려·조선, 중국의 시승, 연방시선까지 십년 넘도록 매진할 수 있도록 지켜봐 주신 은사 현문 대종사 스님께 감사드립니다. 도와주고 함께하신 원정 스님, 무상 스님, 승원 스님, 법광 스님, 정수스님, 도서 스님, 미등 스님, 원범 스님,

지현 스님, 보각 스님께 감사드린다. 토굴을 지어 기도할 수 있도록 배려해 주신 무불지 보살님께 감사드린다. 출판을 맡아주신 조계종출판사 사장 성경거사님께 감사드린다. 또 부모 형제와 보원사 신도님들이 행복할 수 있도록 해달라고 부처님 전에 회향축원을 한다.

2014년 1월
遊心院에서 路談 正眼

추천서 推薦書

    중국 송대(宋代)에 시(詩)로 유명한 아홉 사람의 승려로 회남(淮南)의 혜숭(惠崇), 검남(劍南)의 희주(希晝), 금화(金華)의 보섬(保暹), 남월(南越)의 문조(文兆), 천태(天台)의 행조(行肇), 여주(汝州)의 간장(簡長), 청성(靑城)의 유봉(維鳳), 강동(江東)의 우소(宇昭), 아미(峨眉)의 회고(懷古)를 가리킨다. 이 아홉 스님들을 구시승(九詩僧)이라 하는데 아홉 스님들의 시는 선정삼매에서 나온 시대의 뛰어난 시의 음률을 읊은 득도의 시라고 한다. 『한국의 시승-조선』에서는 예순네 분의 스님들이 선정삼매에 들어 마음과 마음으로 전하는 환희지(歡喜地)의 언어로 읊은 시를 로담 정안이 집역하였다.
    헤르만헤세의 싯다르타를 가만히 읽다보면, 1부에서는 뱃사공에게 대자연의 강물과 숲 바람소리를 명상하는 법을 배워가는 싯다르타는 강물이 흐르는 모습, 강물에 부딪치는 느낌, 강물 아래 돌 굴러가는 소리, 숲에 바람 부는 소리, 새 울음소리, 숲에 석양이 지는 모습들을 들이쉬고 내쉬는 호흡 속에 느껴지는 확연함으로 그 강을 건너려 하지만, 2부에서는 강을 건너고자 했던 인식의 질곡과 내면의 갈등을 털어내고 자신이 강을 건너 주는 뱃사공이 되어 있다. 『한국의 시승-조선』에는 선교양종 판서, 팔도 십육종도총섭, 승군 좌영장, 승병장, 생불, 팔도 도총섭, 십삼대 종사, 십삼대 강사, 안으로 스님이요 밖으로 시인인 시, 선교도총섭, 중국의 구시승(九詩僧)이라 할만한 스님의 시를 법어로 청량제로 수행하는 길잡이로 환경의 변마(變魔)를 이겨내는 방편으로 체득할 수 있다.

죽었다고 하는데 누가 죽었으며
태어났다고 하는데 누가 태어났는가?
본래 오고 가는 모습이 없어
오직 살아있는 것들을 이롭게 할뿐
오는 것도 중생이 오는 것이고
가는 것도 중생이 가는 것이니
오고 가는 한 주인공은
참으로 어느 곳에 있는가?

死也爲誰死 生也爲誰生
사야위수사 생야위수생
本無去來相 惟爲利群生
본무거래상 유위리군생
來爲衆生來 去爲衆生去
내위중생래 거위중생거
去來一主人 畢竟在何處
거래일주인 필경재하처
― 청허의 「환향곡」 전문

  생텍쥐페리의 어린 왕자는 여러 별들을 여행하면서 많은 현상의 굴곡과 인식의 오인 속에 던져지는 수수께끼 같은 질문을 풀어 보인다. 하지만 보여지고 보이는 그대로의 존재하는 인식과는 달리 마지막에는 자신의 별에서 가꾼 장미를 제일 사랑한다고 한다. 마치 화엄경 입법계품의 선재동자가 오십삼 선지식을 찾아뵙고, 법은 구하여 얻어지는 것이라 인식하지만 그것 또한 문수보살의 일탄지교에 무너지며 깨닫듯이, 한국의 시승 조선의 시어들은 인식의 오인과 현상의 굴곡, 환경의 변질을 치유한다.

생각 밖에 봉호라는 특별한 하늘이 있는데
노스님은 한가로이 앉아 낮에는 항상 졸아도
꽃을 머금은 온갖 새들이 어디선가 돌아오니
몸과 마음을 움직이지 않는 대 선정삼매이다.

物外蓬壺別有天 老僧閒坐晝常眠
물외봉호별유천 노승한좌주상면
含花百鳥歸何處 不動身心大寂禪
함화백조귀하처 부동신심대적선

　　　　　　　　－대원의「고승 입정」전문

  로담 정안이 십년의 발품을 회향한다고 한다. 십 년의 발품에는 『한국의 시승–삼국』, 『한국의 시승–고려』, 『한국의 시승–조선』, 『중국의 시승』, 『연방시승』이 있다. 노고가 많았으리라 생각한다. 그가 있어 꽃 같은 아름다움과 향기로움을 느끼게 된다. 이 책을 읽는 이에게 행복이 향기로 꽃피우기를 기도한다.

　　　　　　　　　　　　　　　曹溪叢林 松廣寺 住持 松雲 無想

차 례

서문 序文			2
추천서 推薦書			8
기화 함허(1376~1433)	23	淸夜吟 청야음	26
		廬山三笑圖 여산삼소도	27
		山中味 산중미	28
		有感 유감	29
		遊雲岳山 유운악산	30
허응당 보우(1509~1565)	31	春山卽事 춘산즉사	33
		賦秋 부추	34
		見山茶花 견산다화	35
		虛樓待月 허루대월	36
		臨終偈 임종게	37
휴정 청허(1520~1604)	39	途中有感 도중유감	43
		戰場行 전장행	44
		還鄕曲 환향곡	46
		讚佛 찬불	47
		王師菊 왕사국	48
		紅流洞 홍류동	49
		贈念佛僧 증염불승	50
		杜鵑 두견	51
일선 정관(1533~1608)	53	話頭鳥 화두조	55
		不忘記 불망기	56
		山堂雨後 산당우후	57
		夜坐 야좌	58
		題七佛菴 제칠불암	59
		勸詞 권사	60
해일 영허(1541~1609)	61	山河大地眼前花 산하대지안전화	63

		流水 유수	64
		忘機 망기	65
		摩尼珠 마니주	66
		新羅懷古 신라회고	67
제월 경헌(1542~1632)	69	旅中吟 려중음	71
		遊雙溪寺 유쌍계사	72
		再到金剛山 재도금강산	73
		靑山雨後奇 청산우후기	74
		面燈 면등	75
선수 부휴(1543~1615)	77	聞笛 문적	80
		宿江店 숙강점	81
		山中閑詠 산중한영	82
		感懷 감회	83
		佛頂臺 불정대	84
		一片閑雲過碧空 일편한운과벽공	85
		秋菊春蘭各有時 추국춘난각유시	86
유정 사명(1544~1610)	87	一葦渡江 일위도강	89
		夜坐戲題(二) 야좌희제(둘)	90
		桐華寺上房 聞分夜鐘 동화사상방 문분야종	92
		望鄕 망향	93
허백 명조(1593~1661)	95	示凜師 시름사	98
		佛影帶 불영대	99
		受大興衆請作禪偈傳後代 수대흥중청작선게전후대	100
		拾栗 습율	101
		禪觀十調 선관십조	102
충휘 운곡(?~1613)	103	次潘上舍韻 차반상사운	104
		山寺 산사	105
		伏龍川聞笛 복룡천문적	106
		廢寺 폐사	107
		上院寺 상원사	108
인오 청매(1548~1623)	109	春日 춘일	111
		出山 출산	112

	送僧 송승	113
	聞笛 문적	114
	晩春 만춘	115
	漁翁 어옹	116
법견 기암(1552~1634) 117	居金剛山 거금강산	119
	一口劍 일구검	120
	掩柴扉 엄시비	121
	寶德窟 보덕굴	122
	念佛觀 염불관	123
	無牛 무우	124
일옥 진묵(1562~1633) 125	母祭文 모제문	128
	羅漢 희라한	130
	嘗吟 상음	131
태능 소요(1562~1649) 133	一卷經 일권경	136
	文殊面目 문수면목	137
	靈飯着語 영반착어	138
	達摩後品 달마후품	139
	趙州茶 조주차	140
해안 중관(1567~?) 141	虎丘淸規禪話牋 호구청규선화전	144
	靜坐意 정좌의	145
	自勸意 자권의	146
	四月八日午雪 사월팔일오설	147
	冬至 동지	148
영월 청학(1570~1654) 149	神興寺 신흥사	151
	山寺聞琴 二首 산사문금 이수	152
	春風遊松廣寺詩 춘풍유송광사시	154
	惜別 석별	158
	吹笛峯上 憶崔仙詩 취적봉상 억최선시	159
	臨終偈 임종게	160
언기 편양(1581~1644) 161	聽草蟲 二首 청초충 이수	164
	聞杜鵑 문두견	166
	秋意 추의	167
	庭花 정화	168

	佛器詩 불기시	169
수초 취미(1590~1668) 171	對花 대화	174
	義湘臺 의상대	175
	春晴 춘청	176
	面壁 면벽	177
	回鄕 회향	178
침굉 현빈(1616~1684) 179	伽倻吟 가야음	182
	題松廣寺 제송광사	183
	淸夜聞磬 청야문경	184
	詠紅菊 영홍국	185
	玉洞明花 옥동명화	186
처능 백곡(1617~1680) 187	牧童詞 목동사	190
	雪 설	191
	幽居遣興 유거견흥	192
	除夜 제야	193
	白馬江懷古 백마강회고	194
	遊浮石寺 유부석사	195
무주 월봉(1623~?) 197	訪主人公 방주인공	199
	示海禪 시해선	200
	參禪頌 참선송	201
	示客 시객	202
	示愚師 시우사	203
	參念頌 참염송	204
현일 한계(1630~1716) 205	過廢寺 과폐사	206
	珍寶驛 진보역	207
	淸淵浦 청연포	208
	法住寺 법주사	209
	海印寺 해인사	210
	月精寺 월정사	211
성총 백암(1631~1700) 213	途中春暮 도중춘모	215
	夢覺 몽각	216
	漁父 어부	217
	黃嶺 황령	218

	妙峯 묘봉	219
	內院 내원	220
동계 경일(1636~1695) 221	曉起 효기	222
	山居春事 산거춘사	223
	自鵲江泛舟歸甘露寺 자작강범주귀감로사	224
	遊通度寺 유통도사	225
	萬法歸一 만법귀일	226
도안 월저(1638~1715) 227	村齋夜吟 촌재야음	229
	哭性一 곡성일	230
	秋事 추사	231
	無家處處山 무가처처산	232
	杜鵑 두견	233
	憶梧隱 억오은	234
명찰 풍계(1640~1708) 235	次百濟懷古 차백제회고	237
	煙溪疎雨 연계소우	238
	淸平寺仙洞 청평사선동	239
	僧伽寺 승가사	240
	曹溪寺 조계사	241
명안 백우(1646~1710) 243	示禪河道人 시선하도인	246
	留別印師 류별인사	247
	圓扇 원선	248
	自讚 자찬	249
성능 계파(~ 1711 ~) 251	白雲峯 백운봉	253
	元曉臺 원효대	254
추붕 설암(1651~1706) 255	雪夜 설야	257
	憂世 우세	258
	三五七言 삼오칠언	259
	拂子 불자	260
	雨霽 우제	261
	春日感興 춘일감흥	262
수연 무용(1651~1719) 263	獨坐水石亭作三有三無詩 독좌수석정작삼유삼무시	266
	七峯庵 칠봉암	267

	伽智山寶林寺 가지산보림사	268
	米 미	269
	山樓臥吟 산루와음	270
환성 지안(1664~1729)　271	題草堂 제초당	273
	幽吟 유음	274
	示淳師 시순사	275
	示學徒 시학도	276
	靑扇 청선	277
자수 무경(1664~1737)　279	蓮池孤鶩 연지고악	281
	彌勒庵 미륵암	282
	對雪排律 대설배율	284
	草堂晴吟 초당청음	286
	白雲山 백운산	288
약탄 영해(1668~1754)　289	詠菊呼韻 영국호운	291
	春日偶吟 춘일우음	292
	惜花 석화	293
	詠烏竹叢裏映山花 영조죽총리영산화	294
	詠月夜 聞杜鵑 영월야 문두견	295
	題泰安寺 제태안사	296
태우 남악(?~1732)　297	秋夕客思 추석객사	298
	妙寂寺偶吟 묘숙사우음	299
	山樓秋景 산루추경	300
	秋風病懷 추풍병회	301
	秋日古寺 추일고사	302
법종 허정(1670~1733)　303	護戒 호계	306
	夜靜 야정	307
	自歎 자탄	308
	雙溪寺 쌍계사	309
	數詩體 수시체	310
송계 나식(1684~1765)　313	臨行偈 임행게	315
	空庭梅 공정매	316
	客來 객래	317
	念佛 염불	318

	夜坐 야좌	319
	柒谷松林寺 칠곡송림사	320
새봉 상월(1687~1767) 321	題寫眞 제사진	323
	書懷 서회	324
	除夜歎 제야탄	325
	題碧松庵 제벽송암	326
	題仙巖寺 香爐庵 제선암사 향로암	327
해원 천경(1691~1770) 329	歎世 탄세	332
	觀音窟 관음굴	333
	般若峰 반야봉	334
	知足 지족	335
	心燈 심등	336
태율 월파(1695~?) 337	閑居卽事 한거즉사	339
	春眠覺 춘면각	340
	本分 본분	341
	九月山景 구월산경	342
	牧童 목동	343
조관 용담(1700~1762) 345	閑居卽事 한거즉사	348
	睡覺 수각	349
	白雲何事自去來 백운하사자거래	350
	詠佛頭花 영불두화	351
	簷葍花 첨복화	352
유기 호은(1707~1785) 353	晩春有感 만춘유감	355
	雨中會話 우중회화	356
	和過客韻 화과객운	357
	賞春 상춘	358
	嘆菊 탄국	359
시성 야운(1710~1776) 361	題浮石寺極樂菴壁 제부석사극락암벽	363
	別如大師 별여대사	364
	送菊上人 송국상인	365
	次山陽蔡生員韻 차산양채생원운	366
	謹呈淸波大禪室 근정청파대선실	367
의민 오암(1710~1792) 369	秋葉 추엽	371

		梅月廟 매월묘	372
		兀坐 올좌	373
		俗僧 속승	374
		詩癖忘苦 시벽망고	375
용암 체조 (1714~1779)	377	登洛伽義湘臺 등락가의상대	379
		挽詞 만사	380
		自題 자제	381
		雨中客至 우중객지	382
		明沙秋月 명사추월	383
무외 대원(1714~1791)	385	戒色 계색	387
		題淸眞堂 제청진당	388
		題想西堂 제상서당	389
		高僧入定 고승입정	390
		高僧出定 고승출정	391
최눌 묵암(1717~1790)	393	悟道話 오도화	396
		登俗離山 등속리산	397
		神興懷古 신흥회고	398
		戒學業 계학업	399
		題浮石寺 제부석사	340
홍유 추파(1718~1774)	401	臨終訣慣拭 임종결관식	403
		溪寺偶吟 계사우음	404
		渡茂溪津 도무계진	405
		遊三神洞 유삼신동	406
		臨終偈 임종게	407
취여 괄허(1720~1789)	409	觀心 관심	411
		上無住 상무주	412
		偶題 우제	413
		風月 풍월	414
		洛山寺 낙산사	415
유일 연담(1720~1799)	417	歸故鄕(余丁巳出家 壬戌歸鄕) 귀고향(여정사출가 임술귀향)	420
		古今島 고금도	421
		漁父詞 二首 어부사 이수	422

		牧童詞 목동사	423
		禪旨 선지	424
기영 몽암(?)	425	紅流洞口呼 홍류동구호	426
		松 송	427
		五臺山偶吟 오대산우음	428
		自嘲 자조	429
		寶德窟偶吟 보덕굴우음	430
비은 월성(1710~1778)	431	道林寺正樓 도림사정루	433
		不換亭 불환정	434
		淸流閣 청류각	435
		大隱庵 대은암	436
		黃鳥 황조	437
팔관 진허(?~1782)	439	普德窟 보덕굴	441
		香山 향산	442
		舟中作 주중작	443
		內院六影讚 내원육영찬	444
		入天聖寺 입천성사	445
의첨 인악(1746~1796)	447	中秋十五夜獨坐有感 중추십오야독좌유감	449
		偶吟 우음	450
		廢講 폐강	451
		參禪 참선	452
		遊忘懷亭 유망회정	453
응윤 경암(1743~1804)	455	磊木柱杖 뢰목주장	457
		匏圃 포포	458
		土堀雜詠 토굴잡영	459
		偶吟心字 우음심자	460
		題默溪 제묵계	461
천유 해붕(?~1826)	463	題人之箇箇寶藏 제인지개개보장	464
		題禪客 제선객	465
		一理萬殊萬殊一理 일리만수만수일리	466
		題菩提菴 제보리암	467
		題多率寺 제다솔사	468
지탁 삼봉(1750~1839)	469	柱杖子 주장자	472

		甘露瓶 감로병	473
		獨悲詩 독비시	474
		盤桃香爐 반도향로	476
		木蓮花 목련화	477
정훈 징월(1751~1823)	479	偶吟 우음	481
		故人來 고인래	482
		宿大谷寺 숙대곡사	483
		秋夜獨坐 추야독좌	484
		苦夜長 고야장	485
혜장 아암(1772~1811)	487	睡 수	489
		叢林行 총림행	490
		漁家傲 雨夜 어가오 우야	492
		菩薩蠻 遣興 보살만 견흥	493
		長相思 奉寄東泉 장상사 봉기동천	494
계오 월하(1773~1849)	495	詠懷 영회	497
		午夜 오야	498
		山春 산춘	499
		面壁 면벽	500
		土窩 토와	501
의순 초의(1786~1866)	503	潤筆菴 윤필암	505
		溪行 계행	506
		暮抵上院 모저상원	508
		哀殷古阜 애은고부	510
		歸故鄕(癸卯) 귀고향(계묘)	511
선영 역산(1792~1880)	513	閑坐 한좌	515
		題金剛山 제금강산	516
		秋月 추월	517
		別金進士(正喜) 별김진사(정희)	518
		釋王寺 석왕사	519
치능 함홍(1805~1878)	521	盆梅 분매	523
		盆竹 분죽	524
		雪松 설송	525
		上元夜觀月 상원야관월	526

		過銀海寺 과은해사	527	
각안 범해	529	十一庵號 십일암호	532	
		芭蕉花 파초화	533	
		過弓裔城 과궁예성	534	
		一爐香室 일로향실	535	
		紫微花 자미화	536	
세환 혼원(1853~1889)	537	悟道幕韻 오도막운	539	
		抵夜以晴 有詩 二首 저야이청 유시 이수	540	
		詠龜巖 영구암	542	
		萬瀑洞 만폭동	543	
조선 고승문집 총괄			544	

기화 함허(1376~1433)

　조선 초기 배불정책과 배불론 속에서 불교의 정법과 이치를 밝힘으로써 불교를 지켜내고자 애썼다. 함허화상(涵虛和尙)으로 알려져 있다. 속성은 유씨(劉氏), 호는 득통(得通), 당호는 함허(涵虛), 아버지는 전객시사(典客寺事) 청(聽)이고, 어머니는 방씨(方氏)이다. 21세 때 성균관에서 같이 공부하던 벗의 죽음을 보고 세상의 무상함과 몸의 허망함을 느껴 1396(태조 5)년 출가했다. 1397년 회암사(檜巖寺)에 가서 무학(無學)을 만나 가르침을 받았다. 이로써 지공(指空) 나옹(懶翁) 무학의 법통을 이었다. 이후 여러 산으로 돌아다니며 수행에 전념했고, 1404(태종 4)년 다시 회암사로 돌아와 수행한 끝에 크게 깨달았다. 그 뒤 1406년부터 공덕산(功德山) 대승사(大乘寺)에서 4년간 반야경(般若經)을 가르치는 등 교화에 힘을 기울였다. 1414년에는 평산(平山)의 자모산(慈母山) 연봉사(烟峯寺)의 작은 방에 함허당(涵虛堂)이라 이름붙이고 머물면서 금강경오가해(金剛經五家解)를 강의하고, 『금강경오가해설의(金剛經五家解說誼)』를 저술했다. 선가(禪家)의 법통을 이었으면서도 스승인 무학과는 달리 교(敎)에 대한 저술을 많이 남겼으며 사상도 교학적인 경향이 강했다. 유교의 배불론에 대한 호불의 입장에서, 불교가 현실과 동떨어진 것이라는 유학자들의 비판을 반박했다. 선사상이 현실과 일상적인 생활을 수용하는 것이라는 입장을 취하면서, 최치원이 주장했던 불교 유교 도교의 삼교일치설을 더욱 본격적으로 전개했다. 문수(文秀), 학미(學眉), 달명(達明), 지생(智生), 해수(海修), 도연(道然), 윤오(允悟) 등의 제자가 있다. 저서로는 『원각경소(圓覺經疏)』3권, 『금강경오가해해설의』2권 1책, 『영가집설의(永嘉集說誼)』, 『현정론(顯正論)』1권, 『윤관(綸貫)』1권, 『함허화상어록(函虛和尙語錄)』1권 등이 있다. 그 밖에 『반야참문(般若懺文)』1권이 있다고 하나 전하지 않는다.

『함허화상어록(函虛和尙語錄)』 - 기화(己和)의 시문집.
1권. 목판본. 1440(세종 22)년 문경봉암사(鳳巖寺)에서 간행한 목판본과 1940년 월정사(月精寺)에서 간행한 활자본이 있다. 권두에는 1439년 전여필(全汝弼)이 쓴 서문과 제자 야부(冶夫)가 쓴 행장이 수록되어 있다.

또 월정사본의 권말에는 부록으로 <금강경서(金剛經序)>와 <법화경후발(法華經後跋)> 및 출가시(出家詩)가 수록되어 있는데, 이들은 권상로(權相老)가 첨부한 것이다.

본문에는 <천왕태후선가법화제삼회(薦王太后仙駕法華第三會)>, <위원경왕태후선가하어(爲元敬王太后仙駕下語)>, <위성녕대군선가하어(爲誠寧大君仙駕下語)> 등 천령법어(薦靈法語) 13수와 <천진산화상제문(薦珍山和尙祭文)>, 헌향(獻香), 수어(垂語) 등 14수가 있다. 이들은 모두 죽은 자를 위한 천도법문 또는 제문이다.

또한 시중법어(示衆法語), 염불을 권하는 <권념(勸念)> 등에 이어 <영가집십장찬송병서(永嘉集十章讚頌並序)>, <대승기신론석제병서(大乘起信論釋題並序)>, <원각경송(圓覺經頌)> 16수, <법화경송(法華經頌)> 31수 등이 수록되어 있다.

<미타찬(彌陀讚)> 10수, <안양찬(安養讚)> 10수, <미타경찬(彌陀經讚)> 10수 등 30수는 아미타불(阿彌陀佛)의 공덕과 극락세계의 공덕, 그리고 염불하여 왕생(往生)하는 공덕을 찬양한 글이다.

또 유생이나 승려에게 보낸 서신과 자유롭게 읊은 시 게송 100여 수가 수록되어 있는데, 이들은 선의 세계와 도의 경지를 읊은 것으로, 그 품격이 높다.

이 책은 조선 및 한국불교 수행의 중심 과제였던 선(禪) 교(敎) 염불(念佛)을 함께 취급한 자료로, 현재 우리나라 불교의 연원을 살피는 데 중요한 사료가 된다. 국립중앙도서관에 소장되어 있다.

淸夜吟
청야음

산은 깊고 물 고요한 무한 공간
달 밝고 바람 잔잔한 서늘한 밤
하루 일을 마친 사람들은 꿈속에 드니
맑은 밤의 즐거움이 긴 줄을 어찌 알리.

山深水密生虛籟 月皎風微夜氣涼
산심수밀생허뢰 월교풍미야기량
却恨時人昏入夢 不知淸夜興何長
각한시인혼입몽 부지청야흥하장

廬山三笑圖
여산삼소도

여산 호계의 길은 깊으나
누런 두건 먹빛 장삼 푸른 옷깃
세 사람이 함께 걷다 모두 잊고
서로 보고 웃는 소리 지금까지 이르네.

廬岳虎溪一徑深 黃巾白衲與靑衿
여악호계일경심 황건백납여청금
三人同步渾忘却 三笑聲高古到今
삼인동보혼망각 삼소성고고도금

山中味
산중미

산은 깊고 골 깊숙하니 찾아오는 사람 없어
종일토록 고요함에 세상인연 끊어져
낮에는 한가로이 구름 밖 산봉우리 보고
밤이면 하늘에 높이 뜬 달을 본다.
화로에는 향기로운 차 달이는 기운 그윽하고
누각 옥 향로의 연기는 하늘땅을 채우니
사람들의 시끄러운 일은 꿈꾸지 않고
오로지 참선하는 즐거움으로 앉아 보낸 세월이다.

山深谷密無人到 盡日寥寥絶世緣
산심곡밀무인도 진일요요절세연
晝則閑看雲出岫 夜來空見月當天
주즉한간운출수 야래공견월당천
爐間馥郁茶烟氣 堂上氤氳玉篆煙
로간복욱다연기 당상인온옥전연
不夢人間喧擾事 但將禪悅坐經年
불몽인간훤우사 단장선열좌경년

*인온(氤氳) : 하늘의 기운과 땅의 기운이 서로 합하여 어림

有感
유감

여기저기 불탑을 허문다는 말을 듣고
까닭 없이 두 눈에 눈물만 흘러
참으로 우리들 덕 없음을 부끄러워하며
합장하고 지극 정성으로 하늘에 물었네.

聞說諸方壞佛廟　無端兩眼淚澘然
문설제방괴불묘　무단양안루산연
但慙我輩都無德　合掌傾誠敢告天
단참아배도무덕　합장경성감고천

遊雲岳山
유운악산

산줄기 고갯마루 천리가 보이고
산속에 있으니 일신이 한가로워
지팡이 짚는 곳 속진이 끊어지고
발걸음 걸음마다 온몸이 편안하다.

嶺上高開千里目 山中贏得一身閑
령산고개천리목 산중영득일신한
投筇處處塵機絶 擧足行行體自安
투공처처진기절 거족행행체자안

허응당 보우(1509~1565)

　　조선 명종 때의 승려이다. 호는 허응당(虛應堂) 나암(懶庵)이다. 보우는 1530년 금강산 마하연암에 들어가 수도하다가, 명종의 모후로 불심(佛心)이 깊은 문정왕후(文定王后)의 신임을 얻어 1548년에 봉은사 주지가 되었다. 그 후 선종과 교종을 부활시키고, 문정왕후가 섭정할 때에 보우는 봉은사(奉恩寺)를 선종(禪宗)의 본산(本山)으로 삼았으며 봉선사(奉先寺)를 교종(敎宗)의 본산으로 삼았다. 이와 더불어, 승과를 부활시키고 도첩제를 다시 실시하게 하는 등, 숭유억불 정책으로 탄압받던 불교의 부흥에 노력하였다. 후에 도대선사(都大禪師)에 올랐다. 문정왕후가 죽자, 유림의 기세에 밀려 승직을 삭탈당하고 제주도로 유배되었다가 제주 목사가 참하였다. 보우의 저서로는 『허응당집(虛應堂集)』,『선게잡저(禪偈雜著)』『불사문답(佛事問答)』 등이 있다.

　　『허응당집(虛應堂集)』 - 보우(普雨)의 시문집. 3권 1책. 앞의 2권은 상하로 나누어져 시들이 수록되어 있고, 뒤의 1권은 『나암잡저 懶庵

雜著』라 하여 선사의 게송과 잡문을 수록하였다. 권두에는 제자 태균(太均)이 쓴 편차(編次)가 있고, 하권 끝에는 1573(선조 6)년 이환(離幻)이 쓴 발문이 있다. 또 『나암잡저』는 제자 태균이 간록(刊錄)하였으며, 회암사 주지 천령(天岭)이 쓰고 직지사 주지 유정(惟政)이 교정하였다. 상권에는 오언과 칠언의 절구와 칠언율시 게송 등이 247수, 하권에는 376수가 수록되어 있다.

그리고 『나암잡저』에는 시소사법어(示小師法語), 사경발(寫經跋), 복령사사성중수기(福靈寺四聖重修記), 청평사중창기(淸平寺重創記) 등을 비롯하여, 서(序) 기(記) 발문 소 잡문 등이 수록되어 있다.

이들 시와 게송 법어 잡문 등은 모두 뛰어난 작품으로 평가받고 있다. 특히 상하 2권에 수록된 시와 게송은 당시 불교박해정책에 대한 개탄과 교를 걱정하는 충심, 그의 높은 선지(禪旨)를 표방하고 있는 귀중한 자료로, 저자가 불교를 걱정하고 재건에 노력하던 행적과 사상을 찾아볼 수 있는 귀중한 작품이다.

서울대학교 도서관 등에 소장되어 있다.

春山卽事
춘산즉사

봄이 되니 오히려 일이 많아지니
사람들은 스스로 한가롭지 못하네.
공양물을 찾아 스님은 속세로 내려가고
벗을 찾는 손님은 산으로 오른다.
부드러운 바람에 새싹을 틔우고
햇살이 따스하니 새들이 지저귄다.
오로지 나만 병들어 나태하니
선법을 드날릴 길이 없구나.

春到還多事　人應不自閑
춘도환다사　인응부자한
求齋僧下市　尋友客來山
구재승하시　심우객래산
茗得風柔嫩　禽因日煖喧
명득풍유눈　금인일난관
唯吾緣病懶　無計動禪關
유오연병라　무계동선관

賦秋
부추

상쾌한 기운이 텅 빈 누대에 일고
맑은 바람에 담장이넝쿨 흔들리니
시정(詩情)은 달을 보면 깊어지고
선정은 가을 들어 많아진다.
금을 공경하는 서리 속 황국(黃菊)
진주를 어루만지는 이슬
모르겠네, 송옥(宋玉)이
무슨 일로 혼자 슬피 탄식한 줄을.

爽氣生虛閣 涼飆動碧蘿
상기생허각 량표동벽라
詩情看月甚 禪思入秋多
시정간월심 선사입추다
金敬黃霜菊 珠凝翠露莎
금경황상국 주응취로사
不知伊宋玉 何事獨悲哦
부지이송옥 하사독비아

*취로(翠露) : 나뭇잎이 물기를 충만히 머금고 있는 모습을 이슬에 비유한 말
*송옥(宋玉) : 초나라 사람

見山茶花
견산다화

여유가 있어 골 깊은 구름 속을 찾았더니
학은 늙고 사람은 돌아가 암자는 비었고
오직 산에는 차 꽃이 만 송이나 피어 있어
바위에 기대어 옛일을 생각하니 봄바람이 웃는다.

齋餘仙洞訪雲中 鶴老人歸菴自空
재여선동방운중 학노인귀암자공
唯有山茶花萬朶 倚岩依舊笑春風
유유산다화만타 의암의구소춘풍

虛樓待月
허루대월

텅 빈 누각에 홀로 앉아 달 뜨기를 기다리다
개울물 솔바람소리 어엿 삼경이네
기다리고 기다리다 기다림마저 잊은 곳
차가운 달빛 그림같이 온 산 가득 밝네.

獨坐虛樓待月生 泉聲松籟正三更
독좌허루대월생 천성송뢰정삼경
待到待窮無待處 寒光如畫滿山明
대도대궁무대처 한광여화만산명

臨終偈
임종게

허깨비가 허깨비 고향으로 와서
오십 여년을 미친 광대노릇으로
모든 인간의 영욕을 희롱하다가
스님이라는 탈을 벗고 멋지게 간다.

幻人來入幻人鄕　五十餘年作戱狂
환인래입환인향　오십여년작희광
弄盡人間榮辱事　脫僧傀儡上蒼蒼
롱진인간영욕사　탈승괴뢰상창창

휴정 청허(1520~1604)

속명은 최여신(崔汝信). 본관은 완산(完山). 자는 현응(玄應), 호는 청허(淸虛). 묘향산에 오래 머물렀기 때문에 묘향산인(妙香山人) 또는 서산대사(西山大師)로 불린다. 휴정은 법명이다.

아버지는 향관(鄕官)을 지낸 세창(世昌)이며, 어머니는 김씨(金氏)이다. 9세 때 어머니가 죽고 이듬해 봄에 아버지마저 죽자 안주목사 이사증(李思曾)의 양자로 들어가 서울로 옮겼다. 12세 때 성균관에 들어가 3년 동안 글과 무예를 익힌 다음 15세 때 과거를 보았으나 낙방했다. 이후 동료들과 함께 지리산의 화엄동(華嚴洞) 청학동(靑鶴洞) 칠불동(七佛洞) 등을 유람하다가 숭인장로(崇仁長老)의 권유로 불교를 공부하기 시작했다. 5년 동안 전등록(傳燈錄), 염송(拈頌), 화엄경 능엄경(楞嚴經), 반야경, 원각경(圓覺經) 등의 교리를 탐구하다가 깨달은 바 있어 스스로 시를 짓고 머리를 깎았으며, 1540(중종 35)년에 일선(一禪)에게 구족계를 받았다. 그 뒤 부용영관(芙蓉靈觀)으로부터 인정을 받은 후 전국을 떠돌아다니며 공부에만 전념했다. 1549(명종 4)년 승과에 합격했으며, 대선(大選)을 거쳐 선교양종판사

(禪敎兩宗判事)에 올랐다. 1556년 선교양종판사직이 승려의 본분이 아니라고 생각하여 이를 버리고 금강산 태백산 오대산 묘향산 등지를 돌아다니며 선수행과 후학지도에 전념했다. 1589(선조 22)년 정여립(鄭汝立)의 모반사건이 일어났을 때 누명을 쓰고 투옥되었다가 선조의 직접 신문에 의해 무죄가 입증되어 석방되었다. 이때 선조와 휴정이 주고받은 시가 그의 문집에 실려 전한다. 1592년 임진왜란이 일어나자 선조의 부탁을 받고 전국에 격문을 보내어 의승군(義僧軍)의 궐기를 호소했다. 자신은 순안 법흥사(法興寺)에서 문도 1,500명으로 승군을 조직했으며, 평양탈환작전에 참가하여 공을 세웠다. 선조가 팔도십육종도총섭(八道十六宗都摠攝)에 임명하자, 나이가 많다는 이유를 들어 이를 제자인 유정(惟政)에게 물려주고 묘향산으로 돌아갔다. 선조가 서울로 돌아오자 승군을 이끌고 나가 호위한 후 승군장의 직에서 물러나 다시 묘향산으로 돌아갔다. 이때 선조는 국일도대선사 선교도총섭 부종수교 보제등계존자(國一都大禪師禪敎都摠攝扶宗樹敎普濟登階尊者)라는 존칭과 함께 정2품 당상관의 작위를 내렸다. 1604년 1월 묘향산 원적암(圓寂庵)에서 앉은 채로 입적했다.

그의 제자는 1,000여 명이나 되었는데, 그중에서도 사명유정(四溟惟政) 편양언기(鞭羊彦機) 소요태능(逍遙太能) 정관일선(靜觀一禪)의 4대 제자가 조선 후기의 불교계를 주도하게 되었다. 저서로는 문집인『청허당집(淸虛堂集)』을 비롯하여『선교석(禪敎釋)』『선교결(禪敎訣)』『심법요초(心法要抄)』『선가귀감(禪家龜鑑)』『설선의(說禪儀)』『운수단(雲水壇)』등이 있다. 묘향산 안심사(安心寺)와 금강산 유점사(楡岾寺)에 탑이 세워졌으며, 해남 표충사(表忠祠)와 밀양 표충사 및 묘향산의 수충사(酬忠祠)에 제향되었다.

『청허당집(淸虛堂集)』 – 휴정(休靜)의 시문집. 목판본. 현존하는 판본은 전4권으로 되어 있는데, 『동사열전 東師列傳』 등의 문헌에 전하는 바에 의하면 전8권이라는 설도 있다. 그러나 지금까지 전8권으로 된 판본은 발견되지 않고 있다. 제자 종봉(鐘峰)이 수집, 1612(광해군 4)년에 간행하였다. 그 뒤, 제자 보진(葆眞)이 1630(인조 8)년에 중간하였고, 그 뒤에도 다시 증보, 간행되었다.

권두에는 선조의 묵죽시(墨竹詩)와 정조 어제(御製)의 서산대사화상당명(西山大師畫像堂銘), 판각된 초상화, 임종게(臨終偈) 친필, 제문(祭文) 등이 있다.

권1에는 환향곡(還鄕曲), 임종게 청허가(淸虛歌), 돈교송(頓敎頌), 임하사(林下辭), 청야사(淸夜辭) 등 600여 수의 시가 수록되어 있다. 권2에 서(書)로 상완산노부윤(上完山盧府尹), 상박좌상순(上朴左相淳), 기동호선자서(寄東湖禪子書) 등 32편이 수록되어 있다.

권3에는 상퇴계상국서(上退溪相國書), 상남명처사서(上南冥處士書) 등 서(書) 22편과 석가세존사리부도비(釋迦世尊舍利浮圖碑), 장안사신주종명(長安寺新鑄鐘銘) 등 비명 3편, 벽송당행적(碧松堂行蹟) 등 행적 3편이 수록되어 있다.

권4에 보현사경찬소(普賢寺慶讚疏), 원각경경찬(圓覺經慶讚) 등 소(疏) 8편, 만덕산백련사중창모연문(萬德山白蓮社重創募緣文) 등 모연문 5편, 그리고 선교게어(禪敎偈語), 선교결(禪敎訣) 등 6편, 잡저로 대지헌참학계선문귀감서(代智軒參學啓禪門龜鑑序), 자락가(自樂歌), 탱발(幀跋) 등 6편 등이 수록되어 있다.

여기에서의 소는 상소문이 아닌 불교소(佛敎疏)로 일반 상소문은 하나도 없는 것이 특이하다. 특히 「선교결」은 짤막한 글이지만 제자 유정(惟政)에게 선(禪)과 교(敎)의 차이를 간결하게 전해준 것으로 그의 선관(禪觀)을 엿볼 수 있다.

그는 "선도 우리 스승의 법이요, 교도 역시 우리 스승의 법이다. 선이 부처님 마음(佛心)이라면 교(敎)는 부처님의 말씀(佛語)이다. 교란 말이 있는 데에서(有言) 말이 없는 데(無言) 이르는 것이요, 선은 말 없음으로써 말 없음에 이르는 것이다."라고 하여 선과 교의 불가 분리한 관계를 설명하여 선가(禪家)나 교가(敎家)가 어느 한 편에 치우쳐 편협해지는 오류를 경계하고 있다. 부록으로 문인 언기(彦機)가 쓴 행장(行狀)이 있다.

한국불교의 종맥을 잇고 조계종(曹溪宗)의 중흥조인 휴정의 호국사상과 사회참여의 면모, 선교쌍수(禪敎雙修)의 기본입장에서 선 위주의 불교관을 주장한 점, 임진왜란 때 승려로서 공을 세운 면모들을 살필 수 있는 귀중한 자료가 된다.

현존 간본으로는 1666(현종 7)년 여름에 동리산태안사(泰安寺)에서 개판(開板)한 2권본과 간행연대 미상의 묘향산판(妙香山板) 4권본 등이 있으며, 그 밖에 완본은 아니나 3권본과 7권본 등도 있다. 또한 묘향산판에도 4권 2책본과 4권 4책본의 2종이 있다. 규장각도서와 동국대학교 도서관 등에 있다.

途中有感
도중유감

나그네 장안의 길을 가는데
장안은 이른 봄이라
아가씨는 떨어지는 꽃잎을 아쉬워하고
도령은 향기로운 풀잎을 원망하네.
지는 꽃잎은 지는 꽃이고
향기로운 풀은 향기로운 풀인데
참으로 우스운 인간의 괴로움이여!
참으로 우스운 인간의 괴로움이여!

客在長安道 長安春色早
객재장안도 장안춘색조
崔娘恨落花 李子怨芳草
최랑한낙화 이자원방초
落花自落花 芳草自芳草
낙화자낙화 방초자방초
可笑人間苦 可笑人間苦
가소인간고 가소인간고

戰場行
전장행

기억해 보면 그날 수전을 할 때
만 척의 배가 하늘의 송골매처럼 바다를 날고
양쪽 병사들이 서로 공격하여 분간할 수 없어
고통을 참는 고함소리에 파도도 목말라했었다.
서릿발 같은 창검이 숲을 이루어 햇빛에 번쩍이고
천개의 머리를 털 하나 베는 것 같이 하였고
아득한 푸르른 바다에서는 놀란 영혼이 울고
밤이면 달이 차가운 모래밭 백골을 비추었다.
백리의 봄 숲에는 제비가 날아다니고
사람 없는 마을 버들가지에 앵무새 노닐었다.
그대들은 듣지 못했는가?
태평한 날이 오래되면 사람 마음 무디어져
일없이 놀기만 하고 게으르면 하늘이 벌주심을
나그네 가을바람에 지팡이 하나 짚고 떠나가는데
옛 절 조각난 비석이 풀 속에 묻혔네.

憶曾當日水戰時　萬艇飛海如天鶻
억증당일수전시　만정비해여천골

兩兵交攻杳莫分　忍痛大聲波欲渴
양병교공묘막분　인통대성파욕갈

霜劍如林翻日色　斬盡千頭如一髮
상검여림번일색　참진천두여일발

茫茫碧海驚魂泣　夜月寒沙照白骨
망망벽해경혼읍　야월한사조백골

百里春林燕子飛　柳村無人鶯語滑
백리춘림연자비　류촌무인앵어골

君不聞
군불문

大平日久人心頑　放逸懈怠天亦罰
태평일구인심완　방일해태천역벌

客過秋風一杖去　古寺斷碑荒草沒
객과추풍일장거　고사단비황초몰

還鄉曲
환향곡

죽었다고 하는데 누가 죽었으며
태어났다고 하는데 누가 태어났는가?
본래 오고 가는 모습이 없어
오직 살아있는 것들을 이롭게 할뿐
오는 것도 중생이 오는 것이고
가는 것도 중생이 가는 것이니
오고 가는 한 주인공은
참으로 어느 곳에 있는가?

死也爲誰死 生也爲誰生
사야위수사 생야위수생
本無去來相 惟爲利群生
본무거래상 유위리군생
來爲衆生來 去爲衆生去
래위중생래 거위중생거
去來一主人 畢竟在何處
거래일주인 필경재하처

讚佛
찬불

희유하고 또 희유합니다.
우담발화 반드시 기약 있듯
인간세상 공덕의 달로
천상의 복 수미산으로
천금의 정수리를 가리면
번갈아 빛나는 여덟 색의 눈썹
진진찰찰의 구름 그물망 같은 바다
자비원력 지극하여 생각하기 어렵네.

希有復希有　曇花必應期
희유부희유　담화필응기
人間功德月　天上福須彌
인간공덕월　상천복수미
偃蓋千金頂　交光八彩眉
언개천금정　교광팔채미
刹塵雲網海　悲願極難思
찰진운망해　비원극난사

王師菊
왕사국

누런 잎은 비바람에 늙고
잔가지는 눈과 서리에 춥다
그 옛날 마음 아픈 일로
남은 꽃도 차마 볼 수 없다.

葉黃風雨老 枝亂雪霜寒
엽황풍우노 지난설상한
千古傷心事 殘花不忍看
천고상심사 잔화불인간

紅流洞
홍류동

동풍이 한번 불고 지나니
꽃이 떨어져 계곡 가득 붉다
산은 구름 밖을 나서는데
스님은 저녁 빛에 돌아온다.

東風一吹過 花落滿溪紅
동풍일취과 화락만계홍
山出白雲外 僧歸夕照中
산출백운외 승귀석조중

贈念佛僧
증염불승

참선이 염불하는 것이고
염불이 참선하는 것이다.
본심은 방편을 여의면
밝고 빛나며 고요하고 평온하다.

參禪卽念佛 念佛卽參禪
참선즉염불 염불즉참선
本心離方便 昭昭寂寂然
본심리방편 소소적적연

杜鵑
두견

곳곳에 하얀 구름 떠 있어
산은 산 물은 물
소쩍새 울음소리
다만 멀리 나그네 되었네.

處處白雲飛 山山又水水
처처백운비 산산우수수
聲聲不如歸 只爲遠遊子
성성불여귀 지위원유자

*유자(遊子) : 나그네. 방랑자.
*불여귀(不如歸) : 소쩍새. 자규(子規) 두백(杜魄).

일선 정관(1533~1608)

　조선 중기의 선사(禪師). 성은 곽씨(郭氏). 호는 정관(靜觀). 연산(連山)출신. 서산문중(西山門中)의 4대파 중이 하나인 정관파(靜觀派)의 창시자이다. 15세에 출가하여 선운(禪雲)에게 법화경을 배우고 그의 법화사상(法華思想)을 전수하였다. 그 뒤 법화신앙에 심취되어 법화경을 부지런히 독송하였고 그 공덕의 뛰어남을 역설하는 한편, 시주를 얻어 3,000권의 종이를 마련하고 1,000부의 경전을 인출하여 보시(布施)하는 등 경전 유포에 큰 공훈을 남겼다. 한때 속리산 법주사(法住寺)에 머물렀고, 만년에 휴정(休靜)의 강석에 참학(參學)하여 그의 심인(心印)을 이어받았다. 1608년 가을에 병을 얻어 덕유산 백련사(白蓮社)에서 입적하였다. 그는 임진왜란 중에 승려들이 왜적을 물리치기 위하여 의승군(義僧軍)으로 나아가 전쟁에 참여함을 보고 승단(僧團)의 장래를 깊이 걱정하였고, 전쟁에 참여하는 일이 승려의 본분인가에 대하여 개탄하였다. 또한, 유정(惟政)에게 글을 보내 전쟁이 끝났으니 한시바삐 관복을 벗고 승가(僧家)의 본분을 다할 것을 권하기도 하였다. 철저한 수도승으로서 전쟁에 직접 참여하지는 않았지만, 경전을 인출하거나 왜란에 휘말려 있는 승단을 깊이 걱정한 점은 또 다른 현실참여를 나타내고 있다. 저서로는 『정관집(靜觀集)』 1권이 있다.

『정관집(靜觀集)』 – 일선(一禪)의 시문집. 1권 1책. 목판본. 1641(인조 19)년 여름에 안심사(安心寺)에서 개판한 판본이 전한다.

권두에는 1641년 창수(愴叟)가 쓴 서문이 있으며 일선의 제자 성호(性浩)가 부탁한 간행서를 대신하여 저자의 행장을 기록하였다. 본문에는 오언 또는 칠언의 절구와 율시 50여 수가 수록되어 있는데, 대체로 선적(禪的)인 심경을 그린 것으로 일반 시와는 다른 격이 나타나 있다.

잡저로는 시시자보천선자(示侍者普天禪子)와 박거사(朴居士)의 수도를 위하여 주는 글, 법화경과 능엄경(楞嚴經)을 인행할 때 지은 발문, 상송운대사(上松雲大師)를 비롯한 제문 기도문 천혼소(薦魂疏), 수륙소(水陸疏) 등이 수록되어 있다.

본문 뒤에는 간기가 있고, 간기 뒤에는 새육공구어(賽六空求語), 시법준선백(示法俊禪伯) 등 오언과 칠언으로 된 시와 게송(偈頌) 18수가 첨부되어 있는데, 이는 지엄선사(智嚴禪師)의 작품을 수록한 것으로, 지엄의 사상을 살필 수 있는 중요한 자료가 된다. 규장각 도서에 있다.

話頭鳥
화두조

각각이 화두조로
때때로 화두를 권하니
선창에 밤새도록 누워
듣고도 부끄러움이 없다.

各各話頭鳥 時時勸話頭
각각화두조 시시권화두
禪窓終夜臥 聞此可無羞
선창종야와 문차가무수

不忘記
불망기

세상 무엇이 있는가?
몸 이외 다른 것은 없어
육신은 끝내 흩어지니
즐겁기가 넓고 크고 깊다.

世間何有所 身外更無餘
세간하유소 신외갱무여
四大終離散 快如登太虛
사대종리산 쾌여등태허

山堂雨後
산당우후

비개인 남산에 푸름이 짙으나
산 빛과 옛 암자를 그대로네.
고요히 앉아 관하니 마음마저 맑아
반평생을 일곱 근의 장삼 입었네.

雨收南岳捲靑嵐 山色依然對古菴
우수남악권청람 산색의연대고암
獨坐靜觀心思淨 半生肩掛七斤衫
독좌정관심사정 반생견괘칠근삼

夜坐
야좌

맑은 바람 밝은 달 밤 연못 차가우나
등불 켜고 앉은 마음 저절로 한가롭다.
한 알의 신령스런 구슬이 찬란하게 빛나니
다시 어느 곳에다 마음 편안함을 묻겠는가.

風淸月白夜塘寒 坐對孤燈意自閒
풍청월백야당한 좌대고등의자한
一顆靈珠光粲爛 更於何處問心安
일과영주광찬란 갱어하처문심안

題七佛菴
제칠불암

절은 두류산 반야봉 동쪽에 있는데
밝은 달은 금당을 영롱하게 비추고
향불 꺼지니 상서로운 기운이 법당 가득
꿈을 깨니 종소리가 늦바람에 들려온다.
푸른 학은 청학동에는 오지 않는데
흰 구름은 백운봉을 언제나 감싸고
돌 틈사이로 멀리 보이는 쌍계 아래
가을빛이 아련하게 한눈에 보인다.

寺在頭流般若東　月明金殿影玲瓏
사재두류반야동　월명금진영영롱
香消瑞靄飛庭榻　夢覺疎鍾落晚風
향소서애비정탑　몽각소종낙만풍
靑鶴不來靑鶴洞　白雲長鎖白雲峯
청학불래청학동　백운장쇄백운봉
石門遠見雙溪下　秋色依微一望中
석문원견쌍계하　추색의미일망중

勸詞
권사

억만 명이 함께하는 것은 작은 일이 아니다
꾸밈이 없는 참다운 일에 인연을 심는 것으로
3전의 나눔이 천겁을 영화롭게 하고
스님께 올리는 한 그릇의 밥은 극락세계 오른다.
떨어지는 이슬이 흐르는 물에 더하듯 따르고
작은 티끌이 큰 산에 보탤지라도 말로 남기니
사람이 선한 일을 하면 경이로움이 남아있어
후에 보살도를 얻는 것이 어찌 우연이겠는가?

億萬同參非小事 無爲眞境種因緣
억만동참비소사 무위진경종인연
三錢布施榮千劫 一器飯僧登九蓮
삼전보시영천겁 일기반승등구련
墜露添流言可采 纖塵足岳語堪傳
추로첨유언가채 섬진족악어감전
人家積善有餘慶 後得菩提豈偶然
인가적선유여경 후득보리기우연

해일 영허(1541~1609)

　조선 중기의 고승(高僧). 성은 김씨. 호는 영허(暎虛), 또는 보응(普應). 전라북도 만경출생. 유가(儒家)의 집안에서 태어났다. 어릴 때에 파초잎으로 책갑을 만들고 늘 글 읽는 소리를 하였다. 8세에 『대학』 중에 증자(曾子)가 "열 눈으로 보며 열손가락으로 가리키나니 그 엄할진저"라고 한 대문을 읽다가 어른이 그 엄(嚴)하다는 뜻을 묻자 "두렵다는 말입니다"라고 하여 모두 기동(奇童)이라고 불렀다. 15세에 과거를 보았으나 급제하지 못하였고 19세에 출가하여 능가산(楞伽山) 실상사(實相寺)에 들어가 인언대사(印彦大師)를 5년 동안 시봉하며 경론을 공부하였다. 그 뒤 지리산의 부용(芙蓉)을 참방하여 선·교를 탐구하며 3년 동안 시봉하였고, 금강산의 조징(祖澄)을 참견하고 선공부를 하였으며, 다시 묘향산의 서산대사(西山大師)를 참배하고 8만 법장(法藏)의 의혹된 것을 문답하였다. 상비로암에 10년 머무른 뒤 1589(선조 22)년 능가산의 옛 절로 돌아왔다. 실상사에서 지장경을 독송하며 정진하던 중 꿈에 지장보살이 감로수(甘露水)를 정수리에 부어주는 상서를 얻었다. 3년 뒤에 은사 인언이 죽자 장사지낸 뒤에 다시 8도의 여러 절을 순방하였고, 묘향산에서 한철 안거(安居)하면서 승려나 신도에게 염불을 권하였다. 1605년 다시 실상사에 들어와 대중을 모아놓고 모든 경 논을 강의하였고 3년 뒤 광덕산 연대암(蓮臺庵)에 가서 1년을 지내고, 다음해 두류산 대암(臺庵)에서 한철을 지낸 뒤 입적하였다. 저술에 『영허집(暎虛集)』 4권이 있다.

시문에 능한 문학승으로 문집 중의 『부설거사전(浮雪居士傳)』은 하나의 소설로서 매우 세련된 글이다. 청허(淸虛)의 전법제자로 그의 행장은 1634(인조 12)년 함영(涵影)이 썼다. 『영허집(暎虛集)』 해일(海日)의 문집. 4권 1책. 목판본. 해일의 제자 법운(法雲)이 처음 간행하려다가 뜻을 이루지 못하고 죽자, 도극(道克) 계언(戒彦) 도혜(道惠) 등이 1635(인조 13)년에 간행하였다.

권두에는 1635년 천태산인(天台山人)이 쓴 서문이 있고, 권말에는 같은 해 여름 신파거사(新坡居士)가 쓴 발문이 있다. 권1에는 오언절구와 칠언절구의 시, 권2에는 오언율시 23수가 수록되어 있으며, 권3에는 칠언율시 13수와 오대산부(五臺山賦), 낙천가(樂天歌), 그리고 전기소설체인 부설전(浮雪傳)이 있으며, 권4에는 유산록(遊山錄)이 수록되어 있다. 이 가운데 낙천가는 당나라 석두(石頭)의 초암가(草庵歌)와 같은 유형으로서 저자가 도를 얻은 경지를 자술한 것이다. 부설전은 신라시대의 도인인 부설거사의 전기를 소설형식으로 엮은 것으로, 색정적인 내용에 유연한 문장의 설화이다.

전라도 만경현(萬頃縣)출신인 저자가 만경현에 살았던 낭자 묘화(妙花)와 부설거사 사이에서 일어난 설화를 기록한 것이다. 유산록은 두류산(頭流山) 묘향산 금강산을 다녀온 기행문인데, 글이 매우 세련되고 유창하여 문학적으로 높이 평가되고 있다. 부록으로 함영(涵影)이 지은 보응당 영허대사행적이 있다. 이 책의 판본소재는 미상이며, 동국대학교 도서관 등에 있다.

山河大地眼前花
산하대지안전화

울타리 없는 허공 크기를 알 수 없는 몸
주고받는 물건의 청정함도 그저 웃고 마는 진인
헤아릴 수 없는 국토에 진실만을 나토시니
부질없는 것일지라도 새롭고 새롭다.

量廓虛空廣長身 三輪方便笑高人
량곽허공광장신 삼륜방편소고인
若將刹海爲眞化 担目空花新又新
약장찰해위진화 단목공화신우신

流水
유수

한 줄기 시원한 샘은 맑고 또한 그윽해
산을 돌아 들을 가로질러 유유히 흐르네.
그렇게 흘러감은 먼 옛적 일로
그 날로부터 지금까지 쉬지 않네.

一派寒源淸且幽 環山橫野等閑流
일파한원청차유 환산횡야등한유
涓涓自得朝宗勢 從古于今逝不休
연연자득조종세 종고우금서불휴

忘機
망기

한 번 서쪽 문으로 들어와 옛길을 잊었는데
가고 머무는 곳에 따라 아무 생각 없었다네.
산중의 세월 그 누가 기억하랴.
느티나무 푸르다 다시 누른 빛 된다.

一入西門古路忘 隨流隨處沒思量
일압서문고로망 수류수처몰사량
山中歲月誰能紀 只見槐陰靑又黃
산중세월수능기 지견괴음청우황

摩尼珠
마니주

영롱하며 맑아 둥글고 밝은 구슬 하나
형색을 떠나서 달리 저를 구할 방법이 없다.
면밀한 빛을 드러냄은 길상의 빛이 빛나고
따뜻하고 촉촉함 가운데 상서로운 기운을 머금었다.
형상은 그러하나 옳고 그름이 분명하고
참다운 모습은 붉은 것은 썩지 않았다
값을 알 수 없는 그대로의 보물인줄 알면
모든 것들 속에 홀로 자유로우리라.

瑩淨圓明一顆珠　非離形色別他求
영정원명일과주　비리형색별타구
精光外現祥光散　溫潤中含瑞氣流
정광외현상광산　온윤중함서기유
物象雖然分皁白　眞容元不混丹朱
물상수연분조백　진용원불혼단주
要知無價天生寶　萬相之間獨自由
요지무가천생보　만상지간독자유

新羅懷古
신라회고

첨성대 옆에 봉황대
호박잔 이어 앵무잔
천주사에 왕업을 이룬지 오래
유사강에서 제왕의 역사를 회고하니
삼천 가무하던 구름 안개는 차갑고
열두 궁정에는 곡식이 꽃피었다.
슬프다. 당시 영화롭고 번성하던 곳이
무너진 성 조각달 저무니 원숭이 슬피 운다.

瞻星臺近鳳凰臺 虎珀盃連鸚鵡盃
첨성대근봉황대 호박맹연앵무배
天柱寺成王業久 流沙江向帝門回
천주사성왕업구 유사강향제문회
三千歌舞雲烟冷 十二宮庭禾黍開
삼천가무운연냉 십이궁정화서개
怊悵當時榮盛地 荒城片月暮猿哀
초창당시영성지 황성편월모원애

제월 경헌(1542~1632)

　전남 장흥 출신. 당호는 제월당(霽月堂). 15세에 장흥 천관사(天冠寺)에 출가하여 경(經) · 율(律) · 논(論)을 섭렵하고, 묘향산에 들어가 휴정(休靜, 1520~1604)의 문하에서 수행함. 1592년 임진왜란 때 휴정과 함께 승군(僧軍)을 모집하여 평양성을 탈환한 공로로 왕이 좌영장(左營將)에 명하였으나 사양하고, 또 선교양종판사(禪敎兩宗判事)에 명하였으나 사양하고, 묘향산 금강산 오대산 치악산 등에서 수행함. 저서로 『제월당집(霽月堂集)』이 있다.

　『제월당집(霽月堂集)』 – 경헌(敬軒)의 문집. 2권 1책. 목판본. 1637(인조 15)년 지제산(支提山) 천관사(天冠寺)에서 간행하였다. 권두에는 1635년 홍택(洪澤)이 지은 저자의 행적과 찬이 있고, 1637년에 지은 발문이 있다.
　상권의 끝에는 1612(광해군 4)년 여여자(如如子)가 지은 청허대사(淸虛大師) 행적이 있으며, 하권의 끝에는 저자의 부도와 영당을 건립할 때 참여한 사람들의 이름을 적은 시주기와 그 공덕을 찬양한 글이 있다.

본문의 내용은 각종 시문과 임종게(臨終偈), 시밀운대사선어(示密雲大師禪語) 1편이 수록되어 있고, 권하에는 천망사소(薦亡師疏), 발라경찬소(鈸螺慶讚疏) 등의 소문과 보개산 석대암(石臺庵) 중수를 위한 권선문(勸善文), 금강산불지암기(金剛山佛地庵記), 서한 10여 편 등이 있다. 동국대학교 도서관에 소장되어 있다.

旅中吟
려중음

새벽달은 서산에 걸려있고
시끄러워 스스로 한가하지 못해
어름 서리에 한해가 저무니 놀라
길게 휘파람 불며 홀로 배회한다.

殘月掛西山 煩喧自暇難
잔월괘서산 번훤자가난
氷霜驚歲暮 長嘯獨盤桓
빙상경세모 장소독반환

遊雙溪寺
유쌍계사

언덕에는 매화와 푸른 대나무
계곡에는 상수리나무와 붉은 등나무
누각에 오르면 사방에서 바람 부니
구중천에 오르는 것과 같다.

岸梅交翠竹 溪櫟間朱藤
안매교취죽 계력간주등
登樓風四面 如上九天層
등루풍사면 여상구천층

*구천(九天) : 구중천, 가장 높은 하늘, 하늘.

再到金剛山
재도금강산

금강산아 잘 있었느냐 작년의 객이
어지러운 세상 옛 자취 부끄럽구나.
높이 바위 위에 누웠으니 시원하고
소나무 달그림자 그 품에 안기었네.

金剛無恙昔年客 還自塵寰愧舊蹤
금강무양석년객 환자진환괴구종
高臥石床衣裳冷 松聲月影入懷中
고와석상의상냉 송성월영입회중

靑山雨後奇
청산우후기

비 내린 산봉우리 하늘이 반쯤 열리고
맑은 바람 불어 물안개 쓸어간다.
어떻게 고운 용안주를 가지려 하는가?
그림을 그리는 사람은 겉만을 꾸민다.

雨洗螺鬟出半天　淸風時爲掃雲烟
우세라환출반천　청풍시위소운연
如何嬴得龍眼手　畫出人間分外姸
여하영득용안수　화출인간분외연

面燈
면등

둥근 둥글한 등은 면이 없어 각이 없고
높이 걸려 당당한 허공에 어둠이 다시 밝아
어두운 궁궐이 구름에 가린 해와 같아
간절히 힘을 다해 밝고 멀리 이르게 한다.

團團燈面殺無方 高掛堂空暗復光
단단등면살무방 고괘당공암부광
灰燼政如雲弊日 切須挑盡致明長
회신정여운폐일 절수도진치명장

선수 부휴(1543~1615)

　참선의 원리를 밝히고 방법을 가다듬는 데 힘썼으며, 많은 제자를 길러 교단(敎壇)을 이끌어나갈 인재가 되게 했다. 성은 김, 호는 부휴(浮休). 아버지는 적산(積山), 어머니는 이씨이다. 어머니가 신승(神僧)에게 원주(圓珠)를 받는 태몽을 꾸었다고 한다. 20세에 지리산에 들어가 신명(神明)의 제자가 되었으며 부용(芙蓉)의 밑에서 깨달음을 얻었다. 전국의 이름 있는 절에서 수행하다가 서울에 올라가 노수신(盧守愼)의 장서(藏書)를 읽었다. 임진왜란 때는 의병장으로 나섰으며, 유정(惟政)이 죽자 만송운장(輓松雲章)이라는 시를 지어 너그러운 마음으로 중생을 사랑하고 나라를 위해 몸을 잊었던 공적을 찬양했다. 그러나 그는 유정과는 달리 불법 융성을 임무로 삼았다. 원각경(圓覺經)을 외우고 있을 때 큰 뱀이 계단 아래 누워 있는 것을 보고 그 꼬리를 밟았는데 그날 밤 꿈에 한 노인이 나타나 "화상(和尙)의 설법으로 뱀의 탈을 벗었다"며 절했다는 이야기가 전한다. 명나라 장수 이종성(李宗城)이 찾아와 법문을 듣고 가기도 했으며, 그를 초빙해 설법을 들은 광해군은 가사, 푸른 비단장삼, 푸른 비단바지, 금강석 염주와 진완(珍玩)을 주고, 봉인사(奉印寺)에 재(齋)를 두고 그를 증명으로 삼았다. 1614년 조계산에서 방장산 칠불암으로 옮겼으며 다음해 제자 각성(覺性)에게 교단의 책임을 맡긴 뒤 그해 11월 1일 임종게(臨終偈)를 남기고 입적했다. 제자들이 해인사 송광사 칠불암 백장사 등에 부도(浮屠)를 세웠으며, 광해군은 부휴당부종수교변지무애추가홍각대사선수등계존자(浮休堂扶宗樹教辯智無礙追加弘覺大師善修登階尊者)라는 시호를 내렸다. 저서에 『부휴당집(浮休堂集)』이 있다.

『부휴당집(浮休堂集)』 - 선수(善修)의 시문집. 5권 1책. 목판본. 선수의 제자 각성(覺性)이 편집하였으며, 1619(광해군 11)년 태안사(泰安寺)에서 간행하였고, 1920년 화엄사에서 중간(重刊)하였다.

글의 형태에 따라 5권으로 나누어서 엮은 것으로서 권1에는 오언절구(五言絕句) 45수, 권2에는 오언율시(五言律詩) 48수, 권3에는 칠언율시 18수, 권4에는 칠언소시(七言小詩) 146수, 권5에는 소(疏) 13편과 기타 3편의 글이 수록되어 있다.

권1에서 권4까지에는 당시의 고승인 사명대사(四溟大師)를 비롯한 수많은 고승과 수행승, 이름 있는 유생들에게 보낸 시를 비롯하여 자연과 절을 주제로 하여 그의 독특한 선관(禪觀)을 담은 시, 임진왜란 당시의 정세와 관련된 시, 임종게(臨終偈) 등 사료적 가치가 높은 글들이 수록되어 있다.

권5에는 준노사(俊老師)의 백일재(百日齋)에 올리는 축원의 글, 화엄경 인쇄와 수륙재(水陸齋)를 축원하는 글, 부용당(芙蓉堂)의 백일재에 올리는 글, 박대비(朴大妃)의 회임(懷妊)을 축원하는 글, 이생원(李生員)의 구직(求職)을 위한 글, 문양부원군(文陽府院君)의 백일

재에 올리는 글, 사명대사의 소상(小祥)에 부치는 글 등을 실었다.

또, 등계대사(登階大師)의 천도(薦度)를 위한 글, 부모의 천도를 위한 글, 전사자를 천도하는 글, 어머니를 천도하는 글, 법당(毘盧殿) 등의 건물 기와 잇기와 관련된 글 2편, 금강산백천동(百川洞)의 교량 위에 세워진 누각에 대한 글, 그리고 화엄사중간본에는 옥사(玉師)에게 감사하고 문안하는 글 2편 등이 수록되어 있다. 전체적으로 이 책 속에 담긴 중심내용을 요약하면 격외선(格外禪), 수선법(修禪法), 우국경세(憂國警世), 담소(談笑)로 압축할 수 있다.

당시는 서산대사(西山大師) 이후로 선파(禪派)와 교파(敎派) 사이에 다툼이 일거나, 교파에서 화엄 위주의 화엄파(華嚴派)가 일어나는가 하면 서산 계통에서도 사상을 달리하는 자가 생기는 등 불교계가 혼란상태로 빠졌을 때이다.

이에 저자는 부용(芙蓉) 서산(西山)으로 전승되어 오던 전통적 선사상인 조주(趙州)의 무자공안(無字公案)을 세워 참선 공부하는 간화선(看話禪)과, 교(敎)와 선(禪)이 통일된 선사상에 입각한 격외선을 되살려 쇠퇴한 불교계를 재정비하였다.

그 격외선은 교와 선 어느 한쪽에도 치우침 없는 교선일체(敎禪一體)의 견지에서 불심불어(佛心佛語)를 함께 닦는 것이라고 보았다. 규장각도서 국립중앙도서관 등에 있다.

聞笛
문적

찬바람은 밤 시간을 재촉하고
어디선가 들려오는 슬픈 피리 소리
알 수 없는 나그네 시름을 일깨우니
도리어 고향생각 아득히 이끌어 오네.
고향 산에는 깃든 시름 간절함에
눈 위의 달빛이 아득한 정을 깨우고
홀로 앉아 부질없이 수심에 젖으니
부는 바람에 한줄기 매화는 지네.

寒風催夜漏 何處篴聲哀
한풍최야루 하처적성애
暗引客愁至 却牽鄕思來
암인객수지 각견향사래
關山幽怨切 雪月遠情開
관산유원절 설월원정개
獨坐空惆悵 飄零一樹梅
독좌공추창 표령일수매

*야루(夜漏) : 물시계
*관산(關山) : 고향의 산

宿江店
숙강점

지나는 길에 주막에 들리니
저녁 바람에 갈대 흔들리고
물안개 짙은 물가에는 통발
고기잡이 등불을 대하는 어부
달뜬 외로운 산봉우리 적막하고
배는 이쪽저쪽을 지나 돌아온다.
밤 깊어 문밖을 내다보니
들어오는 물길에 모래톱이 잠긴다.

行客投野店　夕風動蘆花
행객투야점　석풍동로화
水烟籠水渚　漁火對漁家
수연롱수저　어화대어가
月出孤峰靜　船廻兩岸斜
월출고봉정　선회양안사
夜深門外看　潮入沒平沙
야심문외간　조입몰평사

*어화(漁火) : 고기 배에 켜는 등불
*어가(漁家) : 어부

山中閑詠
산중한영

청소하고 향을 사르고 문을 닫고 글을 쓰니
몸이 외롭고 적적하니 마음도 한가롭고
가을바람에 나뭇잎이 창밖에 떨어져도
일없이 언제나 옛 가르침을 본다.

掃地焚香書掩關 此身孤寂此心閑
소지분향서엄궐 차신고적차심한
秋風葉落山窓下 無事常將古敎看
추풍낙엽산창하 무사상장고교간

感懷
감회

진실을 찾다 잘못 옳고 그름에 빠져
많은 세월 웃음 짓지 못하다가
꿈을 깨니 이 몸 헛것인줄 알아
다짐한 마음 다하니 흰 구름 떠간다.

尋眞誤入是非端 不覺多年作笑端
심진오입시비단 불각다년작소단
夢罷始知身世幻 誓心終老白雲端
몽파시지신세환 서심종노백운단

佛頂臺
불정대

한가로이 걷는 걸음 뜬 구름 밟듯
꼭대기에 올라 주옥 같은 숲을 보니
백 천 골짜기엔 안개 노을 그대로인데
동해의 파도 위로 세월이 깊었네.

閑踏浮雲步步尋 登臨絕頂對珠林
한답부운보보심 등임절정대주림
百川洞裏烟霞古 東海波頭歲月深
백천동리연하고 동해파두세월심

一片閑雲過碧空
일편한운과벽공

강호에 봄 다하니 꽃잎이 바람에 날리고
날 저무니 한가한 구름은 푸른 하늘을 지난다.
큰 생각 의지하여 인간사 허깨비인 줄 알아
만사를 한번 웃는 가운데 모두 잊었다.

江湖春盡落花風 日暮閑雲過碧空
강호춘진낙화풍 일모한운과벽공
憑渠料得人間幻 萬事都忘一笑中
빙거료득인간환 만사도망일소중

秋菊春蘭各有時
추국춘난각유시

만물이 꽃피고 지는 것에 때가 있어
난 꽃 향은 봄이나 국화는 늦게 핀다.
세상살이 궁색하고 영달함도 이와 같아
먼저와 나중이 다른듯하나 한 모습이다.

萬物榮枯自有時 蘭香春日菊開遲
만물영고자유시 난향춘일국개지
世間窮達皆如此 先後雖殊一樣思
세간궁달개여차 선후수수일양사

유정 사명(1544~1610)

　조선 중기의 고승인 유정(惟政, 1544~1610)을 말함. 풍천 임씨로 속명은 응규(應奎), 자는 이환(離幻), 호는 사명당(四溟堂)이다. 또는 송운(松雲), 별호는 종봉(鍾峯)이다. 경상남도 밀양출신이며, 수성(守成)의 아들이다. 1558(명종 13)년에 어머니가 죽고, 1559년에 아버지가 죽자 김천 직지사(直指寺)로 출가하여 신묵(信默)의 제자가 되었다. 그 뒤 직지사의 주지를 지냈으며, 1575(선조 8)년 선종의 중망(衆望)에 의하여 선종수사찰(禪宗首寺刹)인 봉은사(奉恩寺)의 주지로 천거되었으나 사양하고, 묘향산 보현사(普賢寺)의 휴정(休靜)을 찾아가서 선리(禪理)를 참구하였다. 1578년부터 팔공산, 금강산, 청량산, 태백산 등을 다니면서 선을 닦았으며, 1586년 옥천산 상동암(上東庵)에서 오도하였다. 1592년에 임진왜란이 일어나자, 조정의 근왕문(勤王文)과 스승 휴정의 격문을 받고 의승병을 모아 순안으로 가서 휴정과 합류하였다. 그곳에서 의승도대장(義僧都大將)이 되어 의승병 2,000명을 이끌고 평양성과 중화(中和) 사이의 길을 차단하여 평양성 탈환의 전초 역할을 담당하였다. 1593년 1월 명나라 구원군이 주축이 되었던 평양성 탈환의 혈전에 참가하여 혁혁한 전공을 세웠고, 그해 3월 서울 근교의 삼각산 노원평(蘆原坪) 및 우관동 전투에서도 크게 전공을 세웠다. 선조는 그의 전공을 포상하여 선교양종판사(禪敎兩宗判事)를 제수하였다. 1604년 2월 오대산에서 스승 휴정의 부음을 받고 묘향산으로 가던 중 선조의 부름을 받고 조정으로 가서 일본과의 강화를 위한 사신으로 임명받았다. 1604년 8월 일본으로 가서 8개월 동안 노력하여 성공적인 외교성과를 거두었고, 전란 때 잡혀간 3,000여 명의 동포를 데리고 1605년 4월에 귀국하였다. 그해 6월 국왕에게 복명하고 10월에 묘향산에 들어가 비로소 휴정의 영전에 절하였다. 그 뒤 해인사에서 머물다가 1610년 8월 26일 설법하고 결가부좌한 채 입적하였다. 제자들이 다비하여 홍제암(弘濟庵) 옆에 부도와 비를 세웠다. 저서로는 문집인『사명당대사집(四溟堂大師集)』7권과『분충서난록』1권 등이 있다.

『사명집(四溟集)』- 유정(惟政)의 문집. 책판. 경상남도 유형문화재 제273호. 책판은 총 47매이며, 사명대사의 문인 혜구(惠球)가 일부 간직하고 있던 시와 글을 모아 허균(許筠)의 서문을 붙여 1612년 목판에 판각한 것이 초판본이다. 그 뒤 성일(性一)이 1652년에 중간하였는데, 이 책판은 이 때 판각한 것이다. 사명집 책판의 권1에는 사, 권2에는 오언율시, 권3에는 칠언율시, 권4에는 오언절구, 권5에는 사명대사가 선에 대해 말한 글귀를 모은 선게, 권6에는 잡문과 시들이 실려 있다. 뒤에는 부록으로 비문과 행적이 붙어있다. 이 목판은 사명대사유정의 사상 연구 및 개인 전기를 연구하는 데 중요한 자료이다. 경상남도 밀양군 단장면 구천리표충사에 소장되어 있다.

一葦渡江
일위도강

웃음다 동으로 십만 리를 왔는가?
양무제도 알지 못하게 하고 강서를 건너
구년을 말없이 무엇을 이루었나?
헛되이 후손들을 참으로 어리석게 하네.

齒禹齒禹來東十萬里 梁王不契渡江西
언우래동십만리 양왕불계도강서
九年無語成何事 空使兒孫特地迷
구년무어성하사 공사아손특지미

*특지(特地) : 특히. 일부러. 각별히.

夜坐戲題(二)
야좌희제(둘)

한가로이 앉아있는 것이 나의 일이 아니오.
본래 계급은 없으나 길이 높고 낮아
해가 한밤에 하늘과 바다를 비추니
홀로 의자에 기대여 새벽닭 소리 듣는다.

閑坐則爲非我事 本無階級路高低
한좌즉위비아사 본무개급로고저
金烏夜半通天海 獨倚繩床聽曉鷄
금조야반통천해 독의승상청효계

*금오(金烏) : 해를 달리 이르는 말.
 태양 속에 세 개의 발을 가진 까마귀가 있다는 전설에서 유래하였다.

옛 부처님 찬서리 같은 칼날로
이제까지 자루 없이 가르치시어
환한 빛으로 하늘과 땅에 비추니
백 천 가지 괴상 요망함이 깃들 곳 없다.

古佛寒霜露刃劍 從來沒柄可提撕
고불한상로인검 종래몰병가제시
淸光爍爍通天地 百怪千妖無定棲
청광삭삭통천지 백괴천요무정처

*제시(提撕) : 스승이 수행자를 지도하는 것.
 귀를 잡아당겨 입에 대고 귓가에 경각하는 것을 말한다.

桐華寺上房 聞分夜鐘
동화사상방 문분야종

속 비고 겉은 두터워 모양은 둥글고 반듯해
두드리는 대로 울리면서 세월도 깊었네.
잠자다 처음엔 놀라 호랑이 울음소리인가 했고
잠깨어 다시 들으니 용 울음소리로 들리네.
일찍이 영은사의 황혼녘에 울렸고
또 한산사에서도 한밤중에 울렸지.
얼마나 많은 사람들로 하여금 깊이 깨닫게 했으며
지금까지도 바람이 일어 아득한 숲을 흔드네.

中虛外厚形圓直 隨扣而鳴歲月深
중허외후형원직 수구이명세월심
夢裏初驚聞虎嘯 醒時更覺聽龍吟
몽리초경문호소 성시갱각청용음
曾爲靈隱黃昏響 又作寒山半夜音
증위영은황혼향 우작한산반야음
幾度令人發深省 至今風颺振幽林
기도영인발심성 지금풍양진유림

望鄉
망향

남쪽 아득히 기러기 돌아가 끊어지고
아픈 가운데 헛되이 고향 생각에
구름에 묻힌 산골 나그네 멀리 바라보다
달이 강루에 떨어지니 꿈에도 자주 놀란다.
철 늦은 연못에 버들개지 떨어지고
봄 깃든 정원에 꾀꼬리 노래하니
저 멀리 떨어진 물 작년 길을 가고
향긋한 풀꽃이 곳곳에 피어난다.

南國迢迢回雁絕　病中虛動故園情
남국초초회안절　병중허동고원정
雲埋楚峽客長望　月墮江樓夢屢驚
운매초협객장망　월타강루몽누경
節晚橫塘飛落絮　春深故院語流鶯
절만횡당비락서　춘심고원어유앵
遙知洛水去年路　芳草萋萋依舊生
요지낙수거년로　방초처처의구생

허백 명조(1593~1661)

　　조선 중기의 선사(禪師) 승병장(僧兵將). 성은 이씨, 이름은 희국(希國), 호는 허백당(虛白堂). 충청도 홍주출신. 아버지는 통정대부 춘문(春文), 어머니는 한씨이다.

　　11세에 묘향산으로 출가하여 유정(惟政)의 제자가 되었으며, 유정이 왕명을 받아 일본으로 떠나자 유정의 제자인 인영(印暎)을 따르면서 선(禪)을 닦고 불경을 공부하였다. 원준(圓俊)에게서 화엄대교(華嚴大敎)를 배웠고 응상(應祥)에게서 선법을 전해 받았으며, 지리산에 들어가서 수행하다가 다시 묘향산으로 옮겼다.

　　1626(인조 4)년에 금나라가 국경을 침범하자 조정에서는 팔도의승병대장으로 임명하였다. 그는 관서지방에서 의승병 4,000명을 모집하여 평양에 주둔하면서 군대를 훈련시킨 뒤 안주(安州)에 진을 치고 있다가 이듬해에 적이 국경을 넘어 침입하자 이를 맞아 싸웠다.

　　묘향산에 머무르다가 1636년에 병자호란이 일어나자 관서지방 안찰사 민성휘(閔聖徽)의 부탁으로 의승병대장이 되어 관서지방 관민을 동원하고 곡식을 수집하여 군량미를 충당하였다.

1637년 정월에 인조가 항복하여 청나라 군사가 물러간 뒤 조정에서는 그 공을 높이 사서 '가선대부 국일도대선사 부종수교 복국우세 비지쌍운 의승도대장 등계(嘉善大夫 國一都大禪師 扶宗樹敎 福國祐世 悲智雙運 義僧都大將 登階)'의 직호와 직첩을 제수하였으나, 국왕이 청나라에 항복한 것이 통분하여 직첩을 받지 않았다.

이후 금강산 지리산 등을 순례하면서 여러 선원(禪院)에서 한 철씩 참선을 하거나 불경을 강설하여 후학들을 지도하였는데, 이르는 곳마다 수백 명의 참학자들이 모였다. 구월산 패엽사(貝葉寺)에 머무르면서 불경을 강의하였으며, 만년에는 묘향산 보현사(普賢寺) 선방의 조실(祖室)로 있으면서 참선 공부하는 학인들을 지도하였다.

1658년에는 불영대(佛影臺)에 토굴을 짓고 3년 동안 머무르다가, 하루는 묘향산 여러 암자를 둘러본 뒤 우물물을 마시다가 "나는 이제 가네"라고 말한 뒤 보현사에 와서 임종게(臨終偈)를 남기고 9월 8일에 나이 69세로 입적하였다.

제자들이 화장하여 사리 수십과를 얻어서 보현사 서쪽에 부도(浮屠)를 세웠으며, 나머지 사리는 금강산 보개산 구월산과 해남 대흥사(大興寺) 등 그와 인연이 깊었던 사찰에 부도를 세우고 안치하였다.

법맥은 휴정(休靜) — 유정 — 응상 — 명조로 이어지며, 그의 법맥을 이은 제자로는 의흠(義欽), 각흠(覺欽), 숭헌(崇憲), 쌍민(雙敏) 등 수십명이 있었다.

1662(현종 3)년에는 제자 삼인(三印), 설해(雪海) 등이 영의정 이경석(李景奭)의 글을 받아 보현사에 있는 부도 옆에 비를 세웠다.

저서로는 1669년에 제자 남인(南印)이 간행한 시문집 『허백당시집(虛白堂詩集)』 3권과 『승가예의문(僧伽禮儀文)』 1권이 있다.

『허백당시집(虛白堂詩集)』 – 조선 중기의 승려 명조(明照)의 시문집. 3권 1책. 목판본. '허백집(虛白集)'이라고도 한다. 권두에는 1669(현종 10)년 노몽수(盧夢修)가 쓴 서문이 있고, 권말에 문인 각흠(覺欽)의 간단한 발문이 있다. 간기에는 산중석덕(山中碩德)과 제자 등 50여 명의 명단이 기록되어 있다.

노몽수의 서문에는 저자가 불가에 유공할 뿐만 아니라 근왕(勤王)의 공이 크다는 사실을 기록하였다. 1627(인조 5)년 승군 4,000명을 거느리고 안주성을 수비하였고, 병자호란 때 양곡 수백 석을 모아 군량에 충당하였으므로, 조정에서 '가선대부 국일도대선사 의승도대장등계(嘉善大夫國一都大禪師義僧都大將登階)'의 직첩을 주었다는 행적을 삽입하였다.

권1에 오언절구 54수, 오언율시 15수, 권2에 칠언절구 130수, 칠언율시 37수가 수록되어 있다. 이 가운데는 승병장으로 활동하던 때의 일을 읊은 시 6수가 있다. 권3에 장편시 2수, 천사문(薦師文) 보개산만세루중건기(寶蓋山萬歲樓重建記), 기타 권선문(勸善文) 등 6편이 수록되어 있다. 시와 문은 모두 선도(禪道)와 교리를 충실하게 표현한 작품들이다.

示凜師
시름사

서로 만나 말이 없는 곳에
산새는 이미 울음을 끝냈다.
만일 다시 이야기를 한다면
다른 날 후회해도 소용없다.

相見無言處 山禽已了啼
상견무언처 산금이료제
若能重漏洩 他日恨噬臍
약능중루설 타일한서제

佛影帶
불영대

만리에 가을빛이 저물어
온 산에 나뭇잎 떨어진다.
텅 비고 한가로워 한 물건도 없으나
자세히 보니 해질녘 구름이 돌아간다.

萬里秋光晚 千山葉正飛
만리추광만 천산엽정비
虛閑無一物 看盡暮雲歸
허한무일물 간진모운귀

受大興衆請作禪偈傳後代
수대흥중청작선게전후대

불 속에 차가운 서리가 서리고
꽃이 핀 철 나무는 밝게 빛난다.
진흙 소가 울며 바다 속을 달리고
나무 말 울음 소리 길에 가득하네.

焰裏寒霜凝結滯 花開鐵樹暎輝明
염리한상응결체 화개철수영휘명
泥牛哮吼海中走 木馬嘶風滿道聲
니우효후해중주 목마시풍만도성

拾栗
습율

배고픔을 참지 못한 창자는 천둥소리 같아
다니다가 밤을 주우려 구름 속에 들었네.
저녁노을 산 빛은 붉은 비단 같은데
가을비에 떨어지는 잎이 조용히 소리를 낸다.

不忍飢腸似電鳴 徑行拾栗入雲扃
불인기장사전명 경행습율입운경
夕陽山色如紅錦 秋雨霏霏落葉聲
석양산색여홍금 추우비비낙엽성

禪觀十調
선관십조

마음을 혼미하거나 내달리지 않게 하고
숨은 거칠거나 어지럽지 않게 하고
몸은 구부리거나 변하지 않게 하고
눈은 높거나 낮게 하지 않게 하고
코는 숙이거나 드높지 않게 하고
혀는 힘을 주거나 아래로 하지 않게 하고
손은 거두어들이거나 어긋나지 않게 하고
졸음은 방임하거나 끊지 못하지 않게 하고
밥은 배고프거나 배부르지 않게 하고
척추는 앞으로나 뒤로하지 않게 한다.

調心不昏不馳 調息不澁不滑
조심불혼불치 조식불삽불골
調身不傾不久 調眼不高不卑
조신불경불구 조안불고불비
調鼻不垂不奉 調舌不柱不下
조비불수불봉 조설부주불하
調手不撤不忒 調眠不恣不節
조수불철불특 조면불자불절
調食不飢不飽 調脊不前不後
조식불기불포 조척불전불후

충휘 운곡 (?~1613)

　조선 중기의 선승(禪僧). 호는 운곡(雲谷). 일선(一禪)의 제자로 시에 매우 능하였다. 당대의 문장가인 이안눌(李安訥) 이수광(李睟光) 장유(張維) 등과 교유하며 수많은 시를 지었다. 해인사 백련사(白蓮社) 등지에 오래 있었다고 하나 자세한 행적은 전해지지 않는다. 저서로는 1633년에 적멸암(寂滅庵)에서 발간한 『운곡집(雲谷集)』 1권이 있다.

　『운곡집(雲谷集)』 - 조선 중기의 고승 충휘(冲徽)의 시집. 1권 1책. 목판본. 1633(인조 11)년 고산(高山) 적멸암(寂滅庵)에서 개간하였다. 권두에는 1629(인조 7)년 장유(張維)가 쓴 서(序)가 있고, 권말에는 신익성(申翊聖)이 쓴 발문이 있다.
　본문에는 오언절구 42수, 오언율시 24수, 칠언절구 69수, 칠언율시 37수가 수록되어 있는데, 대부분 사찰생활의 환경과 마음을 닦는 것에 관한 것, 유생들과 교우하면서 화답한 시들이다. 특히, 장유 신익성 이수광(李睟光)과 주고받은 시가 많은데, 선조의 부마인 신익성은 그의 시가 당나라 때에 시승(詩僧)으로 이름 높았던 9승(九僧)의 수법과 매우 닮았다고 평하였다. 규장각 도서 국립중앙도서관 등에 있다.

次潘上舍韻
차반상사운

추위에 산꼭대기는 눈으로 감춰
갈가마귀 살던 옛 숲을 잃었다.
서로가 그리워도 보지 못해
밤마다 꿈속에서 찾는다.

凍雪藏山頂 棲鴉失舊林
동설장산정 서아실구림
相思人不見 夜夜夢中尋
상사인불견 야야몽중심

山寺
산사

노송이 온 산이던 저녁
배나무 꽃 피니 봄이다.
스님이 돌아온 하늘 달은
경쇄를 울리며 부처님께 예불한다.

古檜千峯夕 梨花一樹春
고회천봉석 리화일수춘
僧歸上方月 鳴磬禮金身
승귀상방월 명경예금신

*상방(上方) : 천상. 지세가 가장 높은 곳. 양기가 생기는 곳

伏龍川聞笛
복룡천문적

해가진 골짜기 구름이 일고
못이 깊으니 물이 맑다
저녁 숲 밖에서 부는 피리
바람 따라 두세 번 들린다.
산기운은 구름으로 그윽하고
흐르는 개울물은 햇빛 받아 맑네.
이 가운데 표현할 수 없는 것은
외로운 피리 가을 부르는 소리.

洞暝雲初起 潭空水亦淸
동명운초기　담공수역청
夕陽林外笛 風送兩三聲
석양림외적　풍송양삼성
山氣和雲密 溪流帶日淸
산기화운밀　계유대일청
箇中難畫處 孤笛起秋聲
개중난화처　고적기추성

廢寺
폐사

홀로 명아주 지팡이를 짚고
찾아온 옛 절 앞에는
무너진 연못에 목마른 원숭이 엿보고
높은 나무에 매미소리 시끄럽다.
차를 다리던 부엌은 구름이 덮고
선방 돌계단은 풀밭이 되었다.
시를 쓰자니 온갖 감정이 생겨
머리를 돌리니 석양이다.

獨把靑藜杖 來尋古寺前
독파청려장 래심고사전
廢池窺渴猿 喬木噪寒蟬
폐지규갈원 교목조한선
茶竈雲爲鎖 禪階草作氈
다조운위쇄 선계초작전
題詩生百感 回首夕陽天
제시생백감 회수석양천

*청려장(靑藜杖) : 명아주의 줄기로 만든 지팡이
*한선(寒蟬) : 울지 않는 매미
*다조(茶竈) : 차 끓이는 화로

上院寺
상원사

신선이 사는 곳은 천상과 다른 이 세상 밖
가파른 절벽 틈으로 사람은 오르지 못한다.
깊은 절에 꽃비 내리니 스님은 선정에 들고
높은 산 숲에 해가지니 새가 돌아와 깃든다.
처마 끝 소나무 그림자 어지러이 단을 가리고
시냇가 실버들 가지 길게 물 밑까지 떨치었다.
풍경소리 맑고 맑아 봄은 적적하나
두견새 울음 우니 난간 돌아 서방세계이다.

仙區天別塵埃外 峭壁挿空人莫躋
선구천별진애외 초벽삽공인막제
深院雨花僧入定 高林落日鳥歸栖
심원우화승입정 고림락일조귀서
簷松影亂侵壇冷 溪柳絲長拂水低
첨송영난침단냉 계류사장불수저
金磬冷冷春寂寂 子規來叫曲闌西
금경냉냉춘적적 자규래규곡난서

인오 청매(1548~1623)

조선 중기의 고승. 자는 묵계(默契), 호는 청매(靑梅).

자세한 생애는 전하지 않으나 지리산 연곡사(燕谷寺)에 있으면서, 임진왜란 때 구국과 불교중흥에 심혈을 기울였던 고승으로서, 뛰어난 문장가이며, 휴정(休靜) 문하에 두각을 드러냈던 선사이다.

어릴 때 출가하여 유정(惟政)과 함께 휴정의 문하에서 선지(禪旨)를 전하여 받고 그의 제자가 되었다.

31세에 묘향산에서 휴정과 함께 수도하던 중 임진왜란이 일어나자 휴정의 뜻에 따라 의승장(義僧將)이 되어 승병을 거느리고 3년 동안 왜적과 싸워 크게 공을 세웠다.

전국을 행각수도(行脚修道)하였으며, 말년에 부안의 변산 요차봉(了嵯峯) 기슭에 월명암(月明庵)을 짓고 수도하다가 지리산 연곡사로 들어갔다. 1617(광해군 9)년에는 왕명을 받아 정심(正心), 지엄(智嚴), 영관(靈觀), 휴정 선수(善修) 등 5대사의 영정을 그려 조사당에 모시고 제문을 지어 봉사하였다.

76세로 입적하자 제자들이 천왕봉(天王峯) 밑에 영당(影堂)을 짓고 영정을 봉안하였다.

그는 청매파(靑梅派)를 개설하여 조선 중기 이후의 선종(禪宗)발전에 크게 이바지하였으며, 법을 이은 제자로는 쌍운(雙運)이 있다. 저서로는 『청매집(靑梅集)』 2권이 있다.

『청매집(靑梅集)』 - 조선 후기 선승(禪僧) 인오(印悟)의 시문집. 2권 1책. 1633(인조 11)년에 간행된 목판본과 필사본이 함께 전한다. 권두에 이정구(李廷龜)의 서문과 기재(寄齋)가 쓴 발문, 1633년 지리산 영원암(靈源庵)에서 제자 쌍운(雙運)이 쓴 후발(後跋)이 있다.

상권에는 소림단비(小林斷臂), 삼조풍양(三祖風恙), 사조해탈(四祖解脫) 등의 시가 수록되어 있다. 이는 달마대사(達磨大師) 이래 역대조사의 행적 중에서 가장 핵심적인 사건들과 전등록(傳燈錄) 벽암록(碧巖錄) 등에 제시되어 있는 화두(話頭)의 문답이나 특수한 과제 140여 개를 칠언절구의 게송(偈頌)으로 엮은 것이다. 이들 게송은 송나라 선승 설두(雪竇)의 송고백칙(頌古百則), 원오(圓悟)의 벽암록 등과 같이 선지(禪旨) 종풍(宗風)을 찬송한 것으로, 조선시대 승려의 통상적인 시와는 유형이 다른 희귀한 작품이며, 『송고백칙』, 『벽암록』과 함께 귀중한 선 문학 작품으로 평가받고 있다.

하권에는 일반적인 술회(述懷), 영물(詠物), 선지 교계(敎誡) 등 오언과 칠언의 절구(絶句)와 율시 200여수를 비롯하여 고시(古詩), 산수기행, 송운대사(松雲大師)를 추천(追薦)하는 소(疏), 각종 서신, 서산대사(西山大師)를 위한 제문과 송운대사를 위한 제문, 지마론(指馬論) 십무익송(十無益頌) 등의 잡저가 수록되어 있다. 이들 잡저 10여 편은 모두 중요한 불교 사료가 되고 있으며, 이 중 십무익송은 특히 유명하다. 규장각 도서와 고려대학교 도서관 등에 있다.

春日
춘일

친구는 강촌에 걸식하러 가고
부엌에서는 동자가 알아서 송차를 끓인다.
문을 나서니 놀랍게도 봄이 다해가는데
바람 불어 도원의 꽃잎을 떨어뜨리려 한다.

友也江村乞食去 知廚童子煮松茶
우야강촌걸식거 지주동자자송다
出門驚見春歸盡 風打桃源欲落花
출문경견춘귀진 풍타도원욕낙화

出山
출산

산 푸르니 다니고자함이 없겠는가만
홀로 등잔을 대하니 생각이 많다.
날이 밝아 산에 올라 내려가는 길에
흰 구름 붉은 꽃나무 누구의 집인가.

山緣無乃欲蹉跎 獨對殘燈思轉多
산록무내욕차타 독대잔등사전다
明日强登山下路 白雲紅樹是誰家
명일강등산하로 백운홍수시수가

送僧
송승

십년을 서봉에서 홀로 사립문 닫고
참선하는 마음 문득 이별하니
내일 아침 문 밖이 다시 슬퍼도
낙엽 진 빈산에 사람 돌아오리라.

十載西峰獨掩扉 禪心忽在別離移
십재서봉독암비 선심홀재별리이
明朝門外更怊悵 葉盡空山人亦歸
명조문외갱초창 엽진공산인여귀

聞笛
문적

울고불고 원망하나 다시 용서하고
눈 덮인 고향 산은 나라의 정
소동파가 알고 남긴 게송의 뜻은
사람임을 드러낼 때 두세 번 소리 내지 않아도.

如吟如怨又如訴 白雪關山故國情
여음여원우여허 백설관산고국정
勘破東坡遺偈意 呈人不必兩三聲
감파동파유게의 정인불필양삼성

*관산(關山) : 고향의 산

晩春
만춘

새는 날아가고 꽃잎 날리는 저녁노을 짙으니
한 해의 봄 일이 선명하고
산봉우리를 거닐다 문득 고개를 돌리니
해지는 저쪽 멀리 비 지나간다.

去鳥飛花暮色多 一年春事自繁華
거조비화모색다 일년춘사저번화
逍遙臺上忽回首 落照半邊疎雨過
소요대상홀회수 낙조반변소우과

*비화(飛花) : 바람에 흩어져 날리는 꽃잎

漁翁
어옹

바다 바람에 파도가 몰아칠 줄 알고
밧줄을 거두어 바위 끝에 매어놓고
종일토록 팔베개하고 한가로이 잠만 자다
해오라기 날아가는 줄 알지 못하고 늙은 얼굴 씻는다.

深知風海起波瀾 收却絲綸掛石端
심지풍해기파란 수각사륜괘석단
盡日曲肱閑睡熟 不知飛鷺拂衰顔
진일곡굉한수숙 부지비로불쇠안

*곡굉(曲肱) : 팔을 굽혀 베개로 삼는다는 뜻
*쇠안(衰顔) : 쇠약해져 핼쑥한 얼굴

법견 기암(1552~1634)

　　조선 중기의 고승. 호는 기암(奇巖). 자세한 생애는 전하지 않는다. 서산대사(西山大師)의 대표적인 제자 중 한사람으로서 1592(선조 25)년에 임진왜란이 일어나자 스승의 뜻을 받들어 승병을 모집하여 의승장(義僧將)으로 활약하였다. 1594년 입암산성(笠巖山城)을 축조할 때 감독하였으며, 성이 완성되자 총섭(摠攝)이 되어 산성의 수호를 맡는 산성수장(山城守將)이 되었다. 그는 주로 지리산과 금강산에서 수도하였다. 지리산에 있을 때는 선을 가르치면서 학도들을 제접하였는데, 그 해박함이 어떤 외전(外典)에도 통달하지 않음이 없었다. 또, 금강산에 머물렀을 때에는 많은 시를 남겼다. 83세의 나이로 입적하였다. 저서로는 문집인 『기암집(奇巖集)』 3권 1책이 있다.

　　『기암집(奇巖集)』 – 조선 선조 때의 승려 법견(法堅)의 시문집. 3권 1책. 목판본. 권두에 1647년 이민구(李敏求)가 쓴 서문이 있고, 권말에는 1648(인조 26)년 삭녕 용복사에서 간행했다는 간기가 있다. 권1에는 5언 및 7언 절구와 율시(律詩) 등 60여 편, 권2에는 상량문, 소문(疏

文) 등 18편, 권3에는 권선문, 모연문(募緣文), 발문 수탑기(修塔記), 중창기(重創記) 등 20여 편이 수록되어 있다.

이 가운데 시에는 승려, 군수, 유생 등과 교환한 한시가 많이 수록되어 있는데, 이는 임진왜란 당시에 의승장으로 활약했던 저자의 폭넓은 교류를 증명하는 자료이며 휴정(休靜)의 수제자로서 학문이 높았던 저자의 시격을 읽을 수 있다.

권2에 있는 금강산유점사법당상량문, 서산대화상기신재소(西山大和尙忌晨齋疏), 송운대사백재소(松雲大師百齋疏) 등은 뛰어난 작품이며, 소문은 사원불사(寺院佛事)에 관한 것이다. 특히, 권3의 임진년강화부주총통급탄자권선문(壬辰年江華府鑄銃筒及彈子勸善文)은 임진년에 강화도에서 총통과 탄환을 제작하기 위해서 쓴 것이다. 이에 의하면, 강화 해변에 설치한 포루(砲樓)에는 1포(砲)에 천혈(千穴)이 있는데, 큰 구멍에는 만냥(萬兩)을 점하고, 적은 것도 백근에 이른다고 하였다. 그는 강화의 방위와 수비를 위하여 그곳에 피난하는 여러 사람들에게 권선하여 총통을 만들고자 한 것이다.

그 밖에도 장안사법당권선문, 유점사천왕문권선문, 표훈사해회당권선문 등은 사찰의 단편적인 역사를 밝히는 사료가 된다. 그리고 금강산 백화암(白華庵)에 세운 서산의 비문에 대한 발문은 청허의 제자 언기(彦機)와 쌍흘(雙仡)이 청허의 법맥을 고려 말 태고(太古) 계통으로 연결시키고 그것을 후세에 유포시키기 위해서 묘향산 보현사와 금강산 백화암에 비를 세운 것임을 밝히고 있어, 조계종의 법맥 연구에 중요한 자료가 된다. 동국대학교 도서관 등에 있다.

居金剛山
거금강산

반평생을 숲과 샘의 수승함을 참으로 좋아하다
비로소 금강산의 최고로 절묘하고 기이함을 보니
온갖 골짜기 맑은 소리 늙고 젊은 소나무
창문에 길게 비치는 외로운 달그림자
새는 큰 나무로 옮겨 봄 잎으로 집을 짓고
학은 마른 나무에 서서 잠잘 가지를 찾는다.
숲 속의 맑은 소리는 아침 이슬을 전하고
도를 닦는 도인은 스승에게 절을 한다.

半生偏愛林泉勝　始見金剛最絕奇
반생편애림천승　시견금강최절기

萬壑淸聲松老少　一窓寒影月參差
만학청성송노소　일창한영월참차

鳥遷喬木巢春葉　鶴立枯查夢夜枝
조천교목소춘엽　학입고사몽야지

玉磬隔林傳曉漏　想應方士禮天師
옥경격림전효루　상응방사예천사

*만학(萬壑) : 첩첩이 겹친 많은 골짜기
*참치(參差) : 길고 짧고 들쭉날쭉하여 같지 않음. 길이 뜻
*옥경(玉磬) : 옥으로 만든 경쇠
*방사(放士) : 신선의 술법을 닦는 사람
*천사(天師) : 훌륭한 도사(道士)라는 뜻

一口劍
일구검

일찍이 부질없는 학문으로 명검을 어루만지며
얽히고설킨 것을 거침없이 소매에 새기어
오르락내리락하는 북쪽에는 뜬구름 흩어지고
이슬 맺힌 푸른 하늘 자줏빛 기운 외롭다.
사해가 맑고 편안함은 이러한 힘을 의지해
일신의 영달에 기꺼이 저어한 것이 없었다.
남아의 학업의 뜻이 어떤 일인 줄 알아
교만함을 버리고 황제의 자리도 버렸다.

曾學屠龍按湛盧　盤根無試袖中模
증학도용안담로　반근무시수중모
潛擎黑地浮雲缺　露拔靑天紫氣孤
잠경흑지부운결　로발청천자기고
四海晏淸憑爾力　一身榮達肯渠無
사해안청빙이력　일신영달긍거무
男兒志業知何事　掃斬天驕獻帝都
남아지업지하사　소참천교헌제도

*담로(湛盧) : 황실을 지키는 5자루의 보검 중 하나
　거궐(巨闕), 담로(湛盧), 어장(魚腸), 순균(純鈞), 승사(勝邪)
*반근(盤根) : 서려서 뒤얽힌 나무뿌리
*영달(榮達) : 높은 지위에 오르고 귀하게 됨
*지업(志業) : 학업에 뜻을 둠
*제도(帝都) : 황제가 있는 나라의 서울

掩柴扉
엄시비

사립문을 밤에도 닫지 않은들
일 없는데 무슨 상관인가
서울에서는 알지 못하지만
청산 그대로가 환희롭다.
나고 죽음은 역려와 같고
천지는 아주 작은 탄환
삶에 무엇이 있는 것이 아니니
산 속에 또한 작은 집이다.

柴扉不夜關　無事可相干
시비불야관　무사가상간
紫陌非相識　青山是舊歡
자맥비상식　청산시구환
生死猶逆旅　天地眇彈丸
생사유역려　천지묘탄환
不必居何有　林間且考槃
불필거하유　림간차고반

*상간(相干) : 서로 관련되다
*자맥(紫陌) : 서울 또는 도시를 뜻하는 말
*역려(逆旅) : 일정한 돈을 지불하고 손님이 묵는 집
*고반(考槃) : 은거할 집

寶德窟
보덕굴

환골 탈퇴한 참사람이 옛적에 지은 공덕으로
하늘 가득한 모습으로 절에 있고
청산은 뜻하는 것이 있어 새벽 달로
비취빛 측백나무는 다정도하여 저녁 바람에 운다.
가파른 언덕을 오를 적에는 쇠줄을 의지하고
누각은 오직 쇠기둥의 웅장함에 힘입었다.
돌아보는 자 몸이 어디에 있는지 깨닫지 못하다
난새를 타고 붉은 노을 가운데 있는 듯하네.

換骨眞人昔做功 沖空遺影在琳宮
환골진인석주공 충공유영재림궁
靑山有意朝晨月 翠栢多情吼晚風
청산유의조신월 취백다정후만풍
危磴只憑金鎖力 層軒惟賴鐵楹雄
위등지빙금쇄력 층헌유뢰철영웅
不知遊賞身何在 疑是乘鸞紫靄中
부지유상신하재 의시승난자애중

*유영(遺影) : 죽은 사람의 초상(肖像)이나 사진
*림궁(琳宮) : 도교의 사원, 절에 대한 미칭
*조신(朝晨) : 새벽
*난(鸞) : 난조(鸞鳥). 중국 전설에 나오는 상상의 새로, 모양은 닭과 비슷하나 깃은 붉은빛에 다섯 가지 색채가 섞여 있으며, 소리는 오음(五音)과 같다고 한다.

念佛觀
염불관

극락전 앞에 둥근 달의 모습이
옥호금상으로 허공을 비추는 듯하네.
만약 일념으로 아미타불을 부른다면
눈 깜박할 사이 무량 공덕을 이루리라.

極樂堂前滿月容 玉毫金相照虛空
극락당전만월용 옥호금색조허공
若能一念稱名號 頃刻圓成無量功
약능일념칭명호 경각원성무량공

*옥호(玉毫) : 32相(상)의 하나. 부처님 두 눈썹 사이에 있는 희고 빛나는 가는 터럭.
 백호상(白毫相)이라고도 한다.

無牛
무우

푸른 버들 온갖 꽃 사이에 늘어지고
소는 이리저리 풀을 먹고 집으로 돌아가려하기에
홀연 목줄을 놓으니 찾을 수 없는데
한가로이 철 피리로 고향노래 부르네.

綠楊芳草間離離 牧爾縱橫任所歸
녹양방초간이리 목이종횡임소귀
忽放索頭無縱迹 閑將鐵笛故山吹
홀방색두무종적 한장철적고산취

*이리(離離) : 곡식이나 벼 이삭이 고개 숙인 모양. 구름이 길게 뻗쳐 있는 모양.
*고산(故山) : 자기가 태어나서 자란 곳

일옥 진묵(1562~1633)

　조선 중기의 승려. 호는 진묵(震默). 법명은 일옥(一玉). 만경현(萬頃縣: 지금의 김제) 불거촌(佛居村) 출신. 수많은 신이(神異)를 행하면서 불법을 전하므로 생불(生佛)이라 불렸다.
　사미 시절, 창원의 마상포(馬上浦)를 지나갈 때 한 처녀가 그를 보고 사랑을 느꼈다. 그녀는 환생(還生)하여 대원사에서 그의 시동, 기춘(奇春)이 되었다. 그는 기춘을 아꼈는데, 이것을 대중들이 비난하자, 그것이 애착을 떠난 삼매행임을 보여주기 위해서, 국수로 대중공양을 하겠다는 것을 알린 뒤, 기춘으로 하여금 바늘 한 개씩을 대중의 발우 속에 넣도록 했다. 그의 발우 속 바늘은 국수로 변하여 발우를 가득 채웠으나, 다른 승려들의 발우에는 여전히 한 개의 바늘만 있었다.
　그가 늙은 어머니를 왜막촌(倭幕村)에서 봉양하고 있을 때, 여름날 모기 때문에 어머니가 고생하는 것을 보고 산신령을 불러 모기를 쫓게 한 뒤로는 이 촌락에 영영 모기가 없어졌다.
　또, 월명암에 있을 때, 불등(佛燈)이 매일 밤 목부암에서 비쳐왔으므로 그곳으로 옮겨가서 원등암(遠燈庵)이라고 개칭하였다. 이곳은 원래 십육나한(十六羅漢)의 도량으로, 나한들이 그의 뜻을 계발하기 위하여 불빛을 비추었던 것이다.

전주의 한 관리가 관물(官物)을 축내고 도망가기 전에 그에게 인사하러 오자, 그는 주장자를 가지고 나한당에 들어가 나한의 머리를 때리며, 그 관리를 도우라고 했다. 다음 날 밤에 나한이 그 관리의 꿈속에 나타나서, 그를 구해주겠다고 하였다.

어느 날 소년들이 냇가에서 생선을 끓이고 있는 것을 보고, 그것을 모두 먹은 뒤 냇가에 가서 용변을 보자 무수한 고기가 살아서 헤엄쳐 갔다. 봉서사에는 그를 기리는 부도와 조사전(祖師殿)이 있다. 또한, 초의가 편찬한 『진묵조사유적고(震黙祖師遺蹟攷)』 1권이 전하고 있다.

『진묵조사유적고(震黙祖師遺蹟攷)』 - 1850(철종 1)년 조선 후기의 승려 의순(意恂)이 지은 진묵조사 일옥(一玉)에 관한 책. 1권 1책. 목판본. 전주 봉서사(鳳棲寺)에서 간행하였다. 책의 첫머리에 김기종(金箕鍾)과 의순의 서문이 있다. 진묵은 숱한 기행이적(奇行異蹟)과 불가사의한 신통력 등으로 널리 알려진 인물이지만, 저술이 없고 다만 이 기록이 유일한 자료이다.

이 책에 의하면 진묵은 1562(명종 17)년 전라북도 김제시 만경면 불거촌(佛居村 : 현재의 화포리)에서 태어났는데, 그 가계에 대해서는 알려진 바가 없다. 7세 때 봉서사에서 출가하였는데, 사미승(沙彌僧)일 때 신중단(神衆壇)의 향을 피우는 직책을 맡았다고 한다. 그날 밤 주지의 꿈에 부처가 향을 피우니 제천(諸天)은 받을 수 없노라는 말이 있었다고 한다. 그때부터 진묵의 신이로움이 세상에 알려지게 되었고, 그 뒤 일정한 주처 없이 구름처럼 천하를 유람하였다.

그리고 경전 중에는 『능엄경(楞嚴經)』을 즐겨 읽었고, 좌선삼매(坐禪三昧)에 빠져 끼니를 잊은 것이 한두 번이 아니었음과 술을 좋아하여 늘 만취하였는데, 스스로는 비승비속(非僧非俗)임을 자처하였음이 기록되어 있다. 그가 남긴 유일한 게송(偈頌)은 술에 관한 것으로 "하늘을 이불삼고, 땅을 자리로, 산을 베개 삼고 달을 촛불로, 구름을 병풍으로, 바다를 술통으로 만들어, 크게 취하여 거연히 일어나 춤을 추니, 오히려 긴 소맷자락 곤륜산에 걸릴까 하노라"이다.

또한 유학에도 매우 박식하여 『성리대전(性理大典)』을 빌려 동구 밖에 나가기 전에 모두 외워버렸다는 일화, 천신(天神)들의 공양을 받은 일화, 풍수지리에 관한 일화, 허공을 날았다는 일화, 그리고 입적할 때의 영험 등이 상세히 기록되어 있다.

대체로 암울한 시대를 고뇌했던 한 기인(畸人)의 행적으로 그의 삶을 조명해 주고 있다. 국립중앙도서관과 규장각 도서 등에 있다.

母祭文
모제문

태중에 열 달을 품으신 은혜 어떻게 갚으오리까?
슬하에 삼 년을 기르심도 잊을 길 없나이다.
만 세 위에 다시 만 세를 더할지라도
아들의 마음은 오히려 부족함만 앞서는데,
인생 백년이라더니 백년도 못 채우셨으니
어머니의 수명이 어찌 이리 짧으시나이까?
표주박 하나로 길 위에서 걸식하며 사는
이 중은 이미 그러하다 할 것이나
규중에 혼자 남은 어린 누이로는
어찌 슬프지 않으리까?
이제 벌써 상단을 마치고 하단의 법요도 마쳐서
스님들은 각각 제 처소로 돌아갔습니다.
앞산은 첩첩하고 뒷산 또한 겹겹이 쌓인 이 산중에서
어머님의 혼은 어디로 돌아가시렵니까.
아~ 슬프고 슬프옵니다!

胎中十月之恩 何以報也
태중시월지은 하이보야

膝下三年之養 未能忘矣
슬하삼년지양 미능망의

萬歲上更加萬歲 子之心猶嫌焉
만세상갱가만세 자지심유혐언

百年內未滿百年 母之壽何其短也
백년내미만백년 모지수하기단야

單瓢路上行乞一僧 旣云已矣
단표로상행걸일승 기운이의

橫釵閨中未婚小妹 寧不哀哉
횡차규중미혼소매 녕불애재

上壇了下壇罷 僧尋各房
상단요하단파 승심각방

前山疊後山重 魂歸何處
전산첩후산중 혼귀하처

嗚呼哀哉
오호애재

戲羅漢
희라한

저 영산에 사는 열여섯 어리석은 자야
마을 공양을 즐기며 언제 쉬느냐
신통묘용은 비록 미치지 못하지만
대도는 응당 노 비구에게 물어야 한다.

寄汝靈山十六愚 樂村齋飯幾時休
기여영산십육우 락촌재반기시휴
神通妙用雖難及 大道應問老比丘
신통묘용수난급 대도응문노비구

嘗吟
상음

하늘을 이불로 땅을 자리로 산을 베게 삼고
달을 촛불로 구름을 병풍으로 바다를 술통 삼아
거하게 취해 그렇게 이끄는 대로 춤을 추니
도리어 장삼자락이 곤륜산에 걸릴까 걱정이네.

天衾地席山爲枕 月燭雲屛海作樽
천금지석산위침 월촉운병해작준
大醉居然仍起舞 却嫌長袖掛崑崙
대취거연잉기무 각혐장수괘곤륜

태능 소요(1562~1649)

    조선 후기의 승려. 성은 오씨(吳氏). 호는 소요(逍遙). 법명은 태능(太能). 전라남도 담양 출신. 서산대사휴정(休靜)의 전법제자(傳法弟子)이자 소요파(逍遙派)의 개조(開祖)이다.
    13세에 백양산(白羊山)의 경치에 감화 받아, 진대사(眞大師)로부터 계(戒)를 받고 출가하였다. 그 후,
    속리산과 해인사 등지에서 부휴(浮休)에게 경률(經律)을 익혔는데, 부휴의 수백 명의 제자들 중, 태능, 충휘(沖徽), 응상(應祥)이 법문(法門)의 삼걸(三傑)이라 불렸다.
    묘향산으로 휴정(休靜)을 찾아가 조사서래의(祖師西來意) 화두를 물었다. 문답한 뒤, 휴정은 의발(衣鉢)을 전하고 3년 동안 지도한 뒤, 개당설법(開堂說法)을 하게 하였다. 그 뒤 휴정에게 다시 탁마한 후, 크게 깨달았다. 1624(인조 2)년 남한산성의 서성(西城)을 보완하였으며, 지리산의 신흥사(神興寺)와 연곡사(燕谷寺)를 중건하였다. 1649년 11월 21일 법문과 임종게를 설하고 나이 87세, 법랍 75세로 입적하였다.

선(禪)과 교(敎)를 하나의 근원에서 파생한 두 가지 흐름으로 보는 전통적 견해를 취하였는데, 이러한 사상과 경향은 서산대사와 일맥상통한다. 소요당집서(逍遙堂集序)에서는, 서산대사의 뛰어난 제자들 중에 오직 그만이 선지(禪旨)를 통달하였다고 하였다.

그는, 본래청정(本來淸淨)하고 자재하며 완전한 일물(一物)인, 우리의 자성(自性)이 구체적 현실 속에서 참된 주인공으로서 작용하는데, 이 참주인공을 자각한 사람만이 온전한 주인으로 살아갈 수 있다고 했다.

특히, 선(禪) 사상이 실참실수(實參實修)를 통한 체험에 있음을 실감하고, 상징적인 비유를 통하여 개념적인 지식을 초월하여 바로 그 실상을 실감하도록 하는 선종의 방법으로 제자들을 깨우치려 하였으며, 철두철미하게 불교를 주체적으로 깨닫도록 하고자 노력하였다.

뛰어난 제자로는 현변(懸辯), 계우(繼愚), 경열(敬悅), 학눌(學訥), 처우(處愚), 천해(天海), 극린(克璘), 광해(廣海) 등이 있으며, 그 밖에 소요파(逍遙派)로 불리는 수백 명의 제자들이 있었다. 저서로는 『소요당집(逍遙堂集)』1권이 있다. 사리를 연곡사·금산사(金山寺)·보개산(寶蓋山) 세 곳에 나누어 모시고 부도(浮屠)를 건립하였다. 그를 흠모한 효종은 1652(효종 3)년 혜감선사(慧鑑禪師)라는 시호를 내리고, 이경석(李景奭)을 시켜 비명(碑銘)을 지어 금산사에 세우게 하였다.

『소요당집』 – 조선 중기의 승려 태능(太能)의 시문집. 1권 1책. 목판본. 태능이 죽은 지 약 150년 뒤인 1800(정조 24)년에 태능의 6세 법손(法孫)인 춘담(春潭)이 시 200여 수를 모아, 담양 옥천사(玉泉寺)에서 간행하였다. 권수에는 1795년에 정범조(丁範祖)가 쓴 서문과 이윤상(李輪祥)의 서문이 있으며, 권말에는 태능의 행장과 비문, 상찬(像

贊), 1800년에 이면휘(李勉輝)가 쓴 발문이 있다.

    이 책에 수록된 시는 대부분 선의 세계를 음미한 것이며, 가까운 승려나 선비들과 주고받은 시도 일부 수록되어 있다. 이들 시 이외에도 『용추사법당중창기(龍湫寺法堂重創記)』 1편이 수록되어 있다. 규장각 도서에 있다.

一卷經
일권경

사계절 따라 더위와 추위는 오가는데
어떤 사람이 스스로의 마음을 알까?
노승이 홀로 글자 없는 도장을 쥐고
소나무 그늘에 앉아 지난 일생을 보네.

四序炎凉去復來　誰人知得自心經
사서담양거부래　수인지득자심경
老僧獨把無文印　坐看松陰過一生
노승독파무문인　좌간송음과일생

文殊面目
문수면목

흰 구름 끊긴 곳이 푸른 산이요
해 지는 하늘가 새는 홀로 돌아온다.
겁 밖의 인자한 모습 항상 느껴보고
목련꽃 피면 물은 졸졸 흐른다.

白雲斷處是靑山 日沒天邊鳥獨還
백운단처시청산 일몰천변조독환
劫外慈容常觸目 木蘭花發水潺潺
겁외자용상촉목 목란화발수잔잔

靈飯着語
영반착어

여능이 맛있는 밥을 구멍 난 바리에 가득 담고
조주스님이 연고차를 새는 잔에 따르며
은근히 선타객에게 나아가 권하기를
모두가 태 안에서 나오지 아니한 때이다.

廬陵香飯盛穿鉢　趙老研膏酌漏巵
려릉향반성천발　조노연고작루치

慇懃勸進仙陀客　薦取脆胎未出時
은근권진선타객　천취취태미출시

*여능(廬陵) : 송(宋)의 구양수(歐陽脩)의 호
*연고(研膏) : 연고차(研膏茶)이다.
*선타객(仙陀客) : 지혜가 총명한 사람을 말함.
*천취(薦取) : 몽땅 가져간다(全取)는 뜻. 천은 돗자리. 중국 사람들이 돗자리 위에서 노름을 하다가 이기는 사람이 돗자리채로 가져간다는 데서 나온 말.

達摩後品
달마후품

인도 스님이 세상에 왔으나 말이 없기에
마치 가을 하늘 달이 못에 비치는 것 같았다.
참으로 우스운 것은 세상 사람은 알지 못하고
죽어서 웅이산 남쪽에 묻었다 한다.

胡僧應世來無口 政似秋天月映潭
호승응세래무구 정사추천월영담
可笑世間人不識 死埋熊耳山之南
가소세간인불식 사매웅이산지남

*웅이산(熊耳山) : 중국 섬서성 상주 남쪽에 있는 산.
 달마대사의 유해가 묻혀 있는 장소라고 한다.

趙州茶
조주차

삼등품 차라도 눈을 밝게 바꾼다고
몇이나 말끝에 문안에 들어섰는가?
근기에 응하고 따르는 방법 끝없어
후대 자손이 바로 써서 밝게 했다.
만나는 사람마다 차나 마시고 가라하니
이태백의 청평조 한 곡을 아는 이 드물고
총림의 손님 대하는 것이 이와 같으니
무수한 세월 밖의 가풍이 바로 지금이다.

三等茶甌換眼睛　幾人言下入門庭
삼등차구환안청　기인언하입문정
應機隨手用無盡　後代兒孫直使明
응기수수용무진　후대아손직사명
雷例逢人喫茶去　淸平一曲少知音
뢰예봉인끽다거　청평일곡소지음
叢林待客只如此　劫外家風直至今
총림대객지여차　겁외가풍직지금

해안 중관(1567~ ?)

　조선중기의 고승(高僧). 성은 오씨(吳氏). 호는 중관(中觀). 무안(務安)사람이다. 어려서부터 총명하여 신동이라 불렸다. 처음에 처영(處英)을 은사로 하여 득도하였으나 뒤에 휴정(休靜)의 문하에서 참학(參學)하여 심인(心印)을 받았다. 임진왜란이 일어나자 그해에 영남지방에서 의승을 일으켰고, 전공을 세워 총섭(摠攝)이 되었다. 전란 후 지리산 화엄사에 있으면서 대화엄종주(大華嚴宗主)로서 법화(法化)를 폈다. 만년에는 지리산 귀정사(歸正寺) 소은암(小隱庵)의 옛터에 대은암(大隱庵)을 중창하고 그곳에서 참선수도에 정진하였다. 자세한 행장은 전하여지지 않으나 1636(인조 14)년에 화엄사의 사적을 쓴 것으로 보아 70세 이후에 그곳에서 입적한 것으로 추정된다. 법을 이은 제자로 청간(淸侃) 정환(正還) 설매(雪梅) 등이 있다. 저서로는 『중관대사유고(中觀大師遺稿)』 1책, 『죽미기(竹迷記)』 1책, 『화엄사사적(華嚴寺事蹟)』 1책, 『금산사사적(金山寺事蹟)』 1책 등이 있다.

　『중관대사유고(中觀大師遺稿)』 - 해안(海眼)의 시문집. 1권 1책. 목판본. 간기는 없으며 1646(인조 24)년에 임마거사(恁麽居士)가 쓴 발문이 있다. 동국대학교 도서관 등에 있다.

본문에는 먼저 5언과 7언의 고시(古詩)·절구(絕句), 율시(律詩) 170여 수가 수록되어 있다. 문(文)으로는 묵계대선사제문(默契大禪師祭文) 3수와 천묵계사소(薦默契師疏), 지리산삼신동내원암삼로영당상량문(智異山三神洞內院庵三老影堂上樑文), 속리산대법주사대웅대광명전불상기(俗離山大法住寺大雄大光明殿佛相記), 관음다라니후발(觀音陀羅尼後跋), 상청허대노사(上淸虛大老師) 답도체부총융사서(答都體府摠戎使書), 대은암기(大隱庵記) 등 20여 편이 있다.

이들은 사찰의 사료 및 당시의 불교 상황을 알려주는 좋은 자료가 된다. 특히 '답도체부총융사서'는 지방 병무를 관장하는 총융사로부터 도첩(度牒)을 가지고 있지 않은 승려를 다 찾아내어 성을 쌓는 등, 노무에 동원하라는 명령을 받고 쓴 진정서이다. 승려가 국난을 당하여 종군한 공도 있고, 또 도첩이 없더라도 산중에서 솔잎을 먹고 수도하는 승려들에게 성을 쌓고 국방을 담당하는 중역(重役)을 지우는 것은 부당하다고 탄원한 것이다.

임마거사의 발문에는 "연원의 유래와 법통(法統)의 바른 것을 아는 자가 없는데, 옛적에 청허대사(淸虛大師)가 그 비지(祕旨)를 뇌묵(雷默) 처영(處英)에게 전하고 처영은 사(師)에게 전하였으니, 이것은 실로 임제종맥(臨濟宗脈)인 태고청풍(太古淸風)으로 탁세(濁世)에 다시 불게 되었다"는 기록이 있다. 이것은 해안이 임제태고법통설을 주장하였다는 사실을 증언하는 글이다.

세종 때 불교의 여러 종파를 선 교 양종으로 통합하였고, 성종과 연산군 때 불교를 크게 억압함에 따라 선 교의 종통이 끊어졌다. 이에 휴정(休靜)은 다만 간화선맥(看話禪脈)이 중국 임제종의 대혜선사(大慧禪師) 계통임을 밝혔고, 성종의 불교 박해 후 겨우 법맥을 이은 벽계정심선사(碧溪淨心禪師) 이상의 중단된 법통은 제외하였다.

  그 뒤에 해안은 고려 말 태고화상(太古和尙)이 중국에 들어가서 임제종 석옥화상(石屋和尙)으로부터 법을 받아와 환암(幻庵) 구곡(龜谷) 벽계로 전해왔다는 새로운 법통설을 창안하였다.

虎丘清規禪話牋
호구청규선화전

철선을 타고 바다에 놀면서
사람들에게 구멍 없는 피리를 들려주니
용의 턱 아래 보물을 찾아
그의 손바닥에 보배가 된다.
해가 비추니 찬바람 불고
산이 흔들리니 짙푸름이 새롭다.
대주의 참된 곳은
북을 울리며 세 번 돌고 돌아갔다.

駕鐵船遊海 吹無孔篴人
가철선유해 취무공적인
探龍頷下寶 爲爾掌中珍
탐용함하보 위이장중진
日照寒光動 山搖翠色新
일조한광동 산요취색신
大珠眞實處 退鼓打三巡
대주진실처 퇴고타삼순

*대주(大珠) : 대주(大珠 ; 생몰 연대 미상) 선사는 건주(健州) 사람으로 속성은 주(朱)씨. 법명은 혜해이다.

靜坐意
정좌의

마음은 깊은 밤 아픈 사람 인 듯
삼년 삼 개월의 세월을 지냈다.
거울을 쳐부수니 아무 일 없어
새가 꽃을 머금어 바위 앞에 떨어뜨린다.

心如夜半厲人然　坐到三年三月天
심여야반려인연　좌도삼년삼월천
打破鏡來無箇事　鳥銜花落翠岩前
타파경래무개사　조함화락취암전

自勸意
자권의

산에 오를 때 높은 산은 자꾸 오르고
물 속의 깊은 물은 거듭 거듭 들어간다.
기필코 학이 춤추고 용이 잠자는 재주를 익히리니
내 말이 한결같지 않은 것 같다고 말하지 마라.

山上高山須上上 水中深水向中中
산상고산수상상 수중심수향중중
期爲鶴舞龍眠術 莫說吾言似不同
기위학무용면술 막설오언사부동

四月八日午雪
사월팔일오설

을묘년 사월이 다가는 봄
그달 팔일 정오에
제석천왕이 봄을 다스리는 신의 손을 빌어
물을 잘라 꽃을 만들어 세상 가득 휘날리네.

乙卯春歸斗建巳 月初八日方中時
을묘춘귀두건사 월초팔일방중시
天翁更役東君手 剪水爲花滿眼吹
천옹갱역동군수 전수위화만안취

*두건(斗建) : 7성(星). 또는 그 별들이 가리키는 방향. 두표(斗杓). 두건(斗建) 두병(斗柄)이 사(巳)를 가리키면 '두게사표(斗揭巳杓)'라 하여 4월에 해당됨
*동군(東君) : 靑君. 靑帝 등과 같은 뜻으로 봄을 다스리는 신

冬至
동지

아득한 기억으로 복희씨의 마음을 얻으니
괘를 그리는 수고로움도 이런 마음이런가
홀로 선상(禪床)을 의지해 말해줌이 없어
초라하기가 눈 속의 매화나무 심정이다.

悠悠憶得伏犧心 畫卦徒勞費此心
유유억득복희심 화괘도로비차심
獨倚禪床無與語 可憐梅樹雪中心
독의선상무여어 가련매수설중심

영월 청학(1570~1654)

　조선 중기의 고승(高僧). 성은 홍씨(洪氏). 자는 현주(玄珠), 호는 영월(詠月). 전라남도 장흥출신. 아버지는 광명(光明)이며, 어머니는 강씨(姜氏)이다.

　13세에 출가하여 가지산 보림사(寶林寺)에서 승려가 되었다. 이때 불교강원의 교과과목인 사집과(四集科)와 사교과(四敎科)의 경전을 배웠다.

　1392년 임진왜란이 일어나자 승병에는 참여하지 않고 국가의 존망을 걱정하며 고행정진하였다. 임진왜란이 끝나자 수행에 매진하였으며, 지리산의 부휴선사(浮休禪師)를 찾아 도를 묻고, 다시 묘향산 청허선사(淸虛禪師)를 찾아 깨달음을 얻고 전법제자(傳法弟子)가 되었다. 그 뒤 후학들에게 불경과 선을 가르치면서 임진왜란으로 쇠퇴하여진 불교의 중흥에 헌신하였다.

　만년에는 금강산에서 좌선하였고, 지리산에서 후학들을 지도하였다. 특히, 시를 즐겨 지었으며, 이들을 통하여 그의 선적 체험과 생활을 엿볼 수 있다. 나이 94세로 임종게(臨終偈)를 남기고 앉은 채 입적하였다. 제자들이 화장한 뒤 사리를 거두어 보림사에 탑을 세웠다. 법맥을 이은 제자로는 무하자(無何子)·학순(學淳) 등 10여 명이 있으며, 저서로는 문집인 『영월대사문집(詠月大師文集)』이 있다.

『영월대사문집(詠月大師文集)』 - 조선 후기의 고승 청학(淸學)의 시문집. 1권 1책. 목판본. 1661(현종 2)년 금화산 징광사(澄光寺)에서 간행하였다. 권두에는 1657(효종 8)년에 쓴 처능(處能)의 서문이 있고, 권말에 무하자(無何子)가 쓴 발문과 현변(懸辯)이 지은 청학의 행장이 있다.

본문에는 오언절구 53수, 오언율시 10수, 칠언율시 8수, 오언고시 3수 등이 수록되어 있다. 이들 시에는 당시 선비와 관직에 있던 사람들과 주고받은 것이 많다. 이어서 송해산지유산(送海山之遊山)을 비롯한 수십편의 잡문이 수록되어 있다.

그 가운데 이사회화(二士會話)는 노장의 학과 유교와 불교에 통달한 물외(物外)의 친구에게 부탁하여 저자 자신의 도락(道樂)을 음미한 작품이며, 청산곡(靑山曲)·무심사(無心詞) 등도 저자의 수행경지를 음미할 수 있는 빼어난 시사(詩詞)이다.

본문 끝에는 임종게(臨終偈)를 비롯하여, 당시의 불교교과과목인 사집(四集)과 사교(四敎), 화엄경, 전등록(傳燈錄), 선문염송(禪門拈頌)에 대한 찬탄게가 수록되어 있다. 또, 심성(心性)과 도학(道學)의 공부에 대한 10여 수의 게송이 있다. 국립중앙도서관에 소장되어 있다.

神興寺
신흥사

계곡의 높은 누각은 하늘나라 같고
금과 옥이 곱기가 푸른 하늘빛이다.
푸른 울타리를 영취산 달이 다시 비추고
신선의 궁전에 소림사의 바람이 거듭 분다.
삿됨을 버리고 바르게 하니 삿된 자취 없고
성인이 되어 범부를 초월하니 성인 또한 다함이 없다.
눈 속 푸르른 천 길의 노송나무
계곡의 거문고 소리에 하늘이 줌춘다.

臨溪高閣擬天宮 金玉爭鮮曜碧穹
임계고각의천궁 금옥쟁선요벽궁

蒼壁再明靈鷲月 丹臺重扇少林風
창벽재명영취월 단대중선소림풍

摧邪現正邪無迹 入聖超凡聖不窮
최사현정사무적 입성초범성불궁

雪裏靑靑千丈檜 澗琴相對舞長空
설리청청천장회 간금상대무장공

*단대(丹臺) : 신선이 산다고 하는 궁전.

山寺聞琴 二首
산사문금 이수

둘 셋 신선이 나그네로 범궁에서
일없이 타는 거문고 비가 오동나무 적시듯 하니
순임금이 타던 오현금이 오히려 지금에 있는 듯
남풍이 어찌 그때의 바람과 다르리.

兩三仙客梵宮中 無事彈琴雨滴桐
양삼선객범궁중 무사탄금우적동
舜帝五絃今尙在 南風何異昔時風
순제오현금상재 남풍하이석시풍

*순제금(舜帝琴) : 순임금이 남풍시(南風詩)를 타던 오현금

약주는 술통에 가득하고 산과일도 많아
벼슬 높은 이들에게도 참으로 자랑할 만하나
현악기와 관현악 소리 맑다 말하지 마라
계곡의 비파 솔바람 거문고로 특별한 노래를 한다.

山酒盈樽山果多 朱門大爵可爭誇
산주영준산과다 주문대작가쟁과
莫言絲竹聲淸耳 澗瑟松琴別有歌
막언사죽성청이 간비송금별유가

*주문(朱門) : 지위가 높은 벼슬아치의 집.
*대작(大爵) : 높은 벼슬과 지위. 또는 그러한 자리에 있는 사람
*사죽(絲竹) : 현악기와 관악기를 아울러 이르는 말. 음악을 비유적으로 이르기도 한다.

春風遊松廣寺詩
춘풍유송광사시

살아오면서 일 밖의 정을 간직하여
시를 읊고 부귀를 가벼이 여기며
뜬구름 같은 세상 남에게 맡기고
푸른 물 맑은 산에 마음을 두었다.
봄바람 그치지 않으니 흥이 더욱 나고
지팡이 짚고 조계산을 향하니 산과 물 깊어
좁은 길은 십여 리나 남았고
맑은 계곡에 발을 씻으며 번뇌를 잠재운다.
전각에 머무르니 가슴이 시원하고
누대에 부는 바람 눈동자를 맑게 해
신선이 기이한 경치를 구경하고
달빛에 바람소리 즐겁게 노닌다.
흐르는 개울 물 꿈마저 꾸게 하니
방울져 떨어지는 솔바람에 나그네 근심 잦아들고
지금에 이는 연무를 무엇이냐고 물으면
꽃은 계곡과 산에 가득하고 바람은 누대에 가득하다고 하다.
봉래산 방장산이 아름답다하나
무릉도원을 어찌 다시 찾을까
머무는 스님들이 모두 법을 배우니
학 같은 동생 구름 같은 형으로 모두가 봄가을이다.

生來唯抱物外情 浪吟詩輕萬戶侯
생래유포물외정 랑음시경만호후

浮雲世事付他人 綠水靑山心素留
부운세사부타인 록수청산심소류

春風不禁逸興飛 筇向曺溪山水幽
춘풍불금일흥비 공향조계산수유

行尋石逕十里餘 濯足淸溪塵慮收
행심석경십리여 탁족청계진려수

盤桓殿閣爽胸襟 嘯詠樓臺淸眼眸
반환전각상흉금 소영루대청안모

仙蹤異境翫復翫 月榻風欞遊更遊
선종이경완부완 월탑풍영유갱유

玲瓏澗舌慰殘夢 浙瀝松聲消客愁
영롱간설위잔몽 절력송성소객수

今來烟景問如何 花滿溪山風滿樓
금래연경문여하 화만계산풍만루

蓬萊方丈未專美 武陵桃源何更求
봉래방장미전미 무릉도원하갱구

居僧盡是學道者 鶴弟雲兄度春秋
거승진시학도자 학제운형도춘추

다음날 친구와 산에 오르니
수많은 범궁과 비단 봉우리
남대에 놀다 다시 북쪽 정자
동쪽 언덕에서 휘파람 불다 다시 서쪽
숲을 뚫고 물 건너 길이 다하면
온 산골짜기 봉우리 모두 좋아
절정에 다다르면 하늘에 이를까 걱정이고
하늘과 땅을 아우르면 호기가 풍족하다.
산수에 취하니 참으로 한가롭고
달 도반 안개 대중 모두 자유로워
꽃피고 새우니 모두가 봄
나그네 시상으로 흥에 겨워 유유자적한다.
구름 걸친 숲 일생이 즐겁고
달팽이 뿔 같은 헛된 이름 꽤할 것 없이
지금부터라도 영원히 숲 속 나그네로
험한 세상 교만한 마음 없애보리라.

明朝携友又登山　幾多梵宮羅雲頭
명조휴우우등산　기다범궁라운두

南臺遊了復北亭　欷嘯東皐又西丘
남대유요부북정　서소동고우서구

穿林渡水路已窮　萬壑千峯探勝周
천림도수로이궁　만학천봉탐승조

登臨絶頂恐到天　俯仰乾坤豪氣稠
등임절정공도천　부앙건곤호기조

山酣水醉博高閑　月伴烟群賭自由
산감수취박고한　월반연군도자유

山花啼鳥共爭春　客興詩思俱悠悠
산화제조공쟁춘　각흥시사구유유

雲林寄跡樂一生　蝸角功名非所謀
운림기적락일생　와각공명비소모

從今永作遊山客　免得風塵東郭羞
종금영작유산객　면득풍진동곽수

*석경(石逕) : 돌이 많은 좁은 길. 소로
*진려(塵慮) : 속세의 명예와 이익을 탐내는마음.
*반환(盤還) : 어정어정 머뭇거리면서 그 자리에서 멀리 떠나지 못하고 서성이는 일.
*범궁(梵宮) : 범천왕이 사는 궁전, 절
*호기(豪氣) : 활달하고 씩씩한 기상
*풍진(風塵) : 세상의 어지러운 일을 비유적으로 이르는 말.
*동곽(東郭) : 교만함

惜別
석별

이별하는 얼굴은 피어나는 꽃과 같지 않고
이별하는 정은 무심한 대나무 같기 어렵다.
흐르는 강과 높은 산이 이날을 서로 나눈 뒤에
향기로운 풀을 어느 해에 또다시 찾을까?

別面不如花有笑 離情難似竹無心
별면부여화유소 리정란사죽무심
江山此日相分後 芳草何年又一尋
강산차일상분후 방초하년우일심

*방초(芳草) : 향기로운 풀.

吹笛峯上 憶崔仙詩
취적봉상 억최선시

東風初入小窓欞　春鳥聲中殘夢醒
동풍초입소창령　춘조성중잔몽성
花開日暖山面紅　雨歇風輕溪口鳴
화개일난산면홍　우헐풍경계구명
無端步及吹笛峰　想得孤雲多感情
무단보급취적봉　상득고운다감정
千年華表鶴不來　萬古伽耶山色青
천년화표학불래　만고가야산색청
淸都消息久寂寥　閬苑仙蹤猶晦冥
청도소식구적요　랑원선종유회명
風燈今古事杳茫　虛耶實耶難自明
풍등금고사묘망　허야실야난자명
千秋一局夢邯鄲　赤松王喬徒買名
천추일국몽감단　적송왕교도매명
桃源玄圃迹雖灰　依舊溪山芳草榮
도원현포적수회　의구계산방초영
莫言神物掃地空　紅流洞溪古今聲
막언신물소지공　홍유동계고금성

臨終偈
임종게

평생 뜻을 세워 성공하지 못하다가
힘을 다해도 어렵더니 비로소 통해
삼급 성단에서 거듭 우러러보니
고향에는 복숭아 배꽃이 총림을 이루었다.

平生志願未成功 歷盡艱難始遇通
평생지원미성공 력진간난시우통
三級星壇重上見 故園桃李已成叢
삼급성단중상견 고원도이이성총

*성단(星壇) : 예전에, 미성(尾星)과 기성(箕星)을 제사지내는 단을 이르던 말. 정월의 첫 번째 호랑이날에 지냈다.
*고원(故園) : 자기가 태어나 자란 곳.

언기 편양(1581~1644)

　속성은 장(張). 법호는 편양(鞭羊). 아버지는 균(均)이다. 현빈대사(玄賓大師)에게 구족계를 받았고 서산대사(西山大師)에게 심법을 받았다. 서산대사의 마지막 제자로서 그가 입적할 당시 24세밖에 되지 않았으나 총명하여 선지를 이어받았다고 한다. 금강산 천덕사(天德寺), 구룡산 대승사(大乘寺), 묘향산 천수암(天授庵) 등에서 개강 설교했으며 묘향산 내원암(內院庵)에서 죽었다. 제자로는 의심(義諶) 등을 꼽을 수 있으며, 휴정(休靜)의 4대문파(사명 소요 정관문 편양)에서도 특히 편양파의 법손이 가장 번성했다.

　그는 선(禪)과 교(敎)를 둘로 나누어보지 않았다. 선은 교외별전(敎外別傳)으로서 단적으로 불심을 전하지만, 이것은 가장 높은 상근기(上根機)의 사람만이 할 수 있으며, 보통의 하근기(下根機) 사람들은 교를 통해서 입선(入禪)할 수 있다고 했다. 또한 이승(二乘), 삼승(三乘)의 차별도 두지 않았으며, 모든 경전이라는 것은 불법을 듣는 자의 근기에 따라 차이가 있게 설한 것이므로 경전 사이의 대소(大小)와 심천(深淺)이 없다고 보았다. 저서에 『편양당집(鞭羊堂集)』이 있다.

『편양당집(鞭羊堂集)』 – 조선 중기의 승려 언기(彦機)의 시문집. 3권 1책. 제자 설청(說淸) 등이 스승의 글을 3년에 걸쳐 모아 1647(인조 25) 년 백운암(白雲庵)에서 판각(板刻)하였으며, 용복사(龍腹寺)에 보관했던 간본(刊本)이 현존하고 있다.

권두에는 동주산인(東州山人)이 쓴 서(序)가 있고, 권1에는 우음일절(偶吟一絶) 산중에서 등의 오언절구 15수와, 산에 산다. 답감장로(答鑑長老) 등 오언율시 11수, 쌍송암(雙松庵), 추산(秋山), 백설(白雪) 등 칠언절구 54수, 봉래산(蓬萊山), 삼성대(三聖臺), 불기시(佛器詩) 등 칠언율시 10수 등 모두 90수의 한시가 수록되어 있다.

이들 시문에서 저자가 철두철미하게 선사(禪師)로서의 인생관을 가지고 살았음을 파악할 수 있으며, 그가 세간(世間)의 온갖 기쁨과 슬픔, 이해와 득실을 초월한 세계 속에 살았음을 알 수 있다.

그러나 시문에 나타나 있는 그의 초월은 단순한 도피나 은둔을 뜻하는 것이 아니라, 영원한 생명을 자각하여 어느 곳에서도 동요하거나 흔들림이 없는 진정으로 초월한 삶을 지향하였고, 또 그 삶을 실제로 보여주고 있다.

권2에는 기(記), 행장(行狀), 발(跋), 권문(勸文), 선교원류심검설(禪敎源流尋劍說) 등이 수록되어 있다. 보개산영은사신창기(寶蓋山靈隱寺新創記), 묘향산빈발암기(妙香山賓鉢庵記), 보개산대승암기(寶蓋山大乘庵記), 봉래산운수암종봉영당기(蓬萊山雲水庵鍾峰影堂記) 등은 사찰의 역사를 연구하는 데 중요한 자료가 된다.

권3에는 부모형제 등 주위 사람들의 죽음을 슬퍼하고 그들을 천도(薦度)하기 위해서 지은 수륙소(水陸疏), 천제소(薦弟疏), 천형소(薦兄疏), 천양친소(薦兩親疏), 생전소(生前疏), 시왕소(十王疏) 등, 소 6편과 스승의 은혜를 기리기 위해서 지은 표훈사입비재사(表訓寺立

碑齋詞)의 사(詞) 1편, 언기의 염불왕생관(念佛往生觀)을 알게 하는 원불표(願佛表) 1편, 엄화상(儼和尙), 방외인(方外人), 남양처사(南陽處士), 고성(高城), 부휴당(浮休堂), 홍법사(弘法師) 등에게 보낸 편지 6편이 수록되어 있다. 국립중앙도서관에 소장되어 있다.

聽草蟲 二首
청초충 이수

늙어가니 가을도 슬퍼 앉아서 신음하고
벌레소리 함께 있어 콩 꽃이 무성하다.
그렇다고 두렵고 애절하다 하지 마라
병들어 감당하기 어려운 늙은이의 마음을

老去悲秋坐苦吟 蟲聲又在豆花深
노거비추좌고음 충성우재두화심
憑渠且莫嘵嘵切 抱病難堪白首心
빙거차막효효절 포병난감백수심

구름 창으로 근심스럽게 저문 산의 신음하고
늙어 가을 오고 병은 더욱 깊어지려는데
풀벌레 즐기고자하는 사람의 뜻 알지 못하고
관서의 온갖 것들을 회상하네.

雲窓愁對暮山吟 老去秋來病欲深
운창수대모산음 노거추래병욕심
草蟲不識遊人意 惹起關西萬里心
초충불식유인의 야기관서만리심

*관서(關西) : 철령 서쪽 지방인 평안도를 두루 이르는 말
*야기(惹起) : 일이나 사건 따위를 끌어내어 일으킴

聞杜鵑
문두견

창밖 봄 숲에는 두견새울음 들리고
쇠한 몸 놀라 일어나니 꽃가지들이다.
하늘 끝 잊은 지 이미 오래
문득 오늘 밤에 돌아가길 기억하네.

窓外春林聽子規 力衰驚起榗花枝
창외춘림청자규 력쇠경기즙화지
天涯忘却來時久 便到今宵記得歸
천애망각래시구 편도금소기득귀

*자규(子規) : 두견잇과에 속한 새
*천애(天涯) : 1) 하늘끝 2) 하늘가
*금소(今宵) : 지금 시간이 흐르고 있는 이날의 밤. 오늘 밤

秋意
추의

천봉에 서리가 내리니 나뭇잎이 바뀌고
세간 어느 곳에서도 여유롭지 못하더라.
그대들은 아는가 몸은 늙어도 마음은 늙지 않음을
오랜 옛날부터 하늘과 땅이 가을 달이라네.

霜落千峯草木愁 世間何處不悠悠
상락천봉초목수 세간하처불유유
君知身老非心老 萬古乾坤月一秋
군지신노비심노 만고건곤월일추

庭花
정화

비 내린 이후 정원에 꽃이 연이어 밤새도록 피더니
맑은 향기가 흩어져 새벽 창틈으로 스미어 새롭고
꽃은 마주할 뜻이 있어 사람들을 향해 웃고 있는데
선원에 앉아있는 선승들은 헛되이 봄을 보내는 구나.

雨後庭花連夜發　淸香散入曉窓新
우후정화연야발　청향산입효창신
花應有意向人笑　滿院禪僧空度春
화응유의향인소　만원선승공도춘

佛器詩
불기시

하늘이 내려준 새 암자에 살림살이가 없어
신도들이 불공드리기가 마땅치 못해서
제기와 두부를 그려 종묘에 펼치고
푸른 피리와 은빛 술항아리를 사당에 늘어놓았다.
채소로 만든 음식으로 제사하는 예를 다하고
부처님께 불공하는 위의와 의식을 다하고
맺은 인연에 좋은 일이 앞뒤로 있으면
보은하기위해 성과 촌락에 수저를 베풀었다.

天授新庵無器皿 莫宜檀信佛供時
천수신암무기명 막의단신불공시

畫籩彩豆陳宗廟 翠管銀罍列宰祠
화변채두진종묘 취관은앵렬재사

素席祭靈成禮法 梵筵供聖盉威儀
소석제영성예법 범연공성합위의

結緣有慶身前後 爲報城村施筯匙
결연유경신전후 위보성촌시저시

*기명(器皿) : 집안 살림살이에 쓰이는 여러 가지 기구
*제령(祭靈) : 제사 지내 추모하다
*소석(素席) : 야채 요리만으로 차린 술자리
*범연(梵筵) : 불사佛事, 즉 법회 등이 열리는 도량道場
*성촌(城村) : 성곽과 촌락

수초 취미(1590~1668)

　조선 중기의 고승. 창녕 성씨(昌寧成氏). 호는 취미(翠微), 자는 태혼(太昏). 사육신의 한 사람인 성삼문(成三問)의 후예로서 성균관 북쪽의 이름 있는 가문에서 태어났다. 어려서 부모를 여의고 출가의 뜻을 품었으나 형이 허락하지 않자 몰래 설악산으로 가서 경헌(敬軒)의 제자가 되었다. 1606(선조 39)년 두류산(頭流山)에서 당대 최고의 고승인 부휴(浮休)로부터 계(戒)를 받았다. 부휴는 그가 큰 인물이 될 것을 알고 제자 각성(覺性)에게 특별히 지도할 것을 부탁하였다. 여러 고승들을 찾아가서 지도를 받고 서울로 올라가 이름 있는 유학자들과 교유하면서 유학에 관한 지식을 넓혔다. 1629(인조 7)년 각성의 법(法)을 이어받고 옥천(玉川) 영축사(靈鷲寺)에서 개당(開堂)하여 많은 제자를 지도하였다. 당시의 상국(相國) 장유(張維)는 북한산에 절을 짓고 그를 청하였으나 사양하고 관북 관서지방의 오도사(悟道寺) 설봉사(雪峯寺) 등을 편력하면서 설법하였으며, 병자호란이 일어나자 영남과 호남지방 등지를 다니면서 전란 속에서 방황하는 사람들을 교화하였다. 어느 때 선가(禪家)의 중요 전적인 선문염송(禪門拈頌)을 읽다가 "모든 문자 언어가 이미 다 되어 좁쌀알과 같아져 버렸으니, 거기 또 무슨 맛이 남아 있겠는가"라고 하였다. 1668년 정월, 주위의 승려들에게 영북(嶺北)으로 갈 것을 고하고, 2월에 오봉산(五峯山) 삼장사(三藏寺)로 옮겼으며 그해 6월에 자신이 기거하던 방을 돌면서 '무량수불(無量壽佛)'을 염불하다가 서쪽을 향해 앉아 그대로 입적(入寂)하였다. 저서로는 『취미대사시집(翠微大師詩集)』 1권이 있으며, 부도(浮屠)는 중주(仲州)의 오봉사(五峯寺), 학성(鶴城)의 설봉사, 승평(昇平)의 조계사(曹溪寺) 등에 세워졌다. 대표적인 제자로는 성총(性聰), 해활(海闊), 민기(敏機) 등이 있으며, 이들은 조선시대의 불교계를 주도한 고승들이다. 그는 선교일치(禪敎一致)라는 한국불교의 전통을 계승하고, 나아가 정토문(淨土門)과 성도문(聖道門)의 2문(門)을 합일시키려 한 회통적(會通的)성격을 반영시킨 고승이다. 특히 회통의 이론적 기반을 화엄사상(華嚴思想)에 두고 원융무애(圓融無碍)한 경지를 모색하였다. 또한 선승(禪僧)인 그가 정토왕생(淨土往生)과 타력신앙(他力信仰)을 주장한 점은 한국불교사상사에서 주목되는 한 유형이다. 유학에 대한 식견은 당시의 유학자인 김육(金堉) 이식(李植) 이안눌(李安訥) 등으로부터 높이 평가되었다.

『취미당집(翠微堂集)』 – 조선 후기의 승려 수초(守初)의 문집. 1권 1책. 목판본. '취미대사시집'이라고도 한다. 1724(경종 4)년 순천 송광사에서 개간하였다. 권두에 1659(효종 10)년 정군평(鄭君平)이 쓴 서문과 1667(현종 8)년 용익(龍翼)이 쓴 서가 있고, 권말에는 문인 성총(性聰)이 지은 행장이 있다.

본문은 오언고풍(五言古風)의 시 9수와 칠언고풍의 시 2수, 오언절구 14수, 칠언절구 56수, 오언율시 48수, 칠언율시 34수가 있고, 잡저(雜著)에는 취미당권화소(翠微堂勸化疏) 강진만덕산백련사만경루권화소(康津萬德山白蓮社萬景樓勸化疏) 안변설봉산석왕사중수서(安邊雪峯山釋王寺重修序) 증법련사서(贈法蓮師序) 답희석상인서(答希昔上人書) 등이 실려 있다. 동국대학교 도서관 등에 있다.

對花
대화

지팡이 짚고 개울가에 나가니
개울에는 붉은 꽃이 곱고 곱다.
옛날에 꽃 볼 때를 생각하면
나이가 젊고 머리는 검었지만
지금에 꽃을 바라볼 때는
나이는 늙고 머리는 백발이다.
인생은 꽃과 같지 않으니
어찌하여 헛되이 힘만 쓰는가?

杖策出溪頭 溪花紅灼灼
장책출계두 계화홍작작
憶昔看花時 年少髮漆黑
억석간화시 년소발칠흑
如今看花時 年老鬢雪白
여금간화시 년노빈설백
人生不如花 胡爲空役役
인생불여화 호위공역역

義湘臺
의상대

벼랑에 의지한 천년된 나무
하늘 높이 백 척 되는 누대
신승은 가고 자취도 없는데
구름 밖에 학이 빙빙 돈다.

倚壁千年樹 凌虛百尺臺
의벽천년수 릉허백척대
神僧去無跡 雲外鶴徘徊
신승거무적 운외학배회

*릉허(凌虛) : 하늘 높이 오르다.
*신승(神僧) : 신통력을 가진 승려

春晴
춘청

가랑비 간밤에 산에 내려
온갖 꽃이 눈부시게 피니
잔잔한 바람 먼 숲에서 부니
골짜기 가득 그윽한 향기 흩어진다.

微雨夜飛山 百花開爛熳
미우야비산 백화개난만
好風吹遠林 滿壑幽香散
호풍취원림 만학유향산

*난만(爛熳) : 눈부시다.

面壁
면벽

현묘함을 참구함에 동서를 물을 필요 없고
벽을 대하고 마음을 관하는 것은 조사 풍으로
스스로 한번 웃는 소리를 사람들이 알지 못한다고
어찌 다시 주인공을 찾겠는가?

參玄不用問西東 面壁觀心是祖風
참현불용문서동 면벽관심시조풍
自笑一聲人不會 何須更覓主人公
자소일성인불회 하수갱멱주인공

回鄉
회향

늙어 가니 고향생각 문득 그리워
날 따뜻해 잔 띄우니 한강은 봄이고
곳곳이 아름다워 꿈인 듯하여
보는 사람마다 이야기하고 웃지만 반은 진실 아니다.
문 앞에 회나무 버드나무 부는 바람에 꽃 다 져서
텃밭에서는 배와 매실이 열매를 맺고
고개를 돌려보니 옛날에 알던 것과 같은데
성 뒤 삼각산에 구름 높다.

老來鄉國忽關神　日暖浮杯漢水春
노래향국홀관신　일난부배한수춘
到處物華渾是夢　見人談笑半非眞
도처물화혼시몽　견인담소반비진
門前槐柳飄花盡　圃後梨梅結子新
문전괴류표화진　포후리매결자신
回首可憐如舊識　背城三角卓雲濱
회수가련여구식　배성삼각탁운빈

*물화(物華) : 아름다운 경치

침굉 현빈(1616~1684)

　현변 스님은 조선조 광해군이 재위 당시인 1616년 전라남도 나주에서 태어났다. 스님의 속성은 윤(尹) 씨, 자는 아눌(而訥), 법호는 침굉(枕肱), 법휘는 현변(懸辯)이다. 어린 시절부터 총명해 신동이라 불렸던 스님은 화순 만연사 탑암에서 13세 나이로 출가해 보광 건우선사, 서산대사의 수제자인 소요 태능선사, 송계 원휘선사 등과 당대 고승들에게 가르침을 받았다. 스님은 '침굉'이란 법호가 말해주듯 일생동안 팔꿈치를 베고 잠을 잔 스님으로도 잘 알려져 있다. 스님은 "교를 버리고 참선하라(放敎參禪)"라며 참선의 중요성을 역설했지만, 조선중기 문인 윤선도의 총애를 받을 정도로 교학에도 뛰어났던 것으로 전해진다. 스님의 문학적 기질은 저서 침굉집에도 잘 나타나 있다. 『침굉집(枕肱集)』 원 목판본은 스님이 주지소임을 맡으며 주석했던 순천 선암사에 소장돼 있다.

　스님은 팔을 괴고 비스듬히 누워 항상 화두를 놓치지 않고 정진하다 1684년 세수 69세를 일기로 가부좌를 한 채 열반에 들었다. 스님의 유언에 따라 제자들이 법구를 금화산 징광사 바위틈에 모셨는데 이상하게도 새나 짐승이 달려들지 않아 그 모습이 변하지 않았다고 한다. 마을 사람들이 불만을 제기하자 3년 뒤 사중스님들이 회의를 열어 다비하고자 법구 주위에 둘러서자 스님의 법구가 저절로 불길에 휩싸여 연기와 함께 하늘로 올라갔다는 전설이 전해지고 있다.

『침굉집(枕肱集)』 – 조선 중기의 승려 현변(懸辯)의 시문집. 2권 1책. 목판본. 1695(숙종 21)년 10월 조계산 선암사(仙巖寺)에서 개간하였다. 권두에는 박사형(朴士亨)의 서문이 있고, 권말에는 저자의 행장을 비롯하여 청허대사(淸虛大師)의 시인 등비로봉 登毘盧峰과 환향 還鄕이 수록되어 있다.

서문에 의하면 처음 시문집을 발간하기 위하여 제자들이 수집한 글을 저자가 모두 불살라버렸다. 그 뒤, 12년이 지나 제자 약휴(若休) 등이 다시 흩어진 유고를 모으고 사람들의 구전 등을 들어 이 문집을 간행하게 되었다고 한다.

상권에는 귀산곡(歸山曲), 태평곡(太平曲), 청학동가(靑鶴洞歌), 침굉가(枕肱歌), 왕생가(往生歌) 등 국한문 혼용의 가사가 수록되어 있고, 기타 자연과 산중생활에 관하여 읊은 시 119수가 수록되어 있다. 하권은 문(文)으로서, 정우인(呈友人), 상취미당(上翠微堂), 정백파도인(呈白坡道人), 경정야유당(敬呈野遺堂), 팔령산능가산대전모연문(八嶺山楞伽山大殿募緣文) 등 사찰의 중건 및 중수를 위한 모연문, 기타 잡문 수십 편이 수록되어 있다. 그 가운데 조계산병객현변(曹溪山病客懸辯)에서는 "옛사람이 몸을 주린 범에 던져주기도 하고 살을 베어 주린 매에게 주기도 하였으니, 나도 그것을 본받으려 한다"고 하였다.

끝으로, 상당급육색장축원(上堂及六色掌祝願)이 있는데, 먼저 선문의 높은 도리를 설하고 이어서 육색장(六色掌), 곧 선원(禪院)의 6종 책임 분담자가 그 책임에 충실하기를 부처님에게 선서하는 축원이 수록되어 있다. 육색장은 병법(秉法), 도사(道師), 유나(維那), 찰중(察衆), 어산범패(魚山梵唄), 서기(書記) 등이며, 기타 화원(畫員) 반두(飯頭), 정과(淨果), 조병(造餠), 별좌(別座), 화주(化主) 등이 그 맡은 직책에 충실할 것을 불전에 축원하는 것이다. 그 다음 다른 서체의 글씨로 된 방교참선(放敎參禪)이 수록되어 있는데, 이는 교를 놓아버리고 참선하라는 교훈을 적은 것이다. 규장각 도서 동국대학교 도서관에 있다.

伽倻吟
가야음

아주 먼 옛날 가야산 길에
천년 푸른 복숭아꽃 피었으나
최고운은 이젠 볼 수 없어
지팡이를 끌고 남쪽으로 돌아간다.

萬古伽倻路 千年碧桃開
만고가야로 천년벽도개
孤雲今不見 携錫向南廻
고운금불견 휴석향남회

題松廣寺
제송광사

봄바람에 지팡이 짚고 조계산을 향하니
깊고 깊은 계곡에서 두견새 울고
구름 겹겹이 물 많아 세속과는 멀어
새싹 돋는 산길에 푸른 이끼 헤매게 한다.

春風一錫向曹磎 洞府深深杜宇啼
춘풍일석향조계 동부심심두우제
雲疊水重塵世遠 葉齊山路綠苔迷
운첩수중진세원 엽제산로녹태미

淸夜聞磬
청야문경

청아한 풍경소리에 꿈에서 깨어
놀라 일어나니 창밖 소나무에 달이 걸려있다.
어찌 생각이 도연명과 사령운의 솜씨와 같을까만
그로 하여금 나도 이러한 정 있다고 적는다.

一聲淸磬夢初醒 驚起松窓月掛明
일성청경몽초성 경기송창월괘명
安得思如陶謝手 令渠寫我此中情
안득사여도사수 령거사아차중정

詠紅菊
영홍국

연약해서 뿌리를 옮겨 심으니
아름다움에 다른 향기가 있는데
색깔은 금빛으로 빛나고
향기는 옥난간으로 스며든다.
이슬에 젖은 가지는 그늘지고 축축하나
비질하는 바람에 잎을 뒤치고
고결한 자태는 힘들고 지치지만
부끄러워 도촌에는 들어가지 않는다.

弱質此移根 嫣然有異芬
약질차이근 언연유이분

色侵金壁耀 香拂玉欄熏
색침금벽휘 향불옥난훈

沐露枝陰濕 梳風葉影飜
목로지음습 소풍엽영번

孤芳生苦晩 媿不入陶村
고방생고만 괴불입도촌

*언연(嫣然) : 아름다운 모양
*목로(沐露) : 이슬에 젖음
*고방(孤芳) : 홀로 뛰어나게 향기로운 꽃

玉洞明花
옥동명화

더딘 걸음으로 꽃을 찾아 동구로 들어오는 봄
옥 같은 꽃 선명한 나무는 이슬에 젖어 새롭다.
흥에 겨워 글귀를 찾으니 절로 흥인 줄 알겠고
신이함에 취해 시를 지으니 취한 신이함을 깨닫는다.
아름다움은 기이함을 떠났으니 아름다운 언덕이라
맑은 향기는 비단 같은 개울가로 불어온다.
웃으면서 보는 벌과 나비 고통도 잊고
안개 속에 꽃을 따려 바쁘고 바쁘다.

倦步尋芳入洞春　玉花明樹露中新
권보심방입동춘　옥화명수로중신
興酣覓句知酣興　神醉題詩覺醉神
흥감멱구지감흥　신취제시각취신
嫩色離奇瑤岸脚　清香飄襲錦溪濱
눈색리기요안각　청향표습금계빈
笑看蜂蝶忘辛苦　採取烟葩頻又頻
소간봉접망신고　채취연파빈우빈

처능 백곡(1617~1680)

  속성은 김씨(金氏), 자는 신수(愼守), 호는 백곡(白谷). 12세에 의현(義賢)에게 글을 배우다가 출가했다. 신익성(申翊聖)으로부터 유학과 시문을 배우고, 지리산 쌍계사(雙磎寺)의 각성(覺性) 밑에 들어가 23년 동안 도를 강하다가 법을 이어받았다. 1674(현종 15)년 남한수어사 김좌명(金佐明)의 주청으로 팔도선교십육종도총섭(八道禪敎十六宗都摠攝)이 되었으나 곧 사퇴했다. 속리산 청룡산 성주산 계룡산 등에서 법석을 열고, 대둔사(大芚寺)의 안심암(安心庵)에 오랫동안 있었다. 현종이 불교를 배척하고 이원(尼院)을 폐쇄할 때, 전국 승려를 대표하여 간폐석교소(諫廢釋敎疏)를 올렸다. 1680년 금산사(金山寺)에서 대법회를 열고, 7월에 입적했다. 유교의 이론에 밝았으며 문장에도 뛰어났다. 저서로 『백곡집(白谷集)』『임성당대사행장(任性堂大師行狀)』이 있다.

  『백곡집(白谷集)』 – 조선 중기의 승려 처능(處能)의 시문집. 2권 1책. 목판본. 1683(숙종 9)년 간행되었다. 무경집(無竟集)에 백곡집속권서(白谷集續卷序)가 있는 것으로 보아 속집이 간행되었음을 알 수 있으나 현존하지는 않는다. 권두에 1682년 식암거사(息庵居士)가 쓴 서문과 1654(효종 5)년 정두경(鄭斗卿)이 쓴 서문이 있다. 정두경의 서문은 저자가 생존하고 있을 때 이 문집을 발행할 뜻을 가지고 쓴 것이다.

권1에 오언율시 칠언고시 칠언절구 등의 시, 권2에 문(文)으로서 임성대사행장후서(任性大師行狀後序), 증원동자서(贈元童子書), 송처원상인서(送處愿上人書), 증해선자서(贈海禪子書), 증늑상사서(贈勒上士書), 선교설(禪敎說) 등이 수록되어 있다. 이 중 선교설은 선과 교의 근원을 밝히고 그 근본이 하나임을 설명하고 있다.

이 밖에도 사찰의 중창기 수편과 만국도설(萬國圖說), 인의설(仁義說), 상대사헌유공서(上大司憲俞公書), 상모상공서(上某相公書) 등과 스승인 각성(覺性)의 행장, 희언(熙彦)의 행장, 선수(善修)의 비문, 향림사(香林寺)의 사적비명(事蹟碑銘), 회은장로(悔隱長老)의 비명, 제동회선생문(祭東淮先生文)과 간폐석교소(諫廢釋敎疏) 등이 수록되어 있다.

이들은 조선 중기의 불교계를 살필 수 있는 중요한 자료들이다. 이 중에서도 특히 중요한 것은 간폐석교소이다. 현종은 즉위와 함께 배불정책을 강행하여 1663(현종 4)년 서울의 도성 안에 있는 비구니 절을 모두 성문 밖으로 내쫓았고, 선왕후의 내원당(內願堂)으로서 5,000여 명의 비구니를 수용할 수 있었던 자수(慈壽) · 인수(仁壽) 등 2개의 절을 철폐하였다. 그리고 각 절의 노비와 토지를 모두 몰수하라는 명을 내렸다. 그때 처능은 전국 승려를 대표하여 8,000언(言)으로 된 이 상소문을 올렸다.

이 글은 문체가 웅건(雄健)하고 매우 조리가 있으며, 조선시대 상소문 중에서 가장 장문에 속한다고 한다. 유교와 불교 교리를 명철하게 분석하고, 역대 여러 왕들이 불교를 어떻게 숭상하고 배척하였으며, 당나라 송나라의 유학자들 중 불교를 신봉하는 일이 많았다는 것, 유교나 불교가 모두 세상을 구제하고 백성을 교화하는 도(道)임을 밝혀 배불의 부당성을 설파하였다. 이 상소문은 조선시대 유일의 호법론(護法論)으로 평가받고 있다. 국립중앙도서관과 동국대학교 도서관 등에 있다.

牧童詞
목동사

아침에는 개울가 언덕에 풀어 놓고
저녁에는 강 언덕에 풀어 놓는데
꽃 떨어져 작아지는 것 아까워하지 않고
오직 풀 많은 곳을 찾는다.
앞개울 뒤 시냇가 가랑비 내리고
삿갓에 도롱이 옷 입고 부는 피리소리 맑아
소를 타도 머나먼 육칠 리
송아지 부르는 듯 때때로 두세 번 소리를 낸다.

朝牧澗邊塢 暮牧江上坡
조목간변오 모목강상파
不惜落花少 但尋芳草多
불석낙화소 단심방초다
前溪後溪烟雨橫 篛笠簑衣風笛淸
전계후계연우횡 약입사의풍적청
騎牛遠遠六七里 呼犢時時三兩聲
기우원원육칠리 호독시시삼량성

*간변(澗邊) : 물이 흐르는 시내의 가
*약입(篛笠) : 죽순 껍질로 만든 삿갓

雪
설

나뭇잎은 바람에 떨어지고
하늘은 은밀히 다시 기울면
잠시 계곡에 비가 내리어
번드쳐 산골짜기 꽃이 된다.
야객은 돌아갈 길을 잃고
숲속의 새는 둥지를 잃어
바람 따라 스스로 넘어지고
땅에는 하얀 가루가 어수선하다.

惹樹飄仍落 連空密復斜
야수표잉락 연공밀부사
乍和溪上雨 翻作峽中花
사화계상우 번작협중화
野客還迷路 林禽竟失家
야객환미로 임금경실가
隨風且自撲 滿地白紛拏
수풍차자박 만지자분나

*야객(野客) : 관직 등의 벼슬살이를 하지 않는 사람

幽居遣興
유거견흥

아픈 몸이라 봄이 와도 할 일이 없어
빈산에 낮에도 사립문 닫으나
작은 바람에 꽃잎 날리고
이슬비에 제비가 날아든다.
세상에서는 작은 욕심에도
사람들은 옳고 그르다 하나
하얀 머리 적막함이 즐거워
숲으로 늦게 돌아온 것이 한스럽다.

病客春無事 空山晝掩扉
병객춘무사 공산주엄비
細風花片片 微雨鷰飛飛
세풍화편편 미우연비비
物外少榮辱 人間多是非
물외소영욕 인간다시비
白頭甘寂寞 林下恨遲歸
백두감적막 림하한지귀

*물외(物外) : 세상의 바깥
*백두(白頭) : 허옇게 센 머리

除夜
제야

12월도 다하는 새벽녘
나이 들어 늙음이 애석해
남아가 헛되이 늙었으니
세월도 험난하구나.
두 귀밑에 백발만 더하고
두 눈동자엔 푸름도 없어
살아온 나이는 오십칠 세
한 일 없어 부끄럽구나.

臘盡分殘夜　年窮惜暮齡
랍진분잔야　년궁석모령

男兒空老大　歲月亦崢嶸
남아공노대　세월역쟁영

兩鬢添新白　雙眸減舊靑
남빈첨신백　쌍모감구청

生年五十七　事業愧無成
생년오십칠　사업괴무성

*잔야(殘夜) : 새벽녘
*모령(暮齡) : 늘그막

白馬江懷古
백마강회고

백마강 파도소리 오랫동안 근심걱정
사내라면 흐르는 눈물 참을 수 없네
처음에는 위국 산하 보배로 자랑이더니
끝내는 조강 자제의 수치심을 지었구나.
폐허된 성곽 지는 해에 까마귀 울고
황망한 누대 기녀도 무녀도 없는 늦가을
삼국을 할거하던 영웅들은 사라지고
다만 서풍에 객을 전송하는 배만 보이네.

白馬波聲萬古愁 男兒到此涕堪流
백마파성만고수 남아도차체감유
始誇魏國山河寶 終作烏江子弟羞
시과위국산하보 종작조강자제수
廢堞有鴉啼落日 荒臺無妓舞殘秋
폐첩유아제낙일 황대무기무잔추
三分割據英雄盡 但看西風送客舟
삼분할거영웅진 단간서풍송객주

*만고(萬古) : 오랜 세월을 통해 변함이나 유례가 없음
*할거(割據) : 땅을 나누어 차지하여 세력을 형성함.

遊浮石寺
유부석사

바닷가 뽀쪽한 봉우리 새가 고요히 날아가듯 해
옆 사람이 조비산이라 말하는데
산 위에는 절이 있어 객이 처음 왔는데
한 그루 나무에 배꽃 피었고 스님은 문을 닫았다.

海畔尖峯鳥去閴 傍人云是鳥飛山
해반첨봉조거격 방인운시조비산
山頭有寺客初至 一樹梨花僧掩關
산두유사객초지 일수이화승엄관

*해반(海畔) : 바다와 땅이 서로 닿은 곳이나 그 근처
*방인(傍人) : 옆이나 곁에 있는 사람

무주 월봉(1623~ ?)

　조선 중기의 선승(禪僧). 이름은 행립(幸立), 호는 월봉(月峯). 경상도 성주 출신. 성은 전하지 않는다. 어머니가 스님이 방에 들어와서 앉는 태몽을 꾸고 임신하였으며, 낳을 때 난산이었으므로 자라면 승려로 만들겠다고 하자 순산하였다고 한다. 12세에 가야산 해인사로 출가하였고, 15세에 안로(安老)를 스승으로 삼아 승려가 되었으며, 17세에 송파(松坡)의 밑에서 불경을 공부하였다. 25세에 지리산에서 벽암(碧巖)으로부터 교학(敎學)을 전수받았고, 30세에 금강산 의심(義諶)의 밑에서 선을 수행하다가 취암(翠巖)의 법맥을 이어받았다. 자비와 인욕을 닦아 행하였으며, 치악산 금선암(金仙庵)에서 좌선하였다. 성주의 불영사(佛靈寺)를 비롯하여 태백산 속리산 금강산 오대산 치악산 지리산에 있는 여러 사찰에 머무르면서 후학들에게 선과 불경을 가르쳤다. 언제나 자심(自心)이 부처이므로 마음 밖에서 부처를 이루려고 하지 말 것과 자심이 법(法)이므로 성(性)을 떠나서 법을 구하지 말 것을 강조하면서 자성불(自性佛)을 생각하며 염불하라고 하였다. 그러나 입적에 대한 사항은 전하지 않는다. 저서로는 『월봉집(月峯集)』

이 있다.

『월봉집(月峯集)』 - 조선 중기의 고승 무주(無住)의 시문집. 3권 1책. 목판본. 1703(숙종 29)년 2월 담양 추월산 용추사(龍湫寺)에서 개판하였다. 권두에 대덕질(大德秩)로서 혜인(惠仁), 일옥(一玉), 현옥(玄玉), 추붕(秋鵬) 등이 기록되었으며, 시주 및 제자에 탄학(坦學) 등 20인, 산중의 노덕(老德)으로 선우(善祐) 종민(宗敏) 등이 기록되었다. 본문의 권1에 문(文) 7편, 권2에 송(頌), 율(律), 절구 등 시 42수가 수록되어 있고, 권3에 부 13수, 칠언율시 13편, 칠언절구 18편 등과 함께 자서가 수록되어 있다.

訪主人公
방주인공

삼세를 찾아도 머무는 곳이 없고
모든 곳을 찾아도 고향은 없다.
푸른 산과 바쁜 도시
어느 곳이 큰 마당인가?

三際尋無住 十方覓沒鄉
삼제심무주 시방멱몰향
靑山與紫陌 何處是渠場
청산여자맥 하처시거장

*삼제(三際) : 과거(過去), 현재(現在), 미래(未來)를 아울러 이르는 말. 또는
 전세(前世), 현세(現世), 내세(來世)를 아울러 이르는 말.
*자맥(紫陌) : 서울 또는 도시를 뜻하는 말

示海禪
시해선

도는 마음 밖에서 얻는 것이 아니거늘
무슨 일로 다른 사람에게 묻는가?
자기 심성의 신령한 성품을 비쳐보고
그렇게 시간 밖의 몸인 줄 알면
허공을 모두 움켜쥐고
바닷물을 물병에 담아
있다고 하면 범부와 성인에 통하고
이름 붙일 수 없다면 모양도 없다.

道非心外得 底事問他人
도비심외득 저사문타인
返照回光處 應知劫外身
반조회광처 응지겁외신
空應皆納掬 海亦盡盛瓶
공응개납국 해영진성병
有物通凡聖 難名又沒形
유물통범성 난명우몰형

*회광(回光) : 빛의 반사. 반영. 반사광

參禪頌
참선송

조주스님이 무상을 말하여 깨닫게 하되
정신을 챙기는 데는 의심을 일으켜 보게 하고
졸음으로 침침하면 경행으로 깨닫게 하되
생각이 말 달리듯 하면 고요히 앉아 보게 한다.
의심해 가고 오고 의심하는 법으로 깨닫게 하되
운영하고 운영하되 운영한 것을 보게 한다.
어느 때에 이르러서 의심했던 것이 끊어지면
깊은 밤 금조가 날아가는 것을 볼 것이다.

趙老言無常擧覺　精神抖擻起疑看
조노언무상거각　정신두수기의간
睡雲籠眼經行覺　意馬馳心靜坐看
수운롱안경행각　의마치심정좌간
疑去疑來疑則覺　擧乎擧也擧還看
의거의래의즉각　거호거야거환간
某時若到攀躋絶　半夜金烏飛出看
모시약도반제절　반야금조비출간

*거각(擧覺) : 사장(師匠)이 들어 보이면 학인(學人)이 깨닫는다는 뜻으로,
　스승과 학인이 깨달음으로 만나게 됨을 이르는 말.
*두수(抖擻) : 정신을 차리게 함.
*반제(攀躋) : 무엇인가를 휘어잡아 가며 높은 곳에 기어오름.

示客
시객

일찍이 속세를 떠나
즐거이 푸른 산에 집을 지어
명예는 봄날 꿈과 같고
부귀영화는 물거품이라
솔바람은 참다운 나의 벗이요
나무 사이 달은 나의 이웃
어떤 생각으로 선객이
눈 속에 사립문을 두드리는가?

早辭塵世道 甘向碧山巢
조사진세도 감향벽산소
名利如春夢 榮華若水泡
명리여춘몽 영화약수포
松風眞我友 蘿月是吾交
송풍진아우 라월시오교
豈意騷仙客 柴扉雪裏敲
기의소선객 시비설리고

*선객(仙客) : 인간 세상을 떠나 산속에 살며, 불로불사(不老不死)의 기술을 닦고 신통력을 얻은 사람.

示愚師
시우사

마음을 다해 공한 곳을 얻지 못해도
담담하게 맑고 맑아 분명하게 밝다.
달 밝은 산봉우리에 원숭이가 밤에 울고
바람 좋은 숲에서는 새가 노래한다.
진흙소가 봉을 물고 사자후를 하고
목녀가 노래를 부르니 돌사자가 놀란다.
위음 저곳의 일을 알고자 하면
있는 그대로의 모든 것이 생멸이 없다.

窮心不得空空處 湛湛澄澄歷歷明
궁심부득공공처 담담징징력력명
月白峰頭猿夜叫 風和林畔鳥時鳴
월백봉두원야규 풍화임반조시명
泥牛喫捧金剛吼 木女唱歌石虎驚
니우끽봉금강후 목녀창가석호경
欲識威音那邊事 頭頭物物摠無生
욕식위음나변사 두두물물총무생

*담담(湛湛) : 푸르고 맑게 개다
*징징(澄澄) : 맑고 맑다.
*역력(歷歷) : 분명하다. 역력하다
*봉두(峰頭) : 산봉우리의 맨 꼭대기

參念頌
참염송

참선하고 염불하는 것이 몇 가지 마음인가
염이 끊어지고 참 구함이 공해지면 묘심이 나타난다.
눈으로 보고 귀로 듣는 것이 다 일념이고
피곤하면 잠자고 배고프면 밥 먹는 것이 진심이다.
아미타불 생각 생각에 다른 생각 없고
무자 화두 관하는 것은 오로지 자심이다.
어디든지 인연을 만나도 다른 생각 없으면
염불하고 참선함이 함께 적적해 다시 무심하다.

參禪念佛幾般心 念絕參空現妙心
참선염불기반심 염절참공현묘심
眼見耳聞皆一念 困眠飢食但眞心
안견이문개일념 곤면기식단진심
彌陀念念非他念 無字看看只自心
미타념염비타념 무자간간지자심
觸處逢緣無別念 念參俱寂更無心
촉처봉연무별념 념참구적갱무심

*촉처(觸處) : 가서 닥치는 곳. 어디든지. 도처에.

현일 한계(1630~1716)

　벽암(碧岩)의 법을 이었으며, 서문에서는 벽암의 문하에 삼교(三敎)에 능통한 이는 백곡(白谷)과 한계(寒溪)뿐이라고 하였다.

　『한계집』은 1권1책으로, 5언절구 15편, 7언절구 31편, 5언율시 40편, 7언율시 60편 등 詩만 실려 있고, 文은 전혀 없다.
　서문(1719)을 쓴 이는 그저 과객(過客)이라고 자신을 밝힌 점이 특이하다. 자신의 신분을 드러내기 꺼려했던 사대부의 한 사람이 아니었을까 추정된다.
　발문(1719)은 문인 함계산인(涵溪山人)이 썼는데, 한계(寒溪)의 간략한 행적을 함께 밝혔다.

過廢寺
과폐사

부처님은 밖에 앉아 있고
보탑에 반은 이끼로 덮여
땅에는 곡식이 자라나니
서성거리는 객은 원망만 길다.

金仙全露坐 寶塔半苔荒
금선전로좌 보탑반태황
滿地生禾黍 俳個客恨長
만지생화서 배회객한장

*로좌(露坐): 한데에 앉음
*화서(禾黍): 벼와 기장

珍寶驛
진보역

꾀꼬리 청아하게 노래하고
사람들은 아름다운 계절을 노니는
관동의 명승지를
흥에 겨워 몇 번이고 오른다.

鶯趁淸和囀 人隨佳節遊
앵진청화전 인수가절유
關東形勝地 乘興幾登樓
관동형승지 승흥기등루

*진보역(珍寶驛) : 江陵의 진보역(珍寶驛)
*관동(關東) : 대관령 동쪽 지방. 곧 강원도를 영서(嶺西)와 영동(嶺東)으로 나눌 때 영동 지방을 이른다.
*승흥(乘興) : 흥겨운 감정을 띰.
*등루(登樓) : 누각에 오름

淸淵浦
청연포

푸른 물 맑아 깊이가 얼마인지
창해를 품으며 오고 가는 파도
오호의 풍월이 비록 좋다고 하나
맑은 연못의 수승함에 미치지 못한다.

碧水澄漪深幾尺 吐含滄海去來波
벽수징의심기척 토함창해거래파
五湖風月雖云好 不及淸淵勝槪多
오호풍월수운호 불급청연승개다

*창해(滄海) : 넓고 큰 바다
*풍월(風月) : 아름다운 자연의 경치를 읊거나 노래함

法住寺
법주사

법주사는 천년이 된 곳으로
겹겹으로 보전을 세웠고
석조에는 만곡을 담을 수 있으며
황금 찰간은 높이 삼태에 가깝다.
기원정사와 비슷하고
영취산과도 같다.
산 깊어 세연이 끊어진 곳이라
종일토록 혼자서 돌아본다.

法住千年寺　重重寶殿開
법주천년사　중중보전개

石槽容萬斛　金刹近三台
석조용만곡　금찰근삼태

彷彿祇園舍　依俙鷲嶺臺
방불기원사　의희취영대

此間幽絶地　竟日獨徘佪
차간유절지　경일독배회

*석조(石槽) : 큰 돌을 파서 물을 부어 쓰도록 만든 돌그릇
*만곡(萬斛) : 아주 많은 분량
*삼태(三台) : [천문] 큰곰자리에 속하는 상태(上台), 중태(中台), 하태(下台) 의 세 별. 천자(天子)를 상징하는 자미궁(紫微宮)을 지킨다고 한다.
*방불(彷彿) : 마치. 같이. 비슷비슷하다.
*취령(鷲嶺) : 석가가 설법한 인도의 영취산

海印寺
해인사

가야산 해인사

육시로 하늘에서 네 가지 꽃이 비 오듯 내리고

많은 봉우리 암석은 유리를 흩어 놓은 듯

골골이 계곡은 단풍이 비단에 수를 놓고

팔만사천 부처님 말씀을 소장한 귀한 전각

삼천 게송의 선구를 안치한 요대

와서 보니 늦게 찾은 것이 참으로 한스럽고

아름다운 경치는 세상 근심걱정을 없애주네.

山號伽耶寺海印　六時天雨四花來
산호가야사해인　육시천우사화래
群峯白石琉璃散　衆壑丹楓錦繡開
군봉백석유리산　중학단풍금수개
八萬金言藏寶閣　三千禪偈置瑤臺
팔만금언장보각　삼천선게치요대
登臨却恨尋眞晩　佳景能令世慮灰
등임각한심진만　가경능영세려회

*금수(錦繡) : 수를 놓은 비단. 또는 화려한 옷이나 직물
*육시(六時) : 하루를 여섯으로 나눈 신조·일중·일몰·초야·중야·후야. 한 해를 여섯으로 나눈 기간. 점열, 성열, 우시, 무시, 점한, 성한이다
*사화(四花) : 만다라꽃 대만다라 만수사꽃 대만수사
*요대(瑤臺) : 훌륭한 궁전.
*등임(登臨) : 산에 오르기도 하고 물에 가기도 함. 높은 곳에 오르다.

月精寺
월정사

오대산 월정사
화려한 난간에 푸른 계곡의 소리를 높이 베개 삼으니
한낮 부엌에서 차 달이는 연기가 일고
고요한 밤에는 전각에 풍경소리
많고 큰 소나무 하늘을 가리고
여러 층의 보탑은 하늘에 솟았네
와서 보니 참으로 풍광이 좋은데
어찌 봉래산의 적송을 부러워할까.

山號五臺寺月精　畵欄高枕碧溪聲
산호오대사월정　화난고침벽계성
日中金竈茶烟起　夜靜瑤壇玉磬鳴
일중금조다연기　야정요단옥경명
落落長松凌碧漢　層層寶塔出靑冥
낙락장송릉벽한　층층보탑출청명
登臨已得眞仙景　豈羨蓬萊與赤松
등임이득진선경　기선봉래여적송

*벽한(碧漢) : 푸른 하늘
*청명(靑冥) : 푸른 하늘
*낙락(落落) : 대범하고 솔직하다. 어울리지 못하다. 많은 모양
*적송(赤松) : 검붉은 소나무

성총 백암(1631~1700)

   호는 백암(栢庵). 속성은 이씨로 남원 사람이다. 13세에 취암(鷲岩)에게 출가하여 법계를 받았다. 18세에 지리산으로 들어가 방장산 수초(守初)에게 9년간을 배워 법을 이었다. 30세부터 여러 명산을 돌아다니고 승주 송광사, 낙안 징광사, 하동 쌍계사 등의 여러 사찰에서 강의를 했다. 시문에 뛰어나 당시 유명인사들과 교유했다. 1681(숙종 7)년 큰 배가 서해의 임자도에 표착했는데, 그 배에는 명나라 평림섭(平林葉) 거사가 교간(校刊)한 『화엄경소초』, 『대명법수』, 『회현기』, 『금강경간정기』, 『기신론필삭기』, 『사대사소록(四大師所錄)』 등 190권이 있었다. 성총은 이들 경론을 간행하고자 15년 동안 5,000판을 새겨서 징광사 쌍계사에 봉안했다. 이 일로 대종사로 추앙받았다. 1692년 선마사 창파각에서 화엄대법회를 개설했다. 70세의 나이로 쌍계사 신흥암에서 입적했다. 그는 선종과 교종을 두루 공부했는데, 그의 참선법은 철저한 임제종 계통이었다. 유학에도 조예가 깊어 당시 유교지식인들의 배불론에 대해 불교를 변호했다. 저서로 『사집(私集)』, 『정토찬백영(淨土讚百詠)』, 『백암집(栢庵集)』, 『지험기(持驗記)』, 『치문집주(緇

門集註)』 등이 있다. 송광사와 칠불암에 탑이, 송광사에 비가 있다.

『백암집(栢庵集)』 – 조선 중기의 승려 성총(性聰)의 시문집. 2권 1책. 목판본. 현존하는 책에는 서문과 발문, 간기 등이 누락되어 있어 간행연도를 알 수가 없다.

상권에는 오언절구(五言絶句) 칠언율시 등 성총이 지은 시 수백 수가 수록되어 있다. 하권에는 능허대사신영당기(凌虛大師新影堂記)와 순창 영축사(靈鷲寺)의 중창기를 비롯한 사찰기문과 상량문, 조계산 송광사중수보조국사비경찬소(曹溪山松廣寺重修普照國師碑慶贊疏), 각종 천혼소(薦魂疏), 중간화엄경회편소초낙성경찬소(重刊華嚴經會編疏抄落成慶贊疏), 봉안보조국사사리소(奉安普照國師舍利疏), 그의 스승인 수초(守初)를 천도하는 소, 남상서(南尙書) 조양양(趙襄陽) 조수찬(趙修撰) 등과 교환한 서한, 호남 영광군에 있는 보현사(普賢寺)의 연기(緣起), 담양 백운산 옥천사(玉泉寺)의 사적 등이 수록되어 있다.

이 가운데 봉안보조국사사리소에는 보조국사가 사해승(四海僧)의 희망이요 한 나라의 스승이라는 것과, 수선사(修禪社)를 결사하여 1,000칸의 집을 일으키고 조계종 1파를 유통하였다는 기록이 있다. 규장각 도서에 있다.

途中春暮
도중춘모

꽃잎이 천 조각 만 조각으로 떨어지고
버드나무 길고 짧게 늘어졌다.
슬프다. 하늘가 외로운 나그네
이 마음 감당하지 못하네.

落花千片萬片 垂柳長條短條
낙화천편만편 수유장조단조
怊悵天涯獨客 不堪對此魂消
초창천애독객 불감대차혼소

*초창(怊悵) : 실의한 모양. 원망하며 슬퍼하는 모양.

夢覺
몽각

꿈에 숭산의 작은 집 문을 두드려
초조 달마의 결심에 찬탄 예배하고
깨어나니 평상에 송풍이 불어와
끝없는 청량함을 스스로 안다.

夢扣嵩高少室扉 禮參初祖決心疑
몽구숭고소실비 예참초조결심의
覺來一榻松風在 無限淸涼只自知
각래일탑송풍재 무한청량지자지

漁父
어부

잡은 고기 술로 바꾸어 모래밭을 지나
조각배로 돌아와 누워 술 취해 노래 부르니
단풍잎 물억새꽃 가을도 저물어
강에 찬비가 내려 어부의 도롱이 흠뻑 젖네.

穿魚換酒渡頭沙　歸臥扁舟醉放歌
천어환주도두사　귀와편주취방가
楓葉荻花秋色老　一江寒雨滿漁簑
풍엽적화추색노　일강한우만어사

黃嶺
황령

푸른 산중에 있는 옛 절
누대와 전각들은 봉우리 서쪽에 여러 겹으로 웅장해
장자가 베푸는 재에 원숭이 발우를 씻고
고승은 삼매에 드니 제비는 진흙을 머금는다.
절벽에서 떨어지는 돌에 산도깨비 두려워하나
왕자의 옛 궁전은 이제 적막하고
오로지 옛 성 주변에 풀만 우거져 있다.

碧山中有古招提　臺殿參差疊巘西
벽산중유고초제　대전참차첩헌서
長者施齋猿洗鉢　高僧入定鷰銜泥
장자시재원세발　고승입정연함니
懸崖落石驚魑魅　絕澗飛湍振鼓鼙
현애낙석경이매　절간비단진고비
王子舊宮今寂寞　但看墟堞草萋萋
왕자구궁금적막　단간허첩초처처

*초제(招提) : 사원의 다른 이름. 위(魏)의 태무제(太武帝)가 절을 만들고
　처음으로 초제(招提)라고 이름 붙인 것에서 유래한다.
*참차(參差) : '부시리'의 방언. 길고 짧고 들쭉날쭉하여 같지 않음.
*이매(魑魅) : 산이나 내에 살면서 사람을 홀려 해친다는 도깨비. 얼굴은 사람 모양이고
　몸은 짐승 모양으로 되어 있으며 네발을 가졌다고 한다.
*처처(萋萋) : 무성하다. 우거지다. 빽빽하다

妙峯
묘봉

범종소리 향불연기 산허리에 두르고
수많은 봄 나무 푸름으로 가득하다.
감실에 두 개의 참 사리가 있고
소나무에는 세 가지 떨어진 옷이 걸려 있다.
새벽에 걷는 대나무 숲길은 푸른 이끼로 미끄럽고
계곡 누각에서 비 개인 하늘 바라보니 흰 구름 떠간다.
지팡이 짚고 나 또한 길을 떠나니
세속 밖의 경치로 이보다 희유할까

鐘梵香烟鎖翠微　萬株春樹綠陰圍
종범향연쇄취미　만주춘수록음위
龕留兩個眞靈骨　松掛三條壞衲衣
감류양개진영골　송괘삼조괴납의
竹逕曉行蒼蘚滑　溪樓晴望白雲飛
죽경효행창선활　계루청망백운비
孤筇余亦曾遊遍　物外名區似此稀
고공여역증유편　물외명구사차희

*향연(香烟) : 향불 연기. 자손이 조상에게 지내는 제사. 후손
*취미(翠微) : 산의 중허리.
*영골(靈骨) : 사람이 죽은 뒤 그 시체를 화장하고 남은 뼈.
*납의(衲衣) : 누덕누덕 기워서 만든 옷. 수행자들이 입는 옷을 일컫는 말.
*죽경(竹逕) : 대나무 길　　　　　　　*효행(曉行) : 새벽에 길을 떠남
*명구(名區) : 산수가 좋아 널리 이름난 고장　*물외(物外) : 속세의 밖. 세상의 바깥

內院
내원

향로봉 아래에 있는 절
골 가득 물안개 자유롭고
푸른 절벽에서 늦게 비갠 뒤를 보면
맑은 종소리 한밤엔 달 가운데 들린다.
동쪽 개울물이 서쪽 개울물과 합쳐지고
남악의 구름이 북악으로 이어지면
또다시 고승은 좌선으로 칭송 찬탄하면
하늘 꽃이 이리저리 화려하게 떨어진다.

香爐峰下給孤園 滿洞烟霞世自分
향로봉하급고원 만동연하세자분
翠壁晚宜晴後見 淸鍾夜向月中聞
취벽만의청후견 청종야향월중문
東溪水合西溪水 南岳雲連北岳雲
동계수합서계수 남악운연북악운
更有高僧坐禪誦 天花時復落繽紛
갱유고승좌선송 천화시부낙빈분

*연하(烟霞) : 안개와 노을. 고요한 산수의 경치
*취벽(翠壁) : 푸른 빛깔의 절벽

동계 경일(1636~1695)

경일의 당호(堂號)는 동계(東溪)이다. 유점사(楡店寺) 벽암대사(碧岩大師) 문하에서 공부하였으며, 사대부들과의 교유가 많았다.

『동계집(東溪集)』은 4권1책으로, 강희(康熙) 50(1711)년 밀양(密陽) 재악산(載岳山) 영정사(靈井寺) 개간본(開刊本)이 전한다. 신주백(申周白 1711)이 서문을, 문인 익상(益祥 1711)이 발문을 쓰고, 문인 자감(慈鑑)이 쓴 행적(行蹟)이 있다.

曉起
효기

창틈으로 시원한 바람이 통하고
먼 하늘에는 별이 흐른다.
지난밤에 내린 비는 산 빛이 열리는데
봉우리 봉우리의 절반이 가을이다.

窓間涼氣透　天外火星流
창간량기투　천외화성류
宿雨開山面　千峰半是秋
숙우개산면　천봉반시추

*화성(火星) : 불꽃

山居春事
산거춘사

산 구름 조각조각 물 흐르듯 하고
여러 달 무성했던 꽃이 진다.
두견새는 서쪽 숲에서 울고 있고
달마가 꿈을 깨니 남악이다.

山雲片片水流 烟月蒼蒼花落
산운편편수유 연월창창화락
蜀魄啼在西林 胡僧夢罷南岳
족백제재서림 호승몽파남악

*연월(烟月) : 여러 달을 계속함. 여러 달을 계속 이어지다.
*촉백(蜀魄) : 두견이과에 속한 새
*호승(胡僧) : 달마 대사의 딴 이름
*남악(南岳) : '五岳' 중의 하나인 호남성의 형산

自鵲江泛舟歸甘露寺
자작강범주귀감로사

나뭇잎 같은 작은 배에 산들바람 불고
해 그림자 물결에 일렁이는 빛으로 하늘을 씻는다.
노를 두드리며 감로사로 돌아가고자 하니
청산 절반이 백운 가운데 들어간다.

扁舟一葉駕輕風 日影波光盪素空
편주일엽가경풍 일영파광탕소공
扣枻欲歸甘露寺 靑山半入白雲中
구예욕귀감로사 청산반입백운중

*경풍(輕風) : 남실바람. 산들바람.
*일영(日影) : 해의 그림자
*파광(波光) : 물결 위에 일렁이는 빛. 또는 물결처럼 일렁이는 빛.

遊通度寺
유통도사

천년된 절로 개울이 흐르고
누대의 봄빛은 연무에 가리었다.
스님은 이곳에 부처님 사리를 간직했다 말하며
서역의 오천축으로부터 온 것이라 한다.

金刹千年帶一川 樓臺春日暗風烟
금찰천년대일천 누대춘일암풍연
僧言佛骨藏於此 來自蟠西五印天
승언불골장어차 래지빈시오인천

*금찰(金刹) : 절을 금찰(金刹)·범찰(梵刹)·사찰(寺刹)
*누대(樓臺) : 크고 높게 지은 정자나 누각. 또는 높은 건물
*춘일(春日) : 봄날. 봄날의 태양.
*래자(來自) : 오다. 나오다

萬法歸一
만법귀일

만법은 하나로 돌아가면 하나는 어디로 돌아가는가?
여덟 물건이 다 돌아갔으나 돌아간 곳을 보지 못한다.
만약 정문의 이치를 밝게 보는 눈을 열면
산하대지가 온전한 기틀을 드러내리라.

萬法歸一一何歸 八物咸歸不見歸
만법귀일일하귀 팔물함귀불견귀
若得頂門開活眼 山河大地露全機
약득정문개활안 산하대지로전기

*정문(頂門) : 머리 위의 숨구멍이 있는 자리.
*활안(活眼) : 사리를 밝게 보는 눈

도안 월저(1638~1715)

　속성은 유씨(劉氏)이다. 법호는 월저(月渚), 법명은 도안, 아버지는 보인(輔仁)이다. 9세에 출가하여 천신(天信)의 제자가 되었으며, 그 뒤 금강산에 들어가 의심(意諶)의 문하에서 휴정(休靜)의 밀전(密傳)을 연구하여 화엄학과 삼교(三敎)에 정통했다. 화엄경, 법화경 등 대승경전과 예념왕생문(禮念往生文) 등 염불관계 서적을 간행했고, 스승 의심의 유지를 이어 화엄경의 우리말 번역을 완성했다. 1697(숙종 23)년 정축옥사 때 무고로 구금되었으나 왕명으로 특사되었다. 78세에 진불암(眞佛庵)에서 입적했다. 그는 교(敎)에서 선(禪)으로 나가 선을 참구하고, 또 교를 해득하여 화엄사상을 널리 천명한 화엄대종사로 이름이 높으며, 특히 사람들에게 염불왕생을 많이 권장했다 한다. 저서로는 『월저당대사집(月渚堂大師集)』『불조종파도(佛祖宗派圖)』가 있다.

　『월저당대사집(月渚堂大師集)』 - 조선 후기의 승려 도안(道安)의 시문집. 2권 2책. 목판본. 그의 문인들이 만년의 유고를 모아 1717(숙종 43)년에 찬록한 것이다.

권상은 대부분 시로 오언절구 24수, 오언율시 37수, 칠언절구 32수, 봉민정언창도유산(奉閔正言昌道游山) 등 독립된 율시 116수를 포함한 칠언율시 126수, 잡저로 산중사시사(山中四時詞) 등의 노래와 서간문, 임종게(臨終偈) 등이 수록되어 있다.
　권하에는 약사사소(藥師舍疏) 등 소(疏) 19편, 강서원각암북신전기(江西圓覺庵北辰殿記) 등 기(記) 6편, 권선문(勸善文) 12편, 인화엄경법화경발(印華嚴經法華經跋) 등 발(跋) 2편, 선불당비명(選佛堂碑銘) 등 명(銘) 3편이 수록되어 있다.
　책 끝의 발문에는 "법문을 하거나 선문답을 하거나 유(儒) 불(佛) 선(禪) 교(敎)에 조금도 걸림이 없었고, 그와 같은 해박한 식견으로 인하여 비록 명치거유(名緇巨儒)라도 필적할 사람이 별로 없었다"고 기록되어 있다. 그러나 권상은 주로 염송시장(拈頌示章), 권하는 기문과 발문 등이 실려 있을 뿐 법문을 수록한 글은 별로 없다. 다만 문장은 매우 격조가 높은 것으로, 발문을 쓴 연종(蓮宗)은 그 까닭이 불교적 수행 때문이라고 하였다.
　발문이나 기문은 사찰연구에 중요한 자료가 되며, '인화엄경법화경발'은 저자가 조선시대 불전 홍포에 얼마나 큰 공로가 있었던가를 말해주는 자료이다. 규장각 도서와 동국대학교 도서관 등에 있다.

村齋夜吟
촌재야음

작은 창밖에 밝은 달이 비추는 밤
홀로 누워 자니 초당이 한가롭더니
문득 산으로 돌아가는 꿈에서 깨니
닭이 울고 새벽 공기가 차갑다.

半窓明月夜　孤臥草堂閒
반창명월야　고와초당한
忽破歸山夢　鷄鳴曉氣寒
홀파귀산몽　계명효기한

*반창(半窓) : 반쪽짜리 창문. 작은 창

哭性一
곡성일

어제는 분명 있었는데
오늘 아침에는 어디로 갔나.
하늘에 물으니 하늘은 푸르러
푸르른 하늘을 몇 번이고 올려본다.

昨日分明在 今朝何處去
작일분명재 금조하처거
問天天蒼蒼 蒼蒼首幾擧
문천천창창 창창수기거

秋事
추사

가을 저문 줄 잘못 알고
이월의 꽃인가 의심했다.
날 저무니 붉은 빛으로
단풍잎이 서리에 물들었다.

錯認秋光晩　渾疑二月花
착인추광만　혼의이월화
日斜紅爛熳　楓葉染霜多
일사홍난만　풍엽염상나

*난만(爛漫) : 순진하다. 꾸밈이 없다. 눈부시다.
*풍엽(楓葉) : 단풍잎

無家處處山
무가처처산

사독은 만 리 산에 안개 자욱하고

이 몸은 물병과 신발로 백년이 한가롭네.

집 나와 날아가는 새를 누가 잡아맬까

월나라 초나라의 양자강과 회수 강을 몇 번이고 갔다 오네.

四瀆烟波萬里山 一身甁屨百年閒
사독연파만리산 일신병구백년한
出籠飛鳥人誰縶 楚越江淮幾往還
출롱비조인수집 초월강회기왕환

*사독(四瀆) : 예전에, 중국의 4대 강을 가리키던 말. 즉 양쯔 강(揚子江),
 지수이(濟水), 황허(黃河), 화이허(淮河)를 말한다.
*연파(烟波) ; 연파. 안개 따위가 자욱한 수면
*강회(江淮) : 양자강과 회수. 강소성과 안휘성 일대. 창장 강과 회수

杜鵑
두견

초천의 빈산 달 밝은 밤에
깊은 숲 어느 가지에서 우는가?
새벽 창 고요한 곳에 소리 보내고서
봄꽃 떨어지듯 피를 흘리네.

楚天明月空山夜 啼在深林第幾枝
초천명월공산야 제재심림제기기
聲送曉窓人靜處 血流春樹落花時
성송효창인정처 혈유춘수낙화시

*초천(楚天) : 양자강 중류와 하류 일대의 하늘

憶梧隱
억오은

이곳에서 서울을 가려면 몇천 리
사바 어느 곳에서 부처를 찾을까
오운이 쌓여 하늘이 가깝고
지팡이 짚고 길 떠나면 절반쯤이고
친히 가르침을 받던 영광은 어제
그리운 소식은 이미 여러 해를 지났다.
어찌하여 남쪽에서 노닐 때를 기억해
부귀한 집을 두드려 비단 자복에 아뢴다.

此去京華里幾千 梧村何處訪眞仙
차거경화리기천 오촌하처방진선
五雲堆裏天應近 一錫行邊地自偏
오운퇴리천응근 일석행변지자편
親炙耿光如在昨 杳茫消息已經年
친자경광여재작 묘망소식이경년
何由定得南遊日 徑叩朱門謁錦筵
하유정득남유일 경고주문알금연

*경화(京華) : 수도, 서울. 국도
*오(梧) : 번뇌의 때(梧)
*오운(五雲) : 여러 가지 빛깔로 빛나는 구름
*친자(親炙) : 친히 가르침을 받다.
*경광(耿光) : 밝은 빛.
*묘망(杳茫) : 그윽하고 멀다.
*경년(經年) : 일 년 또는 몇 년이 지나다. 오랜 세월을 경과하다.
*주문(朱門) : 붉은 칠을 한 대문. 지위 높은 벼슬아치의 집. 부귀한 집

명찰 풍계(1640~1708)

  성은 박씨, 호는 풍계(楓溪), 자는 취월(醉月). 서울 출신. 아버지는 원진(圓振)이며, 어머니는 김씨이다. 어려서부터 남달리 영리하여 마을사람들이 기동(奇童)이라고 불렀으며, 12세 때 춘천 청평사 양신암(養神庵)으로 출가하여 의천(義天)의 제자가 되었다.

  부모들의 환속하라는 권유가 계속되었으나 뜻을 굽히지 않고 13세 때 의천을 따라 금강산에 들어가 의심(義諶)의 지도를 받으며 10년 동안 선(禪)과 불경을 공부하였다. 이때 의심의 법맥(法脈)을 이었으며, 1665(현종 6)년 의심이 죽은 뒤, 아직도 마음속에 남아 있는 선교에 대한 의심을 풀기 위하여 동문 사형인 정원(淨源)의 밑에서 공부하였다. 1690(숙종 16)년 은사인 의천이 해인사에서 죽자 그의 행장을 지었으며, 1704년 봄에는 청량산(淸凉山)에서 가야산 백련암(白蓮庵)으로 옮겨 그곳을 열반지(涅槃地)로 정하였다. 그해 성능(性能) 등이 통도사 금강계단(金剛戒壇)을 중수하고 초청하였으므로, 정월부터 사월초파일까지 3개월 동안 경찬법회(慶讚法會)를 주관하였다.

  그 뒤 해인사로 돌아와 6월 2일 다음 날 죽을 것을 예언하였고 6월

3일 임종게(臨終偈)를 남긴 뒤 서쪽을 향하여 합장한 자세로 앉아서 입적하였다. 시문으로도 크게 이름을 떨쳤으며, 저서로는 문집인 『풍계집(楓溪集)』 3권이 있다.

『풍계집(楓溪集)』 - 조선 후기의 승려 명찰(明詧)의 시문집. 3권 1책. 목판본. 저자가 죽은 뒤 4년 만인 1711(숙종 37)년 문인 한일(閒佾)이 유고를 수집하여 간행하였다.

상권에는 칠언과 오언의 율시 160여수가 수록되어 있는데, 이들은 정울산(鄭蔚山), 이도사(李都事), 정생원(鄭生員), 김진사(金進士) 등 여러 관원 선비들과 교화한 것이 많다. 또한 장편의 백수시(白愁詩)는 근심 '수(愁)'를 이용하여 100구를 읊은 시이다. "한가로운 가운데 고금의 근심을 기억해 보니 귀 천 현 우가 다 근심이 있도다(閒中記得古今愁貴賤賢愚皆有愁)"는 등 100가지 근심을 게송으로 엮은 것이다.

중권에는 팔도강산의 근심을 명승과 사찰을 유람하면서 읊은 시로서 유완총록(遊玩總錄)이라는 서문에 이어서 치악산 상원암(上院庵), 오대산의 각 사(寺) 암(庵) 32운을 비롯, 설악산 각 사 암과 명소, 금강산의 각 명승과 사 암, 관동팔경, 경운산(慶雲山) 천마산(天摩山) 월악산 속리산 계룡산 마니산 관악산 청계산 삼각산 도봉산 수락산 불암산 용문산 등의 명승과 사찰을 읊은 200여 수의 시가 수록되어 있다.

하권에는 봉복사상량문(奉福寺上梁文)을 비롯한 몇 개의 상량문과 불탱기(佛幀記), 사찰중창기 석음기(惜陰記), 소상소(小祥疏), 모연문(募緣文) 등이 수록되어 있으며, 상 하권 34장이다. 끝에는 한일이 기록한 저자의 행장이 부록되어 있다. 규장각 도서에 있다.

次百濟懷古
차백제회고

옛날 소정방이 용하를 건널 때에
백제의 군신들의 마음은 어땠을까?
궁중의 나무는 서리 맞은 가을 낙엽처럼 떨어지고
무너진 성에는 성가퀴 없어도 사람들은 지나간다.
참으로 아련함은 무너진 섬돌은 산길이 되고
다만 보이는 돌과 꽃이 물결을 이룬다.
이 땅의 번화했음을 누가 감히 말할까
지금은 소먹이는 나무꾼의 노래 소리 들린다.

蘇將昔日渡龍河　濟國君臣意若何
소장석일도용하　제국군신의약하
宮樹有霜秋葉落　荒城無堞時人過
궁수유상추엽락　황성무첩시인과
可憐螭陛成山麓　只見花岩撼水波
가린리폐성산록　지견화암감수파
此地繁華誰敢說　卽今唯聽牧樵歌
차지번화수감설　즉금유청목초가

*군신(君臣) : 임금과 신하를 아울러 이르는 말.
*황성(荒城) : 돌보지 않아 거칠고 낡은 성
*성가퀴 : 몸을 숨겨 적을 공격할 수 있도록 성 위에 낮게 덧쌓은 담

煙溪疎雨
연계소우

짓게 골짜기에 비는 잇달아 내리어
눈 내리듯 목천에 떨어진다.
가끔 햇빛이 비스듬히 비추면
그윽한 곳에서 멀리 안개가 핀다.
저녁 빛에 이끌려 놀고 싶은데
차가운 소리가 편안한 잠을 어지럽힌다.
실없이 깊은 생각에 잠기니
적적 요요함에 스며든다.

漠漠連溪雨 霏霏落木天
막막연계우 비비낙목천
疎時斜映日 密處遠和煙
소시사영일 밀처원화연
暮色延游望 寒聲攪定眠
모색연유망 한성각정면
無端蕭索意 潛入寂寥篇
무단소색의 잠입적요편

*막막(漠漠) : 광활하여 아득하다. 짙게 낀 모양. 막막하다.
*비비(霏霏) : 흩날리거나 매우 성한 모양. 날아 흩어지는 모양. 풀이 무성한 모양.
*목천(木天) : 學士(학사)가 있는 곳. 한림원을 말함.
*모색(暮色) : 저녁 빛, 황혼
*무단(無端) : 이유 없이, 까닭 없이, 실없이
*잠입(潛入) : 잠입하다, 숨어들다, 물속에 들어가다

淸平寺仙洞
청평사선동

비가 개니 하늘빛이 빼어나
도인이 한가로이 이때를 즐긴다.
밤 깊어 문을 닫으니 바람도 나무에 머물고
새벽을 기다려 창을 여니 달이 산봉우리에 숨는다.
맑고 깨끗한 소리로 객을 맞이하니 좋아
깊은 흥을 감내하지 못해 차가운 소나무에 의지하니
적적 요요함이 다시 편안한 선지로 이끌어
구름이 스스로 무심하여 푸른 하늘을 지나간다.

霽後諸天秀色封　道人閑味此時濃
제후제천수색봉　도인한미차시농
凌昏閉戶風停樹　待曉開囪月隱峯
릉혼폐호풍정수　대효개창월은봉
應有淸音迎客好　不堪幽興倚寒松
응유청음영객호　불감유흥의한송
寂寥更引安禪志　雲自無心過碧空
적요갱인안선지　운자무심과벽공

僧伽寺
승가사

바위를 돌아 뒤편에 높은 굴에 처마를 드리우고
아름다운 나무들 숲 속에 불상을 모신 감실이 있어
보이는 것은 노니는 산사의 일에 익숙할 뿐
혀 아래 세상사 감로의 맛을 어찌 알까?

回岩後卓窟垂簷 瓊樹森羅擁石龕
회암후탁굴수첨 경수삼라옹석감
眼中只慣遊山事 舌下那知世味甘
안중지관유산사 설하나지세미감

*경수(瓊樹) : 옥이 연다는 나무, 그 꽃을 먹으면 오래 산다고 함.
*석감(石龕) : 돌로 만든, 불상을 모신 감실(龕室)

曹溪寺
조계사

조계사 안에 조계의 물로
조계물의 한 물결 흐름을 알게 하고
부처님의 자손으로 이어오게 하고자
절을 이곳에 세우게 했나 보다.

曹溪寺裏曹溪水　認得曹溪一派來
조계사리조계수　인득조계일파래
天欲瞿曇孫繼繼　故敎琳宇此中開
천욕구단손계계　고교림우차중개

*임우(琳宇) : 임궁(琳宮). 절. 사원(寺院).

명안 백우(1646~1710)

　속성은 장씨. 자는 백우(百愚), 호는 석실(石室) 또는 설암(雪巖). 진주 출신. 아버지는 근수(謹守)이며, 어머니는 신씨(申氏)이다. 12세 때 출가하여 지리산 덕산사(德山寺)성각(性覺)의 제자가 되었고, 15세 때 엄비(掩鼻)로부터 구족계(具足戒)를 받았다.

　그 뒤 무영(無影)의 문하에서 10년 동안 선과 교를 함께 닦았다. 1672(현종 13)년 가을에 무영이 죽자 전국의 모든 산을 편력하면서 수행하였다. 이때 황령선사(黃嶺禪社)에서 교화하고 있던 백암(柏菴)이 편지를 보내 명안을 불렀으므로, 백암을 4년 동안 모시면서 화엄원융(華嚴圓融)의 뜻을 전해 받았다.

　1678(숙종 4)년 백암의 명을 받고 방장산 불장암(佛藏庵)을 주관하였다. 그가 불장암에서 개당(開堂)하자 많은 승려들이 몰려와 배우기를 청하였고, 그는 당시 호남의 종장(宗匠) 가운데 한 사람이 되었다.

　안국사(安國寺)의 금대암(金臺庵), 지리산의 심적암(深寂庵), 오대산의 내원암(內院庵), 방장산의 대원사(大源寺) 율곡사(栗谷寺), 삼신산의 신흥사(神興寺), 화엄사(華嚴寺), 감로사(甘露寺), 연곡사(燕谷寺)

등지에 머물면서 수선(修禪)에 몰두하거나 설법하였다.

만년에는 오직 염불왕생문(念佛往生門)에 귀의하여 정토(淨土)에 태어나고자 하였다. 1709년 지리산의 칠불암(七佛庵)에 주석하면서 70여 명의 동지를 모아 서방도량(西方道場)을 결성하였고, 같은 해 겨울 회계의 왕산사(王山寺)로 옮겼다가 이듬해 4월 13일 서쪽을 향해 세 번 절하고 입적하였다. 세수 64세, 법랍 52세이다.

27일 뒤에 절 서쪽 원통동(圓通洞) 위에서 화장할 때 2과의 정골(頂骨)이 나왔으므로 1과는 제자 전명(雋明)이 절 북쪽에 석종형(石鐘形)의 부도를 세우고 봉안하였고, 나머지 1과는 원준(圓俊)이 대원사 남쪽 시냇물 위에 무덤을 만들어 봉안하였다.

명안은 1690년 가을 대원사에서 화엄경의 입법계품(入法界品)을 판각하였고, 1705년 가을에는, 심경약소연주기(心經略疏連珠記)를 감로암 약사전(藥師殿)에서 편찬하였다. 그리고 교(敎)를 사교행위도(四敎行位圖)로 나누어서 소승교(小乘敎), 통교(通敎), 별교(別敎), 원교(圓敎)로 교판하였다.

특히 그는 만년에 염불로써 정토왕생을 구했는데, 그의 문집인 『백우집(百愚集)』에 염불가(念佛歌)가 전하고 있다.

법을 이은 제자는 14명이고, 그 중에서도 청윤(淸胤)과 태휘(太暉)가 고족(高足)이다. 저서로는 유고를 모아 문인들이 편찬한 『백우수필(百愚隨筆)』 1권이 있다.

『백우수필(百愚隨筆)』 - 조선 숙종 때의 승려 명안(明眼)의 시문집. 1권 1책. 목판본. 1722(경종 2)년에 징광사(澄光寺)에서 간행하였다. 책머리에 하세응(河世應)이 쓴 서(序)가 있고, 권말에는 신명구(申命耉)의 발문이 있다.

본문 첫머리의 발원사(發願詞)는 미래세가 다하도록 모든 불제자와 불보살의 자비원력(慈悲願力) 및 공덕을 성취하기를 발원한 글이다. 염불가(念佛歌)는 7언 64구로 되어 있는데 7언의 끝 글자는 모두 '불(佛)'자로 되어 있어 특이하다.

사교방위도(四敎方位圖)에서는 원교(圓敎)와 별교(別敎)와 통교(通敎)에서 번뇌를 끊고 불과(佛果)를 증득하는 행위(行位)를 도표로 처리한 것이다. 그리고 소승교에서 닦는 수행도 밝혔는데, 대체로 천태종(天台宗)의 교의를 인용하고 있다.

이 밖에도 월송(月松) 선하(禪河) 등에게 준 게송 6수와 지리산 대원암기(大源庵記), 상불암기(上佛庵記) 등의 사찰사료, 백암(栢庵), 벽암(碧巖), 취미(翠微), 무영(無影) 등에 대한 제문이 수록되어 있다. 부록으로는 설암설(雪巖說)이 있는데 저자의 호인 설암의 '설(雪)'자에 대하여 풀이한 것이며, 저자의 행장이 수록되어 있다. 규장각 도서에 있다.

示禪河道人
시선하도인

마음이 아미타불
본래 서쪽에 있는 것이 아니니
어느 방향을 향해 갈거나
십만 팔천 리는 멀다.

心是彌陀佛 從來不在西
심시미타불 종래불서래
若向他方去 迢迢十萬餘
약향타방거 초초십만어

*초초(迢迢) : 매우 멀다. 아득히 높아서 까마득하다. 요원하다

留別印師
류별인사

몸에 병이 있어 남으로 내려온 지 오래
돌아보니 동쪽 하늘에 눈이 가득하고
삼인 스님은 나의 뜻을 알아
문 밖에 나와 서로 보내니 정도 많다.

一身抱病南來久　回首天東雪滿程
일신포병남래구　회수천동설만정
三印上人知我意　出門相送更多情
삼인상인지아의　출문상송갱다정

圓扇
원선

달은 숨고 바람은 쉬니 천하가 어둡다.
세상사람 누가 달과 바람을 알까
봉황의 부채에 바람을 일으키니 달과 같고
옳은 것을 들어 달을 가리키니 옳은 바람이 분다.

月隱風休天下暗 世人誰識月兼風
월은풍휴천하암 세인수식월겸풍
鳳箑生風形似月 擧宜標月振宜風
봉삽생풍형사월 거의표월진의풍

自讚
자찬

일생을 추하고 옹졸함만 보이다
너를 보니 몸과 마음이 부끄럽다.
나는 자취와 몸을 숨기고 싶은데
너는 어찌 낯 뜨겁게 아양을 부리는가?
허허! 허물이 있으면 감추기 어려워
예양이 숯 삼키는 것 또한 많은 일이다.

一生醜拙示人 見汝容心自愧
일생추졸시인 견여용심자괴

我欲藏踪祕身 汝何强顔自媚
아욕장종비신 여하강안자미

呵呵有過終難掩 豫讓吞炭亦多事
가가유과종난엄 예양탄탄역다사

*강안(强顔) : 낯가죽이 두껍다. 후안무치. 철면피
*자미(自媚) : 스스로 아양을 부림
*예양(豫讓) : 중국 사마천의 사기 자객열전에 豫讓(예양)의 일화가 나온다.
 춘추시대 진(晋)나라 사람인 그는 자신을 거두어준 지백(智伯)에게 중용되었다.

성능 계파(~ 1711 ~)

  호 계파(桂坡). 지리산 화엄사(華嚴寺)에서 승려로 있다가 숙종 때 팔도도총섭(八道都摠攝)이 되어 북한산성(北漢山城)을 쌓았다. 1745(영조 21)년 도총섭 직책을 서윤(瑞胤)에게 인계할 때 산성(山城)에 관한 일 14조(條)를 『북한지(北漢誌)』라 이름 붙여 판각했다. 화엄사로 돌아가 대화엄경(大華嚴經)을 판각하고, 장륙전(丈六殿)을 중수했으며, 1750(영조 26)년 통도사(通度寺) 계단탑을 증축, 석가여래영골사리탑비(釋迦如來靈骨舍利塔碑)를 세웠다. 편저에 『자기문절차조열(仔夔文節次條列)』 등이 있다.

  『북한지(北漢誌)』는 1745(영조 21)년에 승려 성능(聖能)이 팔도도총섭(八道都摠攝)의 직책을 서윤(瑞胤)에게 인계하면서 북한산성에 관한 사적을 지지(地誌)의 형태로 편찬, 간행한 1책. 목활자본. 책머리에 첨부된 북한도(北漢圖) 3장에는 북한산과 북한산성의 지형 윤곽 건물 등이 일목요연하게 그려져 있어 북한산과 산성의 안내도 역할을 하고 있다. 책 끝에는 찬자인 성능의 발문이 있다.

성능은 1711(숙종 37)년 북한산성을 쌓을 때 팔도도총섭이 되어 북한산성을 쌓고 30여 년 동안 산성을 지키다가 지리산 화엄사로 돌아갔다. 책의 내용은 도리(道里) 연혁(沿革) 산계(山谿) 성지(城池) 사실(事實) 관원(官員) 장교(將校) 궁전(宮殿) 사찰(寺刹) 누관(樓觀) 교량(橋梁) 창름(倉廩) 정계(定界) 고적(古蹟) 등 14개조로 되어 있다.

이 책은 일반 지지의 체제를 수용한 산성지(山城誌)의 선구적인 형태로 그 의의가 있다. 따라서 내용 중에도 일반 지지와 달리 지형에 관한 산계조, 북한산성의 규모와 시설에 관한 성지조, 북한산성 축조 배경과 과정을 적은 사실조, 시설의 수비 인원을 기록한 관원 장교조, 18개의 절과 암자를 기재한 사찰조, 저장곡을 보관하는 창고에 관한 창름조, 훈련도감 금위영 어영청의 관할구역을 기록한 정계조 등 일반 지지에 설정되지 않거나 상세하게 나타나지 않은 항목들이 자세하게 기록되어 있어 성에 관한 지지로서의 특색을 보여준다. 또한 18세기 초의 수도 방위에 대한 관심, 산성의 구조와 시설 운영 및 북한산의 지형과 고적 등을 구체적으로 파악할 수 있는 책이다. 규장각 장서각 국립중앙도서관 등에 소장되어 있다.

白雲峯
백운봉

우뚝 솟은 기이한 모습 몇 만 년인가?
구름 가운데 푸른 연꽃으로 피었으니
신이한 빛은 황금계를 한없이 비추고
맑은 기운은 백운봉에 영원히 머문다.
불룩한 산등성은 달빛을 머금었고
깊은 산골짜기는 신선의 발자취로
즐겁게 놀다 산봉우리에 오르는데
내려다보는 드넓음에 가슴이 상쾌하다.

矗矗奇形幾萬重　雲中秀出碧芙蓉
촉촉기형기만중　운중수출벽부용
神光永照黃金界　淑氣長留白玉峯
신광영조황금계　숙기장류백옥봉
突兀岡巒含月色　幽深洞壑秘仙踪
돌올강만함월색　유심동학비선종
淸遊更欲登高頂　俯瞰滄溟一快胸
청유갱욕등고정　부감창명일쾌흉

元曉臺
원효대

부처님 경전의 밀밀한 뜻 알지 못하나
유리광 세계는 청정해 번뇌 망상 없다.
높고 험한 설산 봉우리 천 겹으로 둘러
격한 천둥소리로 물은 만 구비 돌아간다.
관법으로 고요한 고승은 마르고 평온하고
날기를 배우는 작은 학은 왔다 갔다 한다.
초연히 이곳을 찾은 나그네는
날이 저문데 원효대에 오른다.

玉樹瓊林密不開 琉璃淨界絶塵埃
옥수경임밀불개 유리정계절진애
峨峨雪色峯千疊 激激雷聲水萬回
아아설색봉천첩 격격뇌성수만회
觀靜高僧枯更寂 學飛雛鶴去還來
관정고승고갱적 학비추학거환래
超然是處尋眞客 薄暮登臨元曉臺
초연시처심진객 박모등임원효대

*옥수(玉樹) : 옥 나무. 사람의 몸가짐이 아름다운 모양. 재능이 뛰어난 사람.
*경임(瓊林) : 진귀한 것이 많이 들어있다는 뜻으로 책을 가리킴
*아아(峨峨) : 산이 높고 험한 모양. 의용이 엄숙하고 위엄이 있는 모양.
*박모(薄暮) : 저녁 무렵. 황혼. 해질 녘.

추붕 설암(1651~1706)

　선사(禪師). 대흥사(大興寺) 13대종사(大宗師) 중 제5종사이다. 성은 김씨(金氏). 호는 설암(雪巖). 평안남도 강동(江東)출신. 응소(應素)의 아들이다. 10세에 원주법흥사(法興寺)로 출가하여 종안(宗安)의 제자가 되었고, 뒤에 구이선사(九二禪師)에게서 경론(經論)을 배웠다.

　여러 경론을 섭렵한 다음 도안(道安)을 찾아가 담론하였는데, 만나자마자 서로 의기가 투합하여 여러 날을 담론한 뒤 도안의 의발(衣鉢)을 전수받았다. 그 뒤 남방(南方)의 여러 사찰을 순방하였는데, 가는 곳마다 학승들이 수없이 모여들었다.

　비명(碑銘)에 의하면 용모가 추하여 위의(威儀)를 갖추지 못하였으나 계행(戒行)이 청정하여 추호도 계를 범함이 없었다고 하며, 사람을 접할 때는 귀하고 천함을 가리지 않았다고 한다. 대흥사에서 항상 화엄학(華嚴學)을 강의하던 곳을 백설당(白雪堂)이라 하였다 하며, 그 때의 화엄강회록(華嚴講會錄)이 대흥사에 전한다고 하나 확인할 길이 없다.

　만년에 묘향산에서 수년을 은거하다가 입적하였다. 문도들이 다비

(茶毘)하여 얻은 사리(舍利) 5과(顆)를 낙안(樂安)의 징광사(澄光寺)와 해남 대흥사에 분장(分藏)하였다. 저서로는 『설암잡저(雪巖雜著)』 3권, 『설암난고(雪巖亂藁)』 2권, 『선원제전집도서과평(禪源諸詮集都序科評)』 1권, 『법집별행록절요사기(法集別行錄節要私記)』 1권, 『묘향산지(妙香山誌)』 등이 있다.

『설암난고(雪巖亂藁)』 – 조선 중기의 승려 추붕(秋鵬)의 시집. 2권 1책. 목판본. 1712(숙종 32)년에 제자 원조(圓照)가 강원도 이천(伊川) 고달산(高達山)에서 간행하였다. 서와 발문은 없으나, 제1권에는 오언율시 제팔영산능가사(題八影山楞伽寺) 등 51수가 있고, 제2권에 칠언율시 유계월암(遊桂月庵) 등 110수가 수록되어 있다. 권말에는 간기(刊記)가 있다.

이 책과는 별도로 저술된 저자의 문집 설암잡저(雪巖雜著)에는 일부의 문(文)과 더불어 900여 수의 시가 수록되어 있는데, 그 발문에 재력(財力)의 부족으로 선사의 시를 다 게재하지 못하였음을 한탄한 점으로 미루어, 이 책에 수록된 161수의 시는 문집 편찬 때에 누락된 부분이었음을 알 수 있다. 규장각 도서에 있다.

雪夜
설야

칠흑같이 어두운 밤
등잔불도 잦아들어 홀로 문을 닫고
좁쌀 같은 몸 추위가 싫어
손에 뜨는 뜸 화로 온기인 듯 좋아
나비 꿈꾸다 깨니
솔밭 바람 조용하다 다시 분다.
근심 걱정 놓아버리기 어려우니
좋은 술에 취해보는 것이 그러하리라.

月黑山空夜　燈殘獨掩門
월흑산공야　등잔독엄문

粟身嫌雪冷　灸手喜爐溫
속신혐설냉　구수희로온

蝶夢來還去　松濤靜亦喧
접몽래환거　송도정역훤

閑愁難可遣　端合醉芳樽
한수난가견　단합취방준

*월흑(月黑) : 달이 없는 어두운 밤
*접몽(蝶夢) : 중국의 장자(莊子)가 꿈에 나비가 되어 즐겁게 놀다가 깬뒤에 자기가 나비의 꿈을 꾸었는지 나비가 자기의 꿈을 꾸고 있는 것인지 알기 어렵다고 한 고사에서 유래한 것으로, 자아(自我)와 외물(外物)은 본디 하나라는 이치를 설명하는 말.
*송도(松濤) : 소나무가 바람에 흔들려 물결 소리처럼 나는 소리.
*방준(芳樽) : 맛이 좋은 술

憂世
우세

북녘 구름 외로운 새 날 저물고
관문 나무 큰 기러기 떠난 가을
가을 잎 바람 따라 떨어지고
국화는 물과 함께 흐른다.
길이 막히면 울음을 면하기 어렵고
몸에 병과 근심이 쉬이 생기니
세상 걱정에 인정이 없어
그 누가 배가 있다고 노래하겠는가.

朔雲孤鳥暮 關樹斷鴻秋
삭운고조모 관수단홍추
素葉隨風落 黃花泛水流
소엽수풍락 황화범수류
途窮難免哭 身病易生愁
도궁난면곡 신병이생수
憂世無人厚 其誰詠在舟
우세무인후 기수영재주

*삭운(朔雲) : 북쪽 구름. 삭풍(朔風)

三五七言
삼오칠언

복숭아꽃 붉고
배꽃은 희다
미묘 법문 아니며
이것이 여래의 모습
능히 믿어 무생법을 얻으면
천칠백 공안을 다 알 것이니.

桃花紅 李花白
도화홍 이화백

誰非妙法門 自是如來色
수비묘법문 자시여래색

若能信得此無生 公案盡翻千七百
약능신득차무생 공안진번천칠백

拂子
불자

공겁 전에 돌로 된 새와 거북이
등에 차가운 털이 삼척이나 자라서
납승이 뽑아서 한 개의 불자를 만들어
유교와 도교와 불교를 다 쓸었다.

劫空前外石鳥龜 背上寒毛長三尺
겁공전외석조구 배상한모장삼척
衲僧取作拂一枝 掃盡大家儒老釋
납승취작불일지 소진대가유노석

雨霽
우제

장마 비가 내린 빈 하늘에
거친 구름 희미한 먼 골짜기
거친 바람 문득 불어오더니
환하게 밝고 끝없이 넓다.

霪雨下層空 頑雲迷遠壑
음우하층공 완운미원학
長風忽起來 白日照寥廓
장풍홀기래 백일조요확

*층공(層空) : 매우 높은 하늘
*백일(白日) : 환하게 밝은 낮
*요확(寥廓) : 텅 비고 끝없이 넓다. 쓸쓸하고 고요하다. 확 트이다

春日感興
춘일감흥

바위 앞 계곡물은 쪽빛보다 푸르고
비 온 뒤 배꽃은 눈과 같이 희다.
만물이 대 보시의 문을 여니
어머님이 주신 혀를 쓰지 않아도 알겠다.

巖前澗水碧於藍 雨後梨花白如雪
암전간수벽어람 우후이화백여설
物物自開大施門 也知不費娘生舌
물물자개대시문 야지불비낭생설

수연 무용(1651~1719)

　성은 오씨(吳氏), 호는 무용(無用). 8세에 경서(經書)와 사기(史記)를 읽었으며, 13세에 부모가 죽자 형에게 의지하여 살았다.
　19세에 조계산 송광사로 출가하여 혜관(惠寬)의 제자가 되었고, 혜공(慧空)으로부터 구족계(具足戒)를 받았다. 그 뒤 불경을 공부하다가 1673(현종 14)년에 마음의 근본을 깨닫는 것이 참선과 교리의 연구에 있음을 느끼고 참선수행에 몰두하였다.
　그리고 선암사(仙巖寺)의 침굉(枕肱)을 찾아가서 선의 진수를 물어 대오(大悟)하였다. 침굉의 인가를 얻은 다음 1년 동안 백운산(白雲山)에 은거하여 수행하였고, 1676(숙종 2)년에 침굉과 함께 조계산 은적암(隱寂庵)의 백암(柏庵)을 찾아가서 다시 깨달음을 인정받았다.
　그때부터 수년 동안 불경을 열람하다가 신불암(新佛庵) 선암사 등지에서 수행하였다. 특히 팔영산(八影山) 제칠봉(第七峯) 밑에 초암을 짓고 고행하면서 선정(禪定)을 닦았다.
　1688년에 다시 백암을 찾아가서 화엄경소(華嚴經疏)를 공부하였고, 1689년 봄에는 백암을 도와 화엄경연의(華嚴經演義) 간정기(刊定記)

정토서(淨土書) 등의 간행에 동참하였다. 1692년에는 선암사에서 화엄회(華嚴會)를 열었으며, 1700년 7월에는 백암의 뒤를 이어 조실(祖室)이 되었다.

그 뒤 지리산 칠불암(七佛庵)으로 옮겨 후학들을 지도하였고, 1704년에는 용문산 은봉암(隱峯庵)으로 옮겨 스스로 경작하고 추수하면서 수도하였다. 그때 호남과 영남의 승려 300여 명이 화엄경과 선문염송(禪門拈頌)의 강의를 청하므로 이에 응하였다.

죽기 직전에는 아미타불 염불에 전념하다가 나이 68세, 승랍 51세로 입적하였다. 문인들이 다비(茶毘)한 뒤 유골을 모아 부도를 세웠다. 저서로는 시문집인 『무용집(無用集)』 3권이 전한다.

『무용집(無用集)』 - 조선 중기의 승려 수연(秀演)의 시문집. 2권 1책. 목판본. 서문 중 4면과 본문 중 서(書) 부분 12면이 필사로 보완되어 있다. 무용당유고(無用堂遺稿)라고도 하며, 제자들이 글을 모아 1724(경종 4)년에 간행하였다. 권두에는 서문이 있고, 권말에는 행장이 수록되어 있다. 권상에 시 65수, 권하에 서(書) 10수, 서(序) 4수, 모연문(募緣文) 6수, 상량문 1수, 기 3수, 발 5수, 계 3수, 제문 3수 등이 수록되어 있다.

상권의 시는 은사와 친척, 속세의 명사들에게 보낸 시와 자연 및 사찰에 대한 선시(禪詩)들로 구성되어 있다. 특히 가지산 보림사(寶林寺)를 대상으로 한 칠언율시는 보림사의 역사와 사찰풍경을 상세하게 표현하고 있어 보림사 연구에도 중요한 자료가 된다.

하권의 서(書)는 최정언(崔正言) 임교리(林校理) 김수사(金秀士) 최상국(崔相國) 등에게 보낸 글로, 유교와 불교가 동등한 입장에서 협조하여 나라의 태평과 백성의 안락을 도모해야 한다는 의견을 제시하고 있다.

　18세기 유교와 불교의 관계를 연구하는 데 좋은 자료가 된다. 규장각 도서 등에 있다.

獨坐水石亭作三有三無詩
독좌수석정작삼유삼무시

수석정에는 네 벽이 없고
오직 한 칸에 평상이 있다.
찾는 이도 없고 일도 없어
스님이 석양에 졸고 있다.

有亭無四壁 唯有一間床
유정무사벽 유유일간상
無客又無事 有僧眠夕陽
무객우무사 유승면석양

七峯庵
칠봉암

앞강에 물이 가득한데 맑은 거울처럼 평평하고
언덕에 작은 바람이 부니 비단 무늬를 이룬다.
아득하기만 하니. 어디가 탐라도인가.
남쪽 하늘에 구름 거치니 한결 푸르다.

水滿前江鏡面平 岸風微動錦紋成
수만전강경면평 안풍미동금문성
縹茫何處耽羅島 雲捲南天一髮青
묘망하 치탐라도 운권남 천일발청

*일발(一髮) : 함께. 점점. 더욱 더

伽智山寶林寺
가지산보림사

멀리서 듣고 잠깐 귀 기울다
이제 보고 크게 놀랬다.
솟은 산봉우리는 하늘의 얼굴을 어루만지고
내달리는 시냇물은 땅의 모양을 갈라놓는다.
달은 성긴 대나무 그림자를 그리고
바람은 늙은 소나무 소리를 낸다.
밤 고요해 구름 창이 차가워
정신이 맑아 잠 못 이룬다.

遠聞暫耳傾 今見大心驚
원문잠이경 금견대심경
聳嶂磨天面 奔川裂地形
용장마천면 분천렬지형
月模疎竹影 風産老松聲
월모소죽영 풍산노송성
夜靜雲窓冷 神淸夢未成
야정운창냉 신청몽미성

米
미

많은 시간을 들에서 황금 갓을 쓴 객으로 있다가
하루 저녁 백옥랑에 올라
거짓을 버리고 진실을 밝히는 기자전과
삿됨을 버리고 올바름을 나토는 저공당으로
부귀한 집에 일찍 들어가면 마음이 기쁘고
번화한 거리를 천천히 돌면서 개를 항복 받는다.
늙어서 어찌 젊은 날의 일을 이야기하겠는가?
고향에 돌아오니 다만 뽕나무와 삼이 자란 것을 본다.

多時在野黃冠客 一夕登朝白玉郞
다시재야황관객 일석등조백옥낭
去僞明眞箕子殿 摧邪現正杵公堂
거위명진기자전 최사현정저공당
朱門早入天君喜 紫陌遲回宋鵲降
주문조입천군희 자맥지회송작강
老朽何論年少事 歸田但見桑麻長
노후하론년소사 귀전단견상마장

*등조(登朝) : 벼슬을 하여 조정(朝廷)에 출사(出仕)함
*주문(朱門) : 붉은 칠을 한 대문. 지위 높은 벼슬아치의 집. 부귀한 집
*천군(天君) : 사람의 마음   *자맥(紫陌) : 서울의 번화한 거리.
*송작(宋鵲) : 개 이름   *노후(老朽) : 낡다. 늙은이. 노후하다
*귀전(歸田) : 벼슬을 그만두고 고향이나 전원으로 돌아가 농사를 지음
*상마(桑麻) : 뽕나무와 삼.

山樓臥吟
산루와음

산 누각에 기꺼이 누우니 생각이 연이어지고
늙은 나무에 매미가 울음 우니 하루가 길다.
하늘가 구름의 기이함은 다함이 없고
울 밖에 물 흐르는 소리 끝없다.
머리 차가운 털은 삼천년을 지냈고
차가운 골은 이제 육십년이다.
즐겁게 살 수 있는 곳이 어디인가
세간은 찌고 무더우나 이곳은 시원하다.

山樓快臥思茫茫　老樹蟬鳴畏日長
산루쾌와사망망　노수선명외일장
天際雲峰奇不盡　檻前溪舌說無央
천제운봉기부진　함전계설설무앙
頭寒髮已三千雪　骨冷年今六十霜
두한발이삼천설　골냉년금육십상
要識樂鄉何處是　世間炎熱此淸涼
요식락향하처시　세간염열차청량

*천제(天際) : 하늘의 끝. 하늘가. 벽지
*무앙(無央) : 끝이 없다. 무궁하다. 무진
*락향(樂鄉) : 아무런 걱정이나 부족함이 없이 편안하고 즐겁게 살 수 있는 곳.
*염열(炎熱) : 무덥다. 찌는 듯하다. 찌는 듯이 덥다.
*청량(淸涼) : 시원하다. 서늘하다. 상쾌하다

환성 지안(1664~1729)

    성은 정씨(鄭氏), 호는 환성(喚惺), 자는 삼낙(三諾). 강원도 춘천에서 태어났다. 지안(志安)은 1678(숙종 4)년 15세에 미지산 용문사(龍門寺)로 출가하였고, 정원(淨源)으로부터 구족계(具足戒)를 받았다. 1680년 설제(雪霽)를 찾아 법맥을 이어받은 뒤, 침식을 잊고 경전 연구에 몰두하였다. 1690(숙종 16)년 모운(慕雲)이 직지사(直指寺)에서 법회를 열었다는 소식을 듣고 참여했는데, 모운이 수백 명의 학인(學人)을 그에게 맡기고 다른 곳으로 떠나갔으므로 뒤를 이어 그들을 지도하였다.

    1725(영조 1)년 김제 금산사(金山寺)에서 학인 1,400명이 모인 가운데 화엄대법회를 열었다. 1729(영조 5)년 법회와 관련된 일로 무고를 받아 호남의 옥에 갇혔다가 곧 풀려났으나, 반대 의견 때문에 다시 제주도에 유배되어 도착한 지 7일 만에 병을 얻어 입적하였다.

    지안의 강연은 뜻이 깊고 묘하고 특이한 것들이 많았으므로 의심을 품는 자들도 많았다. 그러나 육조대사(六祖大師) 이후의 여러 주석서(註釋書)를 실은 빈 배가 전라도 낙안의 징광사(澄光寺) 부근에 왔는데, 주석서들의 내용이 지안이 말한 것과 다르지 않아서 모두가 탄복하였다.

　임제종(臨濟宗)의 선지(禪旨)를 철저히 주창한 선사였으며, 조선 후기 화엄 사상과 선을 함께 닦는 전통을 남긴 환성파(喚惺派)의 시조이자 대흥사(大興寺) 13대종사(大宗師)의 1인으로도 숭봉되었다. 저서로는 『선문오종강요(禪門五宗綱要)』1권, 『환성시집(喚醒詩集)』1권이 있다. 전라남도 해남 대흥사에 비가 있다.

　『환성시집(喚醒詩集)』 – 조선 후기. 선승(禪僧) 지안(志安)의 시문집 1권. 목판본. 권두에 오봉(鼇峰)의 서가 있고 권말에 해원(海源)이 찬한 행장이 있다. 1751(영조 27)년 중하(仲夏)에 안변석왕사(釋王寺)에서 개판하였다. 오언절구 59수, 칠언절구 61수, 오언율시 16수, 칠언율시 10수, 임종게(臨終偈) 3수 등이 수록되어 있다.

　이들 시는 모두 선의 경지에서 속세의 먼지가 탈락된 정신세계를 음미한 것이다. 조선시대에는 승려의 시문집이 많지만 선시(禪詩)로서는 이 시를 능가하는 것을 찾아보기 어렵다. 오언절구 59수는 대체로 선사 납자(衲子) 거사(居士)에게 주는 선지(禪旨) 법어이다.

題草堂
제초당

작고 초라한 집에 나도 옹졸해
턱을 고이고 해질녘에 이르니
두견새 한낮에도 울음 우니
삶이 깊은 줄 비로소 알겠다.

斗屋宜吾拙 支頤到夕陽
두옥의오졸 지이도석양
杜鵑啼白晝 方覺卜居深
두견제벡주 방각복거심

*두옥(斗屋) : 아주 작고 초라한 집
*복거(卜居) : 살 만한 곳을 가려서 정함

幽吟
유음

종일토록 세상사 잊고서 앉았으니
봄이 와도 봄인 줄을 알지 못했네.
새는 산승이 선정에 드는 것도 싫어
창밖에서 산승을 부르네.

盡日忘機坐 春來不識春
진일망기좌 춘래불식춘
鳥嫌僧入定 窓外喚山人
조혐승입정 창외환산인

示淳師
시순사

지금 이대로의 마음이 도인데
어찌 세간의 인정을 쓰려는가?
그렇게 일 없이 앉아 있으면
봄이 오면 풀은 절로 푸르리라.

平常心是道 何用世間情
평상심시도 하용세간정
兀然無事坐 春來草自靑
올언무사좌 춘래초자청

示學徒
시학도

돌에 앉아 단단함을 물에서 맑음을 배우고
소나무는 곧음을 달을 보면 밝음을 생각하고
말없는 온갖 것들이 모두 스승과 벗으로
오직 산과 숲만이 주인과 손님이 된다.

坐石學堅水學淸 對松思直月思明
좌석학견수학청 대송사직월사명
無言萬像皆師友 唯獨山林主伴成
무언만상개사우 유독산림주반성

*사우(師友) : 스승으로 삼을 만한 벗. 스승과 벗

靑扇
청선

푸른 난새의 긴 꼬리가 구름 속에서 떨어뜨려
오월의 불꽃 더위에 눈바람을 짓는다.
한번 떨쳐 어찌 번거로운 더위만 업신여기겠는가?
산승의 명예와 이익과 공을 다 떨어버리네.

靑鸞毵尾落雲中　五月炎天做雪風
청난삼미락운중　오월염천주설풍
一揮何啻欺煩署　拂盡山僧名利功
일휘하시기빈서　불신산승명리공

*번서(煩署) : 짜증스런 더위

자수 무경(1664~1737)

　성은 홍씨(洪氏). 법호는 무경(無竟), 자는 고수(孤秀). 전라북도 전주 출신. 어머니는 김씨(金氏)이며, 꿈에 석불승(石佛僧)이 와서 자식으로 태어나기를 원한 뒤 임신하였다. 12세에 출가하여 문식(文式)의 제자가 되어 16세에 구족계(具足戒)를 받았다.
　뒤에 운문사(雲門寺)의 추계선사(秋溪禪師)를 찾아가서 공부하고 그의 법맥(法脈)을 이어받았다. 처음에 경전을 공부하다가 나중에 선(禪)을 익혀 대성하였으며, 숙종 때 전국의 고승 49인을 뽑아 사나사(舍那寺)에서 대법회를 열었을 때 참여하여 설법하였다. 1937년 7월 나이 73세, 법랍 58세로 임종게(臨終偈)를 남기고 입적하였으며, 탑은 전주 송광사에 세워졌다.
　대표적인 제자로는 설영(雪瑛) 처우(處愚) 영봉(靈峯) 등이 있으며, 저서로는 『불조선격(佛祖禪格)』, 『자기삼궁보경삼매(自己三宮寶鏡三昧)』, 시문집 『무경집(無竟集)』, 법문집 『무경실중어록(無竟室中語錄)』이 있다. 그의 학설은 서산대사(西山大師)의 맥락을 잇는 것으로, 성정설(性情說)과 삼교설(三敎說)의 주장은 높이 평가받고 있다.

『무경집(無竟集)』 – 조선 중기의 승려 자수(子秀)의 시문집. 2권 2책. 목판본. 자수의 제자 자간(慈侃)이 스승의 유고를 모아서 간행한 것으로, 1718(숙종 44)년 6월 임실신흥사(新興寺)에서 개판하였다. 권두에 오광운(吳光運) 관물거사(觀物居士) 윤현동(尹顯東)의 서(序)와 제자 회경(懷瓊)이 쓴 무경대사행장(無竟大師行狀)이 있으며, 권말에는 허채(許采)가 쓴 발문이 있다.

권1에 오언고시 5수, 칠언고시 4수, 회문체기한계대사(回文體寄寒溪大師) 등 잡저 8편, 오언절구 근체시(近體詩) 27수, 오언절구 변체시(變體詩) 4수, 칠언절구 변체시 14수, 오언율 근체시 29수, 칠언절구 근체시 4수, 오언율 변체시 13수, 칠언율 근체시 56수, 칠언율 변체시 2수 등이 수록되어 있다.

권2에는 사자산 광수암(廣修庵)을 비롯하여 모악산 은선암(隱仙庵), 운주산 용장사(龍藏寺) 등의 역사를 기록한 사적기 11편, 제문 4편, 설(說) 5편, 서(序) 2편, 서(書) 5편, 사 1편, 표 1편, 계 4편, 귀신사(歸信寺) 송광사 신흥사 금산사의 사적사(事蹟詞), 쌍계사 중창 상량문, 제문 2편, 권선문 및 모연문 12수, 기타 서한문 10여 수 등이 수록되어 있다.

설 5편은 저자의 사상을 가장 집약적으로 표출해 놓은 부분이다. 규장각 도서에 있다.

蓮池孤萼
연지고악

피고 진 꽃과 잎이 차가운 연못을 덮는데
한 송이 연밥만 남아 석양에 비치는 것이
꼭 초나라 항우의 해하저녁과 같아
병사들은 모두 패하고 우미인만 울고 있다.

離披敗葉覆寒池 孤萼猶餘映落暉
리피패엽복한지 고악유여영락휘
恰似楚王垓下夕 兵鏊倒盡泣紅衣
흡사조왕해하석 병무도진읍홍의

*이피(離披) : 벌어져 피는 것. 또는 꽃이 충분히 피는 것.
*해하(垓下) : 해하가(垓下歌)는 초(楚)나라 항우(項羽)가 지은 가사(歌辭)의 이름으로 해하(垓下)라는 곳에서 항우가 한(漢)나라의 고조(高祖)에게 포위되었을 때 지은 시다.
*홍의(紅衣) : 인명 우미인. [초(楚)나라 항우(項羽)의 총희(寵姬)였던 '虞姬'의 미칭(美稱)]

彌勒庵
미륵암

오래된 암자가 위에 있고
날아갈 듯한 용마루는 바위 뿔처럼 걸려있다.
산은 높아 길이 끊어져
다른 사람은 오지를 않는다.
가을 하늘 내리던 비가 그치니
서늘한 바람이 빈 누각을 채우고
샘물이 흘러 바위에 층을 이루면
하얀 눈이 명주인 듯 삼백 자이다
누웠으나 잠은 오지 않고
창문 가득 산에 달이 밝아
이른 아침 새로운 차를 달이니
푸른 연기가 한 가닥 가로지른다.
기쁨에 인간 세상이 아닌 듯
기운이 날아가는 것 같고
서원한 대로 산을 내려가지 않았으니
백년을 스스로 기뻐한다.

古庵在上方　飛甍掛巖角
고암재상방　비맹괘암각

山高絶攀躋　不到人間客
산고절반제　부도인간객

秋天積雨霽　涼風生虛閣
추천적우제　량풍생허각

飛泉掛巖層　雪練三百尺
비천괘암층　설련삼백척

就臥不成眠　滿窓山月白
취와불성면　만창산월백

淸曉煮新茶　靑烟橫一抹
청효자신다　청연횡일말

快然非人世　氣毫如飛越
쾌연비인세　기호여비월

誓今不下山　百年長自悅
서금불하산　백년장자열

*암각(巖角): 모가 난 바위
*반제(攀躋): 무엇인가를 휘어잡아 가며 높은 곳에 기어오름
*청효(淸曉): 새벽, 이른 아침
*일말(一抹): 주로 '일말의'의 꼴로 쓰여, 한 번 바르거나 지우는 정도라는 뜻으로, 얼마 되지 않는 정도를 나타내는 말. 부리어 일을 시키기 위한 말
*쾌연(快然): 기분이 좋은 상태.
*비월(飛越): 무엇의 위를 날아서 넘음. 아뜩하도록 정신이 달아남

對雪排律
대설배율

옅은 구름이 내려앉는 해질 녘
갑자기 내린 눈이 산굽이 흩어진다.
안개 속 회오리바람 거듭 불어
바람 따라 은근히 다시 기운다.
밭에는 모두 좋은 옥을 심어
나무가 없으니 꽃도 피지 않는다.
학이 날면 위엄 있는 집이지만
거위가 날개 짓하면 작은 집이다.
장자는 나비 꿈을 지웠고
재자는 잠귀신을 보냈다.
주나라 목 왕은 신죽을 노래하고
조풍은 색을 삼베에 비유했다.
락비는 시기질투를 참회하고
한녀는 오만함을 뉘우쳤다.
많으면 음덕을 해치고
조금만 내려도 상서롭다.
참으로 좋아 멀리 바라보니
하늘과 땅이 이리저리 빛난다.

淡雲低薄暮　急雪雜山阿
담운저박모　급설잡산아

着霧飄仍落　隨風密復斜
착무표잉락　수풍밀부사

有田皆種玉　無樹不開花
유전개종옥　무수불개화

鶴藷令威宅　鵝翻逸少家
학저령위택　아번일소가

莊生銷蝶夢　宰子去眠魔
장생소접몽　재자거면마

周穆歌申竹　曹風色比麻
주목가신죽　조풍색비마

洛妃慙謾妬　漢女愧徒誇
낙비참만투　한녀참도과

丈袤渗陰德　尺盈呈瑞嘉
장무려음덕　척영정서가

灑然遙送目　天地白紛拏
쇄연요송목　천지백분나

*박모(薄暮) : 저녁 무렵. 황혼. 해질 녘
*산아(山阿) : 산굽이
*종옥(種玉) : 미인을 아내로 삼는 것을 비유적으로 이르는 말. 양공(羊公)이 옥을 심어
　미인 아내를 얻었다는 고사에서 유래한 말이다.
*재자(宰子) : 재아(宰我) 변설에 능했던 공자의 초기 제자
*조풍(曹風) : 시경(詩經) 조풍(曹風) 편
*락비(洛妃) : 복희씨(伏羲氏)의 딸. 낙수에 익사하여 낙수의신이 되었다
*한녀(漢女) : 당나라 시에 등장하는 물의 여신인 여와·낙신(洛神)·한녀(漢女)·상비(湘妃).
*음덕(陰德) : 드러나지 않게 행하는 어질고 착한 덕행
*쇄연(灑然) : 깜짝 놀라는 모양. 깨끗한 모양. 기분좋다

草堂晴吟
초당청음

비온 뒤 초가집 발을 걷으니
안개와 이슬이 거듭하여 구름 피어나듯
널리 바라보니 여러 가지 풀들이 푸르고
모양과 형색이 밝고 기운이 더욱 아름답다.
창 앞에 좋아하는 주공초를 보이고
우물에는 석류나무가 자란다.
파초 잎은 봉황의 꼬리처럼 뻗쳤고
죽순은 껍질을 벗어 붓 끝을 추린 듯
하늘의 비밀스런 움직임을 관찰하니
진리의 온갖 변화가 뚜렷해 숨김이 없다.

草堂雨後褰簾鉤　霧濕露重零如油
초당우후건렴구　무습로중령여유

放目群卉煉漫晴　物色爭熙氣增優
방목군훼련만청　물색쟁희기증우

窓前愛看周公草　井上好養安石榴
창전애간주공초　정상호양안석류

芭蕉葉開鳳尾拔　竹筍苞脫筆頭抽
파초엽개봉미발　죽순포탈필두추

驗觀天機密運處　理在萬化彰不幽
험관천기밀운처　리재만화창불유

*방목(放目) : 멀리 넓게 보다
*주공(周公) : 성은 희(姬), 이름은 단(旦). 주(周 : BC 1111경~255) 초기에 국가의 기반을 다졌다. 공자는 그를 후세의 중국 황제들과 대신들이 모범으로 삼아야 할 인물로 격찬했다.
*안석류(安石榴) : 석류는 한무제(漢武帝)때 서역을 다녀 온 장건(張騫)이 가지고 왔다고 한다. 석류는 그 나무가 자라고 있던 安石國(또는 安息國)의 이름을 따고 그 생김 모양이 혹 또는 종기(瘤)처럼 보여 처음에는 안석류(安石榴)라고 불렀다고 한다. 나중에 줄여 석류가 되었다.
*기밀(機密) : 아주 중요한 비밀.

白雲山
백운산

겹겹이 기암 봉우리 다투어 하늘에 닿고
구름 빛과 눈 색이 동서로 덮었다는데
월궁에 선녀가 화장하기를 그만두고
옥비녀를 던져 허공에 거꾸로 꽂은 듯하다.

矗矗奇峰爭拂漢 雲光雪色映西東
촉촉기봉쟁불한 운광설색영서동
月宮仙女粧應罷 拋却瓊簪倒揷空
월궁선녀장응파 포각경잠도삽공

*포각(拋却) : 던져 버리다. 포기하다. 내버리다

약탄 영해(1668~1754)

　조선 후기의 승려. 선승(禪僧). 자는 수눌(守訥), 호는 영해(影海). 광산김씨(光山金氏). 전라남도 고흥 출신. 10세에 출가하여 능가사(楞伽寺)의 득우장로(得牛長老)의 제자가 되었다. 17세에 수연(秀演)을 찾아가서 가르침을 청하였다. 18세에 수연의 허락을 얻은 뒤 계(戒)를 받았으며, 22세부터 불경을 배웠다.

　28세에 어머니가 죽자 모든 현상세계가 오직 마음(唯心)에서 비롯된다는 선지(禪旨)를 체득하고 피나는 참선정진을 시작하였다. 1704(숙종 30)년에 자수암(慈受庵)에 들어가서 많은 학승(學僧)들을 지도하였다. 55세 때에는 공장(工匠)을 시켜서 불화를 그리게 하였고, 54세에는 송광사(松廣寺)로 자리를 옮겼다.

　1754년 자신의 법을 세찰(世察)에게 물려준 뒤, 임종게(臨終偈)를 남기고 입적하였다. 유골을 봉안한 부도는 능가사와 송광사에 건립되었다. 그는 불교뿐만 아니라 내외의 모든 서적을 열람하였으며, 음양과 수학에도 통달하였다.

　저서로는 3권의 문집이 있었으나, 2권은 없어지고 오직 『영해대사문집(影海大師文集)』 1권만이 전해오고 있다. 그러나 시구만 전하는 이 1권만으로도 그의 사상이 충분히 표출되고 있다.

『영해대사문집(影海大師文集)』 - 조선 후기의 고승 약탄(若坦)의 시집. 1권 1책. 목판본. 『영해대사시집초(影海大師詩集抄)』라고도 한다. 원래 문집 2권과 시집 1권 등 3권을 남겼으나 시집 1권만 현존한다.

1801(순조 1)년의 간본에는 권두에 최눌(最訥)이 쓴 영해의 행장과 교평(敎萍)이 1801년에 쓴 풍암(楓巖)의 행장, 양주익(梁周翊)이 쓴 서문이 있고, 권말에는 교평이 지은 발문이 있다.

본문은 오언절구 15수와 칠언절구 20수, 오언율시 26수, 칠언율시 60수가 수록되어 있다. 이들 시는 유생 및 지방관원들과 주고받은 것이 많다. 판본은 순천 송광사에 있다.

詠菊呼韻
영국호운

절기가 빠르게 한해가 저무니
서리 맞은 늙은 국화 문드러져 굽었다.
천년 세월 도연명의 귀거래사 이후
누가 술잔을 띄워 달빛을 대할까.

節序駸駸催日車 酣霜老菊爛逶蛇
절서침침휴일거 감상노국난위사
千載淵明歸去後 誰能泛酒對金波
천재연명귀거후 수능범주내금파

*절서(節序) : 절기의 차례
*침침(駸駸) : 재빠른 모양.
*일거(日車) : 태양. 세월
*위사(逶蛇) : 구불구불 가는 모양.逶迆. 逶移.

春日偶吟
춘일우음

산천에 봄이 오니 경치는 아름답고
꽃이 웃음 짓고 새들이 노래를 한다.
조주는 무슨 일로 뜰 앞에 측백나무를 가리켜
부질없이 자손들로 하여금 업만 짓게 하는가?

春入山川景自嘉 花能獻笑鳥能歌
춘입산천경자가 화능헌소조능가
趙州何事指庭栢 謾使兒孫帶累瑕
조주하사지정백 만사아손대루하

*아손(兒孫) : 자기의 아들과 손자를 아울러 이르는 말 곧 자손을 이르는 말이다

惜花
석화

하늘님은 오월에 꽃이 피게 하시고는
사나운 바람으로 이내 소란스럽게 하는가?
하늘님은 어찌하여 미친바람을 그치게 하지 않고
차마 붉은 꽃잎들을 어지럽게 모래 위에 두시는가?

天帝栽成五月花 狂風其奈擊紛拏
천제재성오월화 광풍기내격분나
天何不制狂風力 忍使紅葩亂委沙
천하부세광풍력 인사홍파난위사

*천제(天帝) : 상제. 하느님. 제석천

詠烏竹叢裏映山花
영조죽총리영산화

곧은 성품 그대로 늦은 봄에 맡기고
푸른 대나무 우거져 온전히 이슬이다.
사람들을 향해 원래 말한바 없다하지 마라
어느 때건 산승은 자주자주 보기를 권한다.

昭質繽紛占晚春 綠筠叢裏露全身
소질빈분점만춘 록균총리로전신
向人休說元無語 時勸山僧送目頻
향인휴설원무어 시권산승송목빈

*소질(昭質) : 결백한 바탕, 순결한 품성
*빈분(繽紛) : 많은 모양, 성한 모양
*만춘(晚春) : 늦은 봄. 늦봄
*록균(綠筠) : 푸른 대나무.
*휴설(休說) : 말하기를 그만둠. 말하는 것을 그만두다. 말하지 마라

詠月夜 聞杜鵑
영월야 문두견

눈에는 저 멀리 푸른 산에 둥근 달
귓가엔 수없이 지저귀는 두견새 소리
맑은 소리 읊으며 왔다 갔다 거닐면
세상 어떤 사람이 이러한 정을 알까.

眼外一輪靑嶂月 耳邊千囀杜鵑聲
안외일륜청장월 이변천전두견성
淸吟散步逍遙地 塵世何人會此情
정음산보소요지 진세하인회차정

題泰安寺
제태안사

엷은 구름 쌓인 속으로 많은 봉우리 푸르고
중앙에 있는 누각에는 해와 달이 밝다.
큰 산은 험준함으로 울타리를 치고
계곡은 장광설로 숲 울음을 쉬게 한다.
안개를 담은 푸른 대나무는 층층이 절벽으로
이끼 낀 황폐한 비석은 옛길에 누워 있다.
고요한 선방 창은 맑아 어둡지 않고
바람 따라 성근 비를 뿌리니 찬기가 더한다.

淡雲堆裏數峰靑 中有樓臺日月明
담운퇴리수봉청 중유루대일월명
嶽送孱顔當檻列 溪將廣舌隔林鳴
악송잔안당함렬 계장광설격림명
煙籠翠竹層崖直 苔蝕荒碑古路橫
연롱취죽층애직 태식황비고로횡
寂寞禪窓淸不寐 隨風疎雨灑寒更
적막선창청불매 수풍소우쇄한경

*담운(淡雲) : 엷고 맑게 낀 구름
*잔안(孱顔) : 산이 험준한 모양.
*취죽(翠竹) : 푸른 대나무

태우 남악(? ~1732)

    조선 후기의 승려. 호는 남악(南岳). 전라북도 용성(龍城 : 현재의 남원시) 출신. 자세한 전기는 전하지 않으나 참판 오광운(吳光運)이 찬한 비문에 의하면, 이덕수(李德壽)와 매우 친하였고, 이덕수는 그를 호남의 종승(宗乘)이라 평하였다.
    청허(淸虛)의 6세 법손인 추붕(秋鵬)의 법을 이었으며, 앉아서 입적(入寂)하자, 서기가 나타나며 사리(舍利)가 나왔으므로 부도를 금산(金山)에 세우고 비를 세웠다. 문인에는 재초(在初) 응상(應祥) 팔오(八悟) 획성(獲成) 등이 있으며, 저서로는 『남악집(南岳集)』1권이 있다.

    『남악집(南嶽集)』 – 조선 중기의 선승 태우(泰宇)의 문집. 2권 1책. 목활자본. 1753(영조 29)년 제자 일영(日暎) 재초(在初) 등에 의하여 편집, 간행되었다.
    권두에 병암(屛巖)의 서문이 있다. 권 1, 2에 오언절구 10수, 오언율시 6수, 칠언율시 61수, 서(序) 2편, 원장(原狀) 비명 문(文) 시(示) 각 1편씩이 있고, 권말에 방명(芳名)을 부기하였다. 국립중앙도서관에 소장되어 있다.

秋夕客思
추석객사

오래도록 서역에서 공부하다 동방에 오고 싶었다.
어머니 게시는 곳 천리라 사모하는 마음 한량없고
바쁘게 여행하기를 삼년이 넘다보니
영예와 치욕의 일생은 하나의 꿈속이요
연 나라는 처량하게도 오래가지 못했다.
먼 고향 스산하게 오래된 괴목에 바람이 불면
멀리서도 고국의 소나무 오동나무에 달 떠는 줄 알아
홀로 초장을 마시며 눈물을 허공에 흩뿌린다.

久作西遊又欲東　北堂千里思無窮
구작서유우욕동　북당천리사무궁
奔忙客路三年外　榮辱生涯一夢中
분망객로삼년외　영욕생애일몽중
燕塞凄涼衰草露　楚鄕蕭瑟古槐風
연새처량쇠초로　초향소슬고괴풍
遙知故國松楸月　獨瀉椒漿淚灑空
요지고국송추월　독사초장루쇄공

*북당(北堂) : 한집안의 주부가 거처하는 방
*분망(奔忙) : 바쁘게 뛰어다니다. 분주히 지내다.
*객로(客路) : 여행하는 길　　　　　　*연새(燕塞) : 연나라의 長城
*초로(草露) : 풀잎에 맺힌 이슬. 오래가지 못함
*초향(楚鄕) : 멀리 떨어진 고향　　　　*소슬(蕭瑟) : 처량하다. 스산하다.
*초장(椒漿) : 산초(山椒)로 담근 술

妙寂寺偶吟
묘숙사우음

백년을 하늘과 땅에 몸을 맡기니 편안하고
지팡이 하나 가을바람은 바다 위 산으로
단풍나무 그늘 아래 길을 잃은 나그네
흰 구름 사이로 신선을 찾는다.
서리꽃은 자주색 국화에 분명하고
소나무 이슬은 푸른 논을 방울방울 적시면
돌 의자에 앉아 불교와 도교 이야기에
세간의 명예와 굴욕은 멀고멀다.

百年天地任身閒　一錫秋風海上山
백년천지임신한　일석추풍해상산
紅樹影邊迷客路　白雲堆裏訪仙關
홍수영변미객로　백운퇴리방선관
霜華紫菊明明細　松露靑田滴滴斑
상화자국명명세　송로청전적적반
石榻坐來談佛老　世間榮辱杳茫間
석탑좌래담불노　세간영욕묘망간

*상화(霜華) : 꽃같이 고운 서릿발
*명세(明細) : 명확하고 상세하다
*청전(靑田) : 벼가 파릇파릇 자라 있는 논.
*적적(滴滴) : 물방울이 뚝뚝 떨어지는 모양
*불노(佛老) : 불교와 도교

山樓秋景
산루추경

난간에 기대여 마음껏 보는 저문 가을은 맑아
물색과 산 빛 모두가 정으로
이때를 읊조리니 신선이 흥을 내니
어디선가 범종소리 맑게 스친다.
바람을 머금은 푸른 대나무는 생황소리며
해를 등진 단풍나무는 비단처럼 밝아
가장 좋아하는 저녁 하늘 저 멀리
흰 구름 일없이 기러기 옆에 있다.

凭欄縱眺暮秋晴 水色山光摠是情
빙난종조모추청 수색산광총시정
吟賞此時仙客興 徹淸何處梵鍾聲
음상차시선객흥 철청하처범종성
含風翠竹笙篁細 背日丹楓錦繡明
함풍취죽생황세 배일단풍금수명
最好晩空天際遠 白雲無事雁邊橫
최호만공천제원 백운무사안변횡

秋風病懷
추풍병회

적막하고 불단에 시원한 대자리를 깔고
창으로 자리를 옮겨 저무는 해를 가까이 하니
서리가 내린 먼 산 단풍은 비단 같고
부는 바람에 뜰 깊은 곳에서 국화향기 난다.
늙어 가면서 슬픔과 회한은 철따라 놀랍고
병 앓은 뒤로 근심스런 눈으로 가을빛이 두려우나
멀리 극락정토에 부처님 계신 줄 알아
한번 앉으면 참으로 세월이 빠르다.

寂寞空壇枕簟涼 窓前移席近殘陽
적막공단침점량 창전이석근잔양
霜傳遠岫楓爲錦 風動幽庭菊散香
상전원수풍위금 풍동유정국산향
老去悲懷驚節物 病餘愁眼怯秋光
노거비회경절물 병여수안겁추광
遙知樂國金仙子 一坐尋常歲月忙
요지락국금선자 일좌심상세월망

*공단(空壇) : 불단   *잔양(殘陽) : 해가 거의 질 무렵의 약한 햇볕.
*노거(老去) : 나이를 먹다. 늙다. *비회(悲懷) : 마음속에 품은 시름과 슬픔.
*절물(節物) : 철에 따라 나는 산물.
*병여(病餘) : 병을 앓고 난 뒤를 이르는 말.
*금선(金仙) : 금빛 신선이라는 뜻으로, '부처'를 달리 이르는 말.
*심상(尋常) : 대수롭지 않고 예사로움.

秋日古寺
추일고사

절은 붉은 봉우리에 기대여 푸른빛이 압도하고
푸른 창 붉은 문이 비슷비슷하며
가을 깊은 보계는 이 세상을 맑히니
단청이 은은한 소나무 관문에 나그네 드물다.
한국은 꽃을 피워 늦은 계절에 맡기고
노승은 말없이 석양빛을 마주해
책장에 서방정토 가르침 있는데
보면 인간 모든 일의 잘못을 씻어준다.

寺倚霞岑壓翠徹　綠窓朱戶映依俙
사의하잠압취철　녹창주호영의희
秋深寶界烟塵淨　畫靜松關野客稀
추심보계연진정　화정송관야객희
寒菊有華隨晩節　老僧無語對殘暉
한국유화수만절　노송무언대잔휘
琅函亦有西方敎　看洗人間萬事非
랑함역유서방교　간세인간만사비

*의희(依俙) : 비슷하다.
*보계(寶界) : 아미타불이 살고 있는 정토.
*연진(烟塵) : 봉화 연기와 전쟁의 먼지. 사람이 북적대는 곳
*한국(寒菊) : 산국(山菊)의 원예 품종. 잎은 작고 깃 모양으로 갈라진다.
*잔휘(殘暉) : 석양 빛
*랑함(琅函) : 책 상자. 문서를 넣어 두는 조그만 함

법종 허정(1670~1733)

조선 후기의 승려. 편양문파(鞭羊門派)의 선사이다. 본관은 완산전씨(完山全氏). 자는 가조(可祖), 호는 허정(虛靜). 12세에 옥잠장로(玉岑長老)를 은사로 하여 득도하였다.

그 뒤 '진리가 너 자신에게 있다(今在汝矣).'라고 하는 화엄의 원돈법계설(圓頓法界說)을 공부하다가 크게 깨달았다. 20여 세에 묘향산에 들어가 도안(道安)에게서 대장경을 배웠고 도안의 제자 추붕(秋鵬)의 법(法)을 이었다.

그 뒤 진상(眞常) 내원(內院) 조원(祖院) 등의 여러 절에 머물렀으며, 그때마다 법을 배우고자 하는 승려들에게 낮에는 경전을 강의하고 밤에는 참선을 지도하였다. 1708(숙종 34)년 구월산으로 초청되어갈 때 그를 따르는 문도가 100여 명이나 되었다고 한다.

그해에 묘향산으로 돌아와 남정사(南精舍)에서 입적하니, 나이 63세, 법랍(法臘) 52세이다. 다비(茶毘) 후 영골(靈骨) 1편(片)과 사리 3과가 나와 향산(香山)과 구월산과 대둔사에 부도(浮屠)를 세워 봉안하였다.

평소에 그는 의지를 굳은 돌과 같이 지키고, 정신은 맑은 얼음처럼 뭉쳐 허공처럼 비우고 고요함 허정(虛靜)을 잘 보호하여 맑은 물과 같이 하였다. 또한 출가 득도한 뒤에도 효친사군(孝親事君)하였던 임진왜란 당시 승려들의 기상을 이어서 보여주었다.

그의 법맥은 휴정(休靜)—편양—도안—추붕—법종으로 이어진다. 저서에는 『허정집(虛靜集)』 2권이 있다.

『허정집(虛靜集)』 - 조선 후기 승려 법종(法宗)의 시문집. 2권 1책. 목판본.

1732(영조 8)년 묘향산 보현사(普賢寺)에서 개간(開刊)하였다. 권두에 김정대(金鼎大)의 시가 있고, 권말에는 저자의 발문과 간기(刊記)가 있다. 이 시문집은 저자가 입적하기 1년 전에 간행되었고, 문인 보우(普愚) 등의 청에 의하여 개간(改刊)되었다.

상권에는 산중사(山中辭), 유거사(幽居辭), 허정가(虛靜歌)등 시 수백 수와 임종게 등이 수록되어 있다. 이 가운데 오언율시 40수 중에는 '천(天) 지(地) 일(日) 월(月) 풍(風) 운(雲) 송(松) 죽(竹)' 등의 자연을 시제로 삼은 것도 있다. 이들 시들은 황산곡체(黃山谷體) 회문체(回文體), 동파체(東坡體), 굴곡체(屈曲體) 또는 1언에서 10언에 이르는 시, 1에서 10에 이르기까지의 숫자를 첫 자로 한 시 등 특이한 체의 시를 지어 특이한 기법을 보이고 있다.

하권에는 안국사기(安國寺記) 청룡사기(靑龍寺記) 등 8편의 기와 백화당형주대사비명(白華堂洞珠大師碑銘) 영허대사비명(靈虛大師碑銘) 등 5편의 고승의 행장과 사찰 중수를 위한 권선문(勸善文), 부모 사승(師僧) 등을 위한 천혼소(薦魂疏), 화엄경후발(華嚴經後跋) 유금강산록(遊金剛山錄) 속향산록(續香山錄)등이 수록되어 있다. 이 중 끝의 산록들은 자연형태와 풍물을 잘 묘사하고 있는데, 특히 금강산기에는 내외금강산의 신비로운 모습을 화려하게 묘사하고 있다. 동천(洞天) 봉만(峰巒) 계곡 폭포 암석 등의 형태와 명칭 등이 세상 사람이 널리 알지 못하는 부분까지 자세히 표시되었다. 또 유점사(榆岾寺) 마하연 정양사(正陽寺) 표훈사(表訓寺) 장안사 등을 비롯하여 각 사 암의 형태와 환경 역사 설화 등이 기록되어 있다. 규장각 도서 동국대학교 도서관 등에 있다.

護戒
호계

재물과 여색은 대합과 새우
진귀한 안주에 자라처럼 목을 움츠리면
어떻게 삼매주를 즐길 것이며
어찌 다시 부구에게 인사하겠는가?

財色螯張尾 珍肴鼈縮頭
재색오장미 진효별축두
可酣三昧酒 何更揖浮丘
가감삼매주 하갱읍부구

*진효(珍肴) : 귀하고 맛있는 안주.
*축두(縮頭) : 두렵고 겁이 나서 목을 움츠림.
*부구(浮丘) : 고대의 선인(仙人) 부구공(浮丘公)을 말한다.

夜靜
야정

고요한 밤바람에 풍경이 울리고
산 하늘 달빛이 창에 비친다.
선방은 적막하여 속세일 끊겼고
자복에 앉으니 멀리서 물소리 들린다.

夜靜風鳴鐸 山空月映窓
야정풍명탁 산공월영창
上房寂歷囂塵絶 几坐蒲團聽遠淙
상방적력효진절 궤좌포단청원종

*상방(上房) : 가장이 거처하는 방.
*적력(寂歷) : 고요하고 쓸쓸함. 적막(寂寞).
*효진(囂塵) : 세상의 시끄러운 먼지, 시끄러운 세상.
*포단(蒲團) : 부들로 짜서 만든 둥근 방석

自歎
자탄

부처님의 가르침이 쇠퇴함이 심해
우리는 없고 나만 아는 무리로
거듭 태어나도 법을 가벼이 여기고
이익을 구하고 명예의 길만 쫓는다.
세상 즐거움은 진정한 즐거움이 아닌데
가난과 근심에 어찌 도를 걱정하겠는가?
깊이 부처님의 제자임을 참회하고
홀로 서서 다시 한 번 길게 탄식을 한다.

佛敎衰微甚 無他在我徒
불교쇠미심 무타재아도
重生輕法界 求利逐名途
중생경법계 구리축명도
世樂非玄樂 貧憂豈道憂
세락비현락 빈우기도우
深慙稱釋子 獨立復長吁
심참칭석자 독립부장우

*쇠미(衰微) : 쇠약하다. 쇠퇴하다
*중생(重生) : 거듭 나다. 재생하다
*장우(長吁) : 길게 탄식하다

雙溪寺
쌍계사

빼어난 산과 계곡을 남북으로 안고
중앙에 용상으로 대가람을 열어
꼬불꼬불 돌길로 이어진 절들
봉뇌향으로 자욱하게 감실을 감돈다.
밝은 달이 높이 왕로의 방에 걸려
맑은 바람이 조주의 적삼에 불 때
세상 온갖 일들이 모두 고요해지니
시를 짓고 참선하고 싶은 마음 잠지 못한다.

盤辟山川擁北南 中開龍象大伽藍
반벽산천옹북남 중개용상대가람
羊腸石路連金刹 鳳腦香烟遶玉龕
양장석로연금찰 봉뇌향연요옥감
明月長懸王老室 淸風時拂趙州衫
명월장현왕노실 청풍시불조주삼
囂塵萬事俱岑寂 詩興禪心兩不堪
효진만사구잠적 시흥선심만불감

*양장(羊腸) : 양의 창자. 꼬부랑길. 꼬불꼬불한 오솔길.
*용상(龍象) : 덕 높은 스님을 가리키는 말. 나가(nāga)라는 말을 용(龍)과 상(象)으로 번역했던 데에서 유래된 말이며, 용과 코끼리의 위력이 매우 높은 점을 비유로 삼은 것.
*잠적(岑寂) : 적막하다. 고요하다. 정숙하다.
*시흥(詩興) : 시를 짓고 싶은 마음.

數詩體
수시체

한번 불가에 들어온 뒤
문득 출가하게 되었다.
이십에는 선불을 배우기 위해
모든 강사들을 찾아다녔고
삼십에는 종장이 되어
용과 뱀이 뒤섞임을 가려내었다.
마흔에는 가슴이 답답하더니
한 번 더 웃음 터뜨렸으며
오십 아홉 살에는
늙어 오래도록 병이 들어
여섯 기관이 갑자기 무너지고
손발의 근력이 약해졌으나
칠식과 팔식이 맑게 합해져서
총명함을 막연하게 남겼다.
팔만사천 선정의 문을
하나하나 열람하지 못해 아쉽지만
구원의 길이 멀지 않아
염라의 사자가 와서 데려 갈 것이니
십성 염불 발원으로
목숨이 다할 때를 기다리리라.

一入緇門後　便爲出家兒
일입치문후　편위출가아

二十學禪佛　歷參諸講師
이십학선불　력참제강사

三十作宗匠　龍蛇混拂槌
삼십작종장　용사혼불퇴

四十胸作痞　又增嘔吐嘻
사십흉삭비　우증구토희

五十有九歲　老疢並相隨
오십유구세　노구병상수

六根忽衰變　筋力減四肢
육근홀쇠변　근력감사지

七識上合湛　聰明漠然遺
칠식상합담　총명막연유

八萬定慧門　恨未一一闚
팔만정혜문　한미일일규

九原路不遠　閻羅鬼來推
구원로불원　염라귀래추

十聲念佛願　以待命終時
십성염불원　이대명종시

*종장(宗匠) : 경학(經學)에 밝거나 글을 잘 짓는 사람. 거장. 대가
*구토(嘔吐) : 먹은 음식물을 토해 냄. 게우다　　*쇠변(衰變) : 붕괴. 붕괴하다
*막연(漠然) : 개의치 않는 모양. 무관심한 모양
*구원(九原) : 사람이 죽은 뒤 그 영혼이 가서 산다는 세상.
*십성(十聲) : 십념(十念)과 같음. 아미타불을 열 번 염하는 것.

송계 나식(1684~1765)

송계대사(松桂大師)의 법명은 나식(懶湜)이고 자는 취화(醉花)이다. 송계는 법호인데 회암(檜巖)이라 하기도 하였다. 속가의 이름은 수호(壽浩)인데 속성은 왕조의 이씨로 태종의 둘째 아들인 효령대군(孝寧大君)이 분파의 시조가 된다. 아버지 서주(瑞柱)와 어머니 밀양박씨(密陽朴氏) 사이에서 숙종 11(1685)년에 다섯째 아들로 태어났다.

16세에 기산(岐山)의 승방에서 독서하다가 스님들의 수행하는 모습을 보고 깨달은 바가 있어 가선공(嘉善公)에게 체발하고 청파당(淸波堂)에게 비구계를 받았다.

금강산으로 들어가 3년 동안 참학 끝에 자가본분(自家本分)을 깨우치고 다시 남으로 내려와 경인(1710)년에 침굉(枕肱)선사에게 4년, 춘파(春坡)화상에게서 두어 해, 백암(栢庵)화상에게서 6년, 대암(大庵)화상에게서 5년을 참학하였다. 을사(1725)년에 환성(喚醒)노사께 5개월 동안 참학하고, 대암 화상에게서 의발을 전수 받았다. 서산대사의 7세손이고 태고화상에게 13세손이며 달마의 42세 손이요 세존으로부터 70세 손이다. 계림 백년사에서 개당하고 영취산 통도사 황학 용담사

태백 부석사 고운사 불국사 청량사 등에서 오래도록 주석하여 교화하였다.

영조 42년 을유(乙酉) 8월 8일 향년 82세로 입적하니 법랍 66년이다. 법을 받은 이가 6명 율의를 받은 이가 수백 명이다. 저서로 『송계선사문집(松桂禪師文集)』 3권 3책으로, 순조 22(1822)년 광흥사 극락암 소장본이 전한다.

『송계선사문집(松桂禪師文集)』 - 나식(懶湜)의 시문집. 3권 3책. '안으로는 스님이요 밖으로는 시인[內釋外騷]'이라는 평을 들은 그는 시작(詩作)에 특히 뛰어나 자연 소재의 순수한 서경(敍景)과 서정(敍情)의 시를 많이 남겼다.

이 책은 문손(門孫) 일행(一行)이 편록하였으며, 1822(순조 22)년 광흥사(廣興寺)극락암(極樂庵)에서 간행하였다. 책의 첫머리에는 1821(순조 21)년 유범휴(柳範休)가 쓴 서문이 있다.

책의 맨 끝에는 1822년 윤3월 문손 전홍(展鴻)이 기록한 송계화상행장(松桂和尙行狀)과 다천(茶泉)이상발(李祥發)이 쓴 발문이 있다. 권1에는 시 102편, 권2에는 율시 60편과 오언장편(五言長篇)인 송학대사지월란사(送學大士之月瀾寺)가 실려 있다.

권3에는 서신 9편 및 잡저 6편이 실려 있는데, 잡저는 남명시집서(南溟詩集序), 명감정기(明鑑亭記), 화엄경칠처구회품목발(華嚴經七處九會品目跋), 곡남명전령문(哭南溟展령文), 상월당대선사행장(霜月堂大禪師行狀) 및 유묵(遺墨) 등이다. 성균관대학교중앙도서관 등에 소장되어 있으며, 『한국불교전서(韓國佛敎典書)』 제9책에 실려 있다.

臨行偈
임행게

하늘과 땅은 본래 면목 없고
도에는 진실함이 있으니
영원히 잘못됨을 버리면
외로운 달이 흔연히 크게 한가로우리라.

乾坤無面目 能道有形端
건곤무면목 능도유형단
永別浮虛體 孤明渾大閑
영별부허체 고명혼대한

空庭梅
공정매

하얀 뺨 옥 같은 골격 겨울 추위를 참고
파리하게 늙은 모습으로 눈 속에 남아
사람이 빌 때면 암자도 적막해
나와 함께 난간을 기대고 있다.

氷顋玉骨忍冬寒 瘦影老幹雪裏殘
빙시옥골인동한 수영노알설리잔
人自虛時菴自寂 只與吾兄共倚欄
인자허시암자적 지여오형공의난

客來
객래

높이 구름 위에 누워 학을 친구로
이 마음이 한가로우면 몸도 한가해
어떤 사람이 산중의 일을 물으면
웃으면서 노을 구름사이를 가리킨다.

高臥雲壇伴鶴關 此心閑處此身閑
고와운단반학관 차심한처차신한
有人若問山中事 笑指烟霞香靄間
유인약문산중사 소지연하향애간

念佛
염불

창밖 가벼운 바람에 제비가 날고
엷은 안개 성긴 비에 꽃잎 떨어져
오직 어떤 일로 긴 세월을 지낼까
아미타불 예배하고 석가모니불을 부른다.

窓外風輕燕影斜 淡烟疎雨落花多
창외풍경연영사 담연소우락화다
惟將底事消長日 禮拜彌陀呼釋迦
유장저사소장일 예배미타호석가

*저사(底事) : 저사底事 = 하사何事(무슨 일)
*장일(長日) : 오래 걸리는 시간이나 날짜.

夜坐
야좌

대울타리 티끌 하나 없이 매화 밭 맑아
동쪽 산에 둥근 달이 반창을 밝히면
향불이 잦아드는 향로에 미풍이 일고
소나무 가지 이슬방울에 학이 꿈을 깬다.

竹檻無塵梅塢淸 東山華月半窓明
죽함무진매오청 동산화월반창명
香銷寶鴨微風起 露滴松枝鶴夢驚
향쇄보압미풍기 로적송지학몽경

*반창(半窓) : 반쪽짜리 창문
*보압(寶鴨) : 좋은 향로

柒谷松林寺
칠곡송림사

비바람이 대지를 적시니 날이 차갑고
푸른 소나무 숲 속에 선방이 있다.
군성과 이어진 절에 스님의 모습 거칠고
문을 두드리는 나그네 완연한 스님이다.
방 다섯에 먼지가 쌓였는데 자리가 없다하고
수저 하나와 장과 찬밥에 소반이다.
대중이 곳에 따라 모두가 그와 같아
몇이나 우리 절이 힘든 줄을 알까?

風雨乾坤日影寒　碧松洞裏有禪關
풍우건곤일영한　벽송동리유선관
郡城連寺僧儀野　路客投門釋習頑
군성연사승의야　로객투문석습완
五室塵堆無坐席　一匙鹽醬冷殘盤
오실진퇴무좌석　일시염장냉손반
衆寮隨處皆如是　幾去吾山解苦顏
중료수처개여시　기거오산해고안

*염장(鹽醬) : 음식의 간을 맞추는 양념을 통틀어 이르는 말.
*고안(苦顏) : 마음에 들지 않아 불쾌해 하거나 괴로워하는 얼굴빛

새봉 상월(1687~1767)

　조선 후기의 승려. 대선사(大禪師)로서 화엄종사(華嚴宗師)이며 대흥사(大興寺) 13대종사(大宗師) 중의 1인이다. 자는 혼미(混迷), 호는 상월(霜月). 성은 손씨(孫氏). 전라남도 순천 출신이다.
　11세에 조계산 선암사(仙巖寺)의 극준(極俊)을 은사로 출가하여 16세 때 화악(華嶽)에게서 구족계를 받고 18세 때 설암(雪巖)을 참배하고 담론하였다.
　설암은 그의 도가 깊음을 알고 의발(衣鉢)을 전수하였다. 그 뒤 벽허(碧虛) 남악(南岳) 환성(喚惺) 연봉(蓮峯) 등의 고승들을 찾아 심인(心印)을 얻었다. 1713(숙종 39)년 선암사에 돌아와 개당(開堂)을 하자 수많은 수행자가 법(法)을 구하였다.
　또한, 1750(영조 26)년 선교도총섭 주표충원장 겸 국일도대선사(禪敎都摠攝主表忠院長兼國一都大禪師)가 되었고, 1754년 선암사에서 화엄대회(華嚴大會)를 열었을 때는 모인 사람이 1,200명을 넘었다.
　1767년 10월, 81세의 나이로 "물은 흘러서 바다로 가고 달은 떨어져도 하늘을 떠나지 않는다(水流元去海 月落不離天)"라는 임종게(臨終

偈)를 남기고 입적하였다.

　다비를 하였으나 사리를 얻지 못해서 문인 탁선(卓璿)이 유골을 가지고 묘향산에 이르러 쇄골을 하려할 때 갑자기 그 안에서 3매의 사리를 보았다. 하나는 오도산(悟道山)에, 나머지 둘은 선암사와 대흥사에 각각 나누어 봉안하였다.

　언제나 문자보다는 계율과 진해(眞解)를 존중하였다. 그러나 공적견(空寂見)에 떨어지는 편협함보다는 화엄정신을 생활화하였다.

　일상수행법(日常修行法)의 하나로 매일 1불(一佛)과 5보살(五菩薩)의 명호를 5,000번씩, 그리고 염불을 1,000번씩 일일이 염주로써 수를 헤아리며 외웠다.

　저서로 『상월대사시집(霜月大師詩集)』 1권이 있다.

『상월대사시집(霜月大師詩集)』 - 조선 후기의 승려 새봉(璽峰)의 시집. 1권 1책. 목판본. 권두에는 1768(영조 44)년 여름에 신순민(申舜民)이 쓴 서(敍)와 원중화(元重華)가 쓴 서(序)가 있으며, 권말에는 1780(정조 4)년 제자 증오(憎寤)가 찬한 상월대사행적과 발문이 수록되어 있다.

　이 책에는 오언절구 9수와 육언절구 1수, 칠언절구 13수, 오언율시 6수, 칠언율시 55수 등 총 84수의 시가 수록되어 있다. 시의 내용은 대부분 인간과 자연에 대한 것을 불교적인 입장에서 읊은 것이며, 산승(山僧)으로서의 깨끗한 인품과 높은 불교사상이 잘 나타나 있다. 국립중앙도서관에 소장되어 있다.

題寫眞
제사진

모양에 그림자가 따르듯 그림자가 형상을 따르고
거짓과 진실이 다 거짓과 진실을 좇아 생겨나니
곧 거짓과 진실에 거짓과 진실이 없는 줄 알면
우리 부처님이 밝은 별만 보신 것이 아니리.

形隨影子影隨形 假實皆從假實生
형수영자영수형 가실개종가실생
卽假實知無假實 不須吾佛見明星
즉가실지무가실 불수오불견명성

書懷
서회

도는 나를 사사로움이 없게 하나 나는 언제나 사사롭고
경계는 사람을 어리석게 하지 않으나 사람은 스스로 어리석다.
은연히 팔풍이 고요한 곳과 만나 하나가 되면
참으로 삼계의 유일한 스승이 되리라.

道無私我我常私 境不癡人人自癡
도무사아아상사 경불치인인자치
冥合八風俱靜處 可爲三界獨尊師
명합팔풍구정처 가위삼계독존사

*팔풍(八風) : 팔법 또는 팔세풍이라고도 함. 이것은 세간의 애와 증이 사람의 마음을 움직이게 하므로 바람에 비유하여 '팔풍'이라한 것이다. 마음에 주인이 있어 정법에 안주하여 애증에 미혹되지 않으면 팔풍에도 동요되지 않는다. 팔풍은 利(이익),衰(손실), 毁(뒤에서 험담함), 譽(뒤에서 칭찬함) , 稱(면전에서 칭찬함), 譏(면전에서비방함), 苦(핍박), 樂(歡悅)등이다
*삼계(三界) : 중생이 사는 세 가지 세계. 욕계(欲界), 색계(色界), 무색계(無色界)를 이른다.

除夜歎
제야탄

옛 절에서 부처님께 저녁 예불을 드리며
온갖 감정이 교차하는 회한을 감내하니
옛 청산이 구름을 좌우로 보내고
새로운 흰 눈이 물을 동남으로 맞이한다.
불법은 광활한데 어떻게 들어 왔으며
이 길은 어려워도 홀로 갖추어야하니
어제 이렇게 했으면 내일 또 그렇게
스님이 되어 부끄러운 것은 삼보의 자리라네.

古庵今夜禮瞿曇 百感交時恨弗堪
고암금야예구담 백감교시한불감
送舊靑山雲左右 迎新白雪水東南
송구청산운좌우 앙신백운수동남
空門廣闊何曾入 斯道艱難獨備諳
공문광활하증입 사도간난독비운
昨日伊摩明日又 爲僧自愧位登三
작일윤마명일우 위승자괴위등삼

題碧松庵
제벽송암

방장산에 있는 암자는 진실한 보계로
잠시 머물면 속진의 번뇌가 멀어진다.
냇물은 바다가 마를까 오랜 세월 흐르고
산은 하늘이 기울까 만장이나 높으며
측백나무 맑은 바람에 선어는 선정에 들고
연못의 밝은 달빛에 나그네 시를 낭송하네.
항아리 속에 다함이 없는 흥이 있으니
어찌 한세상 호걸의 공명을 부러워할까.

方丈之庵眞寶界　暫時棲息遠塵勞
방장지암진보계　잠시서식원진로
川憂海渴長年注　山畏天傾萬丈高
천변해갈장년주　산외천경만장고
栢樹風淸禪語定　蓮池月皎客吟騷
백수풍청선어정　연지월교객음소
壺中自有無窮興　豈羨功名一世豪
호중자유무궁흥　기이공명일가호

*보계(寶界) : 아미타불이 살고 있는 정토.
*진로(塵勞) : 세속적인 노고. 번뇌.
*호중(壺中) : 단지 속. 좁은 세상 안. 세상이 단지 속 같다
*자유(自有) : 저절로 …이 있다. 자연히 …이 있다. 본래 …이 있다.

題仙巖寺 香爐庵
제선암사 향로암

반나절을 틈을 내어 선암사에 다다르니
옥으로 만든 경쇠 소리 천상에 울리어
우러러 보는 푸른 하늘 구름 한 점 없고
드넓은 바다를 내려다보니 물이 많다.
마침내 세상 물정 밖의 노을로 풍성함을 알고
다시 항아리 속 세월이 장구한 줄 깨달으면
속세의 암울한 생각들이 모두 적막하여
돌아가는 길을 잊고 선방에 앉아있다.

偸閒半日到仙鄕 玉磬寒聲動上方
투한반일도선향 옥경한성동상방
仰見靑天雲杳漠 俯看滄海水汪洋
앙견청천운묘막 부간창해수왕양
從知物外煙霞富 更覺壺中歲月長
종지물외연하부 갱각호중세월장
塵慮暗隨群動寂 却忘歸路坐禪堂
진려암수군동적 각망귀로좌선당

*투한(偸閒) : 한가한 시간을 훔친다는 뜻으로, 바쁜 가운데 틈을 내거나 틈을 내서
 일을 함을 이르는 말.   *선향(仙鄕) : 신선이 산다는 곳. 고향.
*옥경(玉磬) : 옥으로 만든 경쇠 *상방(上方) : 천상. 지세가 가장 높은 곳.
*왕양(汪洋) : 바다가 넓고 큰 모양. 도량이 큰 모양.
*물외(物外) : 세상 물정의 밖에. 세상의 바깥.
*연하(煙霞) : 안개와 노을.   *진려(塵慮) : 속세의 명예와 이익에 대한 욕심. 속된 생각.

해원 천경(1691~1770)

　조선 후기의 선승(禪僧). 전주이씨(全州李氏). 자는 천경(天鏡), 호는 함월(涵月). 함경남도 함흥 출신. 어머니 조씨(趙氏)가 큰 물고기를 잡는 꿈을 꾸고 임신하여 12달이 지나서야 낳았다고 한다. 14세 때 도창사(道昌寺)에서 삭발, 출가하였고, 영지대사(英智大師)에게서 구족계를 받았다. 여러 선지식(善知識)을 두루 찾아가 법을 구하던 중 지안대사(志安大師)에게서 종문(宗門)의 깊은 이치를 얻어 법맥을 이었다. 삼장(三藏)에 해박하였으며, 특히 화엄경(華嚴經) 염송(拈頌)에 밝았다. 또한, 수행과 지계(持戒)가 엄정하고 인욕행(忍辱行)이 남달라서 모든 사람의 존경을 받았다.
　지안의 법맥을 이은 뒤에도 40년을 한결같이 정진하면서 대강사(大講師)로서 후학들을 지도했다. 그의 행적은 주로 남쪽지방에 미쳤고, 이타행(利他行)을 실천하여 굶주린 사람이나 헐벗은 사람에게 자신의 의복과 음식을 공양하였다. 나이 79세, 법랍 65세로 염불을 하면서 입적하였다.
　법을 이은 제자로는 성규(聖奎) 궤홍(軌泓) 등 24인이 있다. 제자들이 고향의 명찰인 석왕사(釋王寺)에 탑을 세우고, 화엄대회의 도량인 대둔산(大芚山)에 영의정 김상복(金相福)의 글을 받아 비를 세웠다. 저서로는 『천경집(天鏡集)』 2권이 전한다.

『천경집(天鏡集)』 - 해원(海源)의 문집. 3권 1책. 목판본. 1821(순조 21)년 설봉산 석왕사(釋王寺)에서 간행하였다. 권두에는 학성부백(鶴城府伯)이 쓴 서문이 있고, 권말에는 문인 성안(聖岸)이 지은 해원의 행장과 오상현(吳尙顯)의 발문, 황경원(黃景源)의 진찬(眞贊), 제자 지탁(知濯)의 발문이 있다.

상권에는 총 217수의 시가 수록되어 있는데, 그 시의 대부분은 선사 강사 학승 납자(衲子) 및 사회의 저명인사와 주고받은 것이고, 나머지는 서회(敍懷) · 자연을 읊은 것으로, 세련되고 품위 있는 시문학 작품으로 평가되고 있다.

중권에는 석왕사 법당 중수 및 6대보살 금상조성기 설봉산 심적암 광흥루창건기(深寂庵廣興樓創建記), 괴음정기(槐陰亭記), 의해능엄중수기(義海楞嚴重修記), 원각경소초중편록재서(圓覺經疏鈔重編錄梓序), 중각금강경소기서(重刻金剛經疏記序), 중간기신론필삭기서(重刊起信論筆削記序), 선문오종강요서(禪門五宗綱要序), 간도서법집과해서(刊都序法集科解序), 능엄의해초집서(楞嚴義海抄集序), 제환성선사문(祭喚醒先師文) 등 20여편에 달하는 경전과 소 초 등의 편집 및 간행에 관한 서문이 수록되어 있다.

하권에는 고원군 구룡산 대승암사적을 비롯하여 환성화상행장(喚醒和尙行狀), 이선경위록(二禪涇渭錄), 석왕사사적후발 위모생일재소(爲母生日齋疏), 독옥추경표백(讀玉樞經表白), 양산통도사백련대회서(梁山通度寺白蓮大會序), 기타 상량문(上樑文)과 권선문 등 수십 편이 수록되어 있다.

　사찰사료와 불교전적 간행에 관한 사료적인 가치가 크다. 국립중앙도서관과 동국대학교 도서관 등에 소장되어 있다.

歎世
탄세

속으로 계산하는 지금의 무리들은
가깝고 멀고 비방과 칭찬이 많아
세상이 또한 모두 이와 같으니
나도 장차 어찌할 줄 모르겠다.

默算今時輩　親疎毀譽多
묵산금시배　친소훼예다
世也皆如此　吾將沒奈何
세야개여차　오장몰내하

*묵산(默算) : 몰래 속으로 타산하다. 암산하다.

觀音窟
관음굴

바다경치는 굴 앞에 광활하고
파도소리는 굴 안에 심오하다.
주인공은 세상일을 잊고서
오직 자유로운 마음이라 한다.

海色臺前闊 波聲窟內深
해색대전활 파성굴내심
主人忘世事 惟是白鴻心
주인망세사 유시백홍심

般若峰
반야봉

지리산 반야봉은
많은 겁을 지났어도
하늘과 땅 사이에 우뚝이
풍상의 고통에도 늙지 않는다.

智異般若峯 曾經多劫數
지리반야봉 증경다겁수
兀然天地間 不老風霜苦
올연천지간 불노풍상고

知足
지족

모든 만족하지 못함을 거두어드리면
만족하지 못함이 도리어 만족이 된다.
만족함만을 구하는 세상 사람들은
족하지 못함이 만족인 줄 알지 못한다.

摠收諸不足 不足還爲足
총수제부족 부족환위족
求足世間人 不知不足足
구족세간인 부지부족족

心燈
심등

오랜 세월 지나도록 전해도 다함이 없는 등불
일찍이 돋우거나 누르지 않아도 밝게 빛난다.
비 오고 바람이 어지럽혀도 그대로 두고
비새는 집 빈창에 그림자 저절로 맑다.

歷劫傳傳無盡燈 不曾桃剔鎭長明
력겁전전무진등 부증도척진장명
任他雨灑兼風亂 漏屋虛窓影自淸
임타우쇄겸풍난 루옥허창영자청

*력겁(歷劫) : 오랜 세월이 지나다.
*도척(挑剔) : 들추다
*임타(任他) : 남의 행동을 간섭하지 않고 내버려둠.

태율 월파(1695~ ?)

조선 후기의 승려. 성은 김씨(金氏). 속명은 종건(從建). 호는 월파(月波). 전라북도 전주 출신. 15세에 출가할 뜻을 세워 묘향산 불지암(佛智庵) 삼변장로(三卞長老)에게 나아가 사기(史記)를 배웠다. 1년 뒤 아버지가 죽자 장례를 치르고 다시 출가하여 운봉(雲峰)을 은사로 삼아 득도하였다.

혜월(慧月), 환암(幻庵) 등 여러 스승을 찾아 사교(四敎), 사집(四集)의 경론어록을 수료하여 그 명성이 점점 알려졌다. 29세에 묘향산 안심암(安心庵)에 머물던 중 어머니의 상을 당하자 일대사(一大事) 인연을 결단하려는 뜻을 굳히고 안릉(安陵)의 원적암(圓寂庵)으로 굉활선사(宏闊禪師)를 찾아가 기신론(起信論), 반야경 등을 배웠다.

도반(道伴) 3인과 함께 영남과 호남의 여러 절을 순방하며 무각(無覺), 남악(南岳), 호암(虎巖), 암영(巖影), 상월(霜月) 등으로부터 화엄경, 원각경, 능가경, 선문염송을 배웠고 호암의 법을 이었다. 그 뒤 묘향산을 중심으로 하여 30여 년 동안 교화하였으며, 사람들이 향산(香山) 제일의 장로라고 불렀다. '불도(佛道)야말로 대장부의 할 일'이라 하여 기개를 보여주는 등 교화에 힘썼으나 뛰어난 제자를 배출하지는 못하였다. 입적시기는 불명하나 팔순에 가까웠으리라고 추정된다. 저서로 『월파집(月波集)』 1권이 있다.

『월파집(月波集)』 - 태율(兌律)의 문집. 1권 1책. 목판본. 1771(영조 47)년 5월 견불사(見佛寺)에서 개판하였다. 권두에 이홍(李澒)의 서문이 있고, 권말에 강린(康獜)의 서와 육탄(陸坦)의 발문이 있다. 본집은 도일(道一)이 편집하였으며 오언절구 40수, 칠언절구 52수, 오언율시 40수, 칠언율시 52수 등 시 184수와 향산지(香山誌), 자서인 월파평생행적(月波平生行蹟) 등이 있다. 시는 산중생활의 환경과 이름 있는 사찰의 순례, 산수화조(山水花鳥) 등 자연에 대한 것이 대부분이며, 유학자들과 화답한 작품도 있다. 규장각 도서에 있다.

閑居卽事
한거즉사

한가로이 앉아 다른 일 없고
격외선을 자세히 살피니
온갖 인연이 함께 적막해
한 번의 꿈 정토에 이른다.

閑坐無他事 參詳格外禪
한좌무타사 참상격외선
萬緣俱寂寞 一夢到西天
만연구적막 일몽도서천

*참상(參詳) : 상세히 관찰하다
*격외(格外) : 일정한 격식이나 관례를 벗어남
*서천(西天) : 서방 정토(西方淨土).

春眠覺
춘면각

한과 같고 꿈 같은 이 세상
누가 크게 깨달은 사람일까
오경에 봄잠에서 깨어나니
하나하나 모든 것들이 꾸밈없다.

幻夢風塵界 誰能大覺人
환몽풍진계 수능대각인
五更春睡罷 物物摠天眞
오경춘수파 물물총천진

*풍진(風塵) : 세상의 속된 일. 속세간.
*오경(五更) : 오전 3시부터 5시 사이.
*물물(物物) : 물건과 물건. 갖가지 물건. 각종 물건
*천진(天眞) : 천진하다. 순진하다. 꾸밈없다.

本分
본분

사십 구년 부처님 설법은
느린 언어로 진기가 샜다.
만약 비로자나를 끊으면
불조의 스승이 되어 만고에 빛나리라.

四十九年金口說 謾將言語洩眞機
사십구년금구설 만장언어설진기
若能坐斷毘盧頂 佛祖爲師萬古輝
약능좌단비로정 불조위사만고휘

*좌단(坐斷) : 그대로 끊어 버림. 단무(斷無)와 같은 뜻.
*불조(佛祖) : 석가모니. 불교 각 종파의 조사.

九月山景
구월산경

아름다워 높고 가파른 산은 밝고
신령스런 빛과 그림자는 부처님 도량
바람 부는 산봉우리에 많은 원숭이 소리
달뜨는 계곡에는 학 울음소리 맑다.
향각의 이름난 선원이며
범궁은 강당으로
끝없는 아름다운 경치가 좋아
시인들은 오래도록 시를 읊는다.

玉嶂峭兼白　靈光影佛場
옥장초겸백　영광영불장
風岑猿韻亂　月峽鶴聲涼
풍잠원운난　월협학성량
香閣名禪室　梵宮號講堂
향각명선실　범궁호강당
無窮仙景好　騷客浪吟長
무궁선경호　소객낭음장

*범궁(梵宮) : 범천의 궁전. 절. 사원
*소객(騷客) : 시인과 문사

牧童
목동

시골마을 들에 아이들이
소 먹이러 고삐를 잡고
오전에는 푸른 풀을 찾아 언덕으로
오후에는 푸른 숲가를 찾는다.
더운 날에는 아늑한 곳을 찾고
비가 오는 습한 하늘 싫어하며
짝을 지어 단소를 불면서
안개 낀 나루터를 건너다닌다.

村野諸童子　牧牛懶擧鞭
촌야제동자　목우라거편
朝尋靑草岸　午訪碧林邊
조심청초안　오방벽림변
旱日探幽地　雨時厭濕天
한일탐유지　우시염습천
雙雙鳴短笛　來去渡頭烟
쌍쌍명단적　래거도두연

조관 용담(1700~1762)

    조선 후기의 승려. 편양문파(鞭羊門派)의 승려. 전라북도 남원 출신. 성은 김씨(金氏). 자는 무회(無懷), 호는 용담(龍潭). 어머니는 서씨(徐氏)이다. 용이 승천하는 태몽을 꾸고 낳았으며, 생일은 사월초파일이다. 16세에 아버지를 여의고 3년상을 지내면서 인생의 무상을 느껴 출가를 결심하였다. 어머니의 허락을 얻어 1718(숙종 44)년 감로사(甘露寺) 상흡(尙洽)에게 나아가 머리를 깎고, 태허(太虛)에게 구족계(具足戒)를 받았다.

    1721(경종 1)년부터 화엄사(華嚴寺) 상월(霜月) 문하에서 수업하다가, 1723년 영남과 호남의 고승을 찾아 두루 편력하였다. 이때 영해(影海)·낙암(洛庵)·설봉(雪峯)·남악(南岳)·회암(晦庵)·호암(虎巖) 등을 만나 선교(禪敎)를 궁구하여 명성을 얻었다.

    행각을 끝낸 뒤 반조(返照)에 전념하다가 지리산 견성암(見性庵)에서 기신론(起信論)을 읽고 홀연히 깨달았다. 그때 월저(月渚)의 고제(高弟: 제자를 높여 부르는 말) 수일(守一)이 찾아와 서로 문답하여 신기(神機)가 투합하였다.

1732(영조 8)년 지리산 영원암(靈源庵)에 들어가 토굴(土窟)을 지어 가은암(佳隱庵)이라 이름하고 만년의 안식처로 삼으려 하였다. 그러나 사방 승려들의 간청으로 뜻을 이루지 못하고 회문산 심원사(深源寺), 동락산 도림사(道林寺), 지리산의 여러 암자에서 선문염송(禪門拈頌)과 원돈교(圓頓敎)의 요지로 20년 동안 묘법(妙法)을 선양하였다.
　1749년 겨울에 상월의 의발을 받았다. 1751년 겨울에 강석을 파했다가 문인들의 간청에 못 이겨 1758년 봄 지리산 대암(臺庵)에서 강석을 열었지만, 다음 해에 다시금 파하였다. 1762년 6월 실상사(實相寺)에서 나이 62세, 법랍 44세로 입적하였다. 제자들이 수습한 사리 5과를 감로사, 실상사, 파근사(波根寺) 등에 탑을 세우고 나누어 봉안하였다.
　50세 이후 의해지견(義解知見: 이치, 이해, 지식, 견해 등 논리적인 것)을 싫어하고 오로지 반조에 몰두했으며, 특히 만년에는 정토문(淨土門)을 즐겨 언제나 사람을 접할 때 '유심자성(唯心自性)'이라는 말을 하였다. 제자로는 성암(聖巖) 혜암(惠庵) 죽암(竹庵) 등 수십 명의 고승이 있다.
　저서로『용담집(龍潭集)』1권 1책 목판본. 1768(영조 44)년 9월 지리산 대암암(臺巖庵)에서 판각하여 감로암(甘露庵)으로 옮겨 보관하고 있다.

　『용담집(龍潭集)』- 조관(慥冠)의 시문집. 1권 1책. 목판본. 1768(영조 44)년 9월 지리산 대암암(臺巖庵)에서 판각하여 감로암(甘露庵)으로 옮겨 보관하였다. 권두에 신순민(申舜民)의 서문과 홍계희(洪啓禧)의 서(書)가 있고, 권말에는 최재경(崔載卿)의 발문과 혜암(惠庵)이 지은 조관의 행장, 문인 한성(澣惺)이 쓴 후발(後跋)과 저자의 친필 2편이 있다. 신순민의 서에 의하면 이 문집은 조관의 제자 국태(國泰)가

유고를 수집하여 간행하였다는 사실이 기록되어 있다.

본문에는 오언절구 47수, 칠언절구 86수, 오언율시 24수, 칠언율시 56수 등과 함께 촉임종재방도인등유문(囑臨終在傍道人等遺文), 황령암중창기(黃嶺庵重創記), 명진대사출세통문(冥眞大師出世通文) 등이 수록되어 있다.

이 책에 수록된 시는 저자의 높은 수행경지를 담고 있는 빼어난 작품이다. 규장각 도서에 있다.

閑居卽事
한거즉사

가랑비 내리는 산에
재잘재잘 새들이 말할 때
돌이켜 마음작용을 살피니
바람이 노송가지를 흔든다.

山雨濛濛處 喃喃鳥語時
산우몽몽처 남남조어시
返觀心起滅 風動老松枝
반관심기멸 풍동노송지

睡覺
수각

꿈속 나비가 훨훨 만 리를 날아
돌아오는 주변의 산수가 모두 다정하다.
오경에 울리는 종소리에 일어나니
스님은 꺼져가는 등불에 옛 경전을 읽고 있다.

夢蝶栩然萬里行 歸邊山水揔多情
몽접허연만리행 귀변산수총다정
寒鍾五鼓聲中起 僧對殘燈閱古經
한종오고성중기 승대잔등열고경

*오고(五鼓) : 오경(五更)에 치는 북
 한위(漢魏)이래로 하룻밤을 나눠 甲夜 乙夜 丙夜 丁夜 戊夜라 하였고, 또 鼓라고도 하여 一鼓 二鼓 三鼓 四鼓 五鼓라고 하였고, 또 一更 二更 三更 四更 五更이라고도 하였는데 다 다섯으로 나눴다.

白雲何事自去來
백운하사자거래

늙어가는 마음의 답답함을 말하지 못하고
좋아하는 선문의 게송을 지니고 누각에 올라
되돌아보는 푸른 하늘은 끝없이 비었는데
아무렇지도 않은 듯 산 구름 오고 간다.

老去心懷鬱未開 强將禪偈上樓臺
노거심회울미개 강장선게상루대
回首碧落空無極 不管山雲自去來
회수벽락공무극 불관산운자거래

*선게(禪偈) : 선문의 게송. 부처를 칭송하는 노래
*회수(回首) : 회고하다. 회상하다. 머리를 돌리다.
*벽락(碧落) : 푸른 하늘.
*불관(不管) : …에 관계없이. …을 막론하고. 관계하지 않다.

詠佛頭花
영불두화

뜰에 오롯이 한 떨기 꽃이 피었는데
그 꽃 아름답기가 어떤 꽃 보다 좋아
옛날 신농은 이름을 무엇이라 했을까
내가 사랑하는 이름으로 불정화라 하겠네.

庭前惟有一叢花 其色鮮明勝雜花
정전유유일총화 기색선명승잡화
神農昔日名何作 我愛人稱佛頂花
신농석일명하작 아애인칭불정화

*신농(神農) : 중국의 전설에 나오는 삼황의 하나

薝蔔花
첨복화

옛 과수원 가에 좁은 길을 내고
좋아서 가지고 다니던 첨복을 동서에 심었다.
줄기가 병들까 부드러운 흙을 덮고
뿌리가 마를까 물을 길어다 부었다.
잎을 만지기 위해 풀길도 싫어하지 않았으며
꽃을 보려고 생각 없이 산을 내려가기도 했다.
한가할 때에는 가져다가 금향로에 사르면서
새로운 가지가 더욱 우거지기를 기다린다.

故圃園邊築短蹊　愛將薝蔔植東西
고포원변축단혜　애장첨복식동서
時憂病幹收堆坌　且畏枯根汲小溪
시우병간수퇴분　차외고근급소계
撫葉不嫌行草路　看花無意出山梯
무엽불혐행초로　간화무의출산제
閑中摭爇金爐上　更待新條轉蕲萋
한중척설금로상　갱대신조전점처

*첨복화(薝蔔花) : 치자꽃
*금로(金爐) : 금으로 장식하여 만든 향로

유기 호은(1707~1785)

    조선 중기의 승려. 편양문파(鞭羊門派)로 속성은 문화유씨(文化柳氏). 호는 해봉(海峯) 또는 호은(好隱). 충청북도 청주 출신. 9세 때 속리산에 들어가 독서를 하다가 16세에 출가하였다. 28세에 가야산 해인사의 의눌(義訥) 문하에서 공부하다가 낙암에게서 화엄학(華嚴學)을 배워 화엄에 통달하였다.
    31세에 개당(開堂)하여 학승들을 가르쳤으며, 15년 동안 해인사에서 후학들을 지도하였다. 1772(영조 48)년에 표충사를 수호하는 책임을 맡은 총섭(摠攝)이 되었으며, 나이 78세로 해인사에서 입적하였다. 저서로는 『호은집(好隱集)』 4권 1책, 『보권문(普勸文)』 1책, 『해인사사적비문(海印寺史蹟碑文)』이 있다.

    『호은집(好隱集)』 - 유기(有機)의 시문집. 4권 1책. 목판본. 해인사 소장본에는 1785(정조 9)년에 쓴 채백규(蔡伯規)의 서문이 있고 권말에는 김몽화(金夢華)의 발문이 있다.
    권1에는 제김응정중거문(祭金應鼎重擧文) 등 11수가 있고, 중간기신론소기(重刊起信論疏記), 신편보권서(新編普勸序), 무하선사시고서(無瑕先師詩稿序), 도리사석종서(桃李寺石鐘序), 반룡사법당기(盤龍寺法堂記) 등 17편이 수록되어 있다. 권2에는 제낙암화상문(祭洛巖和尙文), 제신청천선생문(祭申靑泉先生文), 제홍제존자문(祭弘濟尊者文), 만사 영찬(影贊) 상량문 등이 수록되어 있다. 권3에는 상량문, 권선문, 소옥행(小屋行), 서산가(西山歌) 및 야용가(夜舂歌) 등 50여 수의 시가 수록되어 있다. 권4에는 임제종회당화상행적기(臨濟宗晦堂和尙行蹟記), 현풍비슬산유마사기(玄風琵瑟山維摩寺記), 가야산중봉암기(伽倻山中峯庵記) 등이 수록되어 있고, 게송, 시 및 벽송존자영탑기(碧松尊者影塔記) 등이 수록되어 있다.

晩春有感
만춘유감

삼월 봄바람에 비가 개니
산은 푸른 옷을 입고 물은 소리를 낸다.
온갖 것은 젊어지는데 나는 늙어
전해오는 돌도끼를 누구에게 드릴까?

春風三月雨初晴　山被靑衣水放聲
춘풍삼월우초청　산피청의수방성
物却少兮人自老　傳來鉏斧遇誰呈
물각소혜인자노　전래돌부우수정

雨中會話
우중회화

요란한 우렛소리 빗소리와 섞이어
떠가는 구름이 빛을 가려 기둥이 습하다.
유명한 선비와 승려가 담소를 나누니
반은 새로운 정이고 반은 묵은 정이다.

隱隱雷聲和雨鳴 游雲明滅濕疎楹
은은뢰성화우명 유운명멸습소영
名儒韻釋開談笑 半是新情半舊情
명유운석개담소 반시신정반구정

*운석(韻釋) : 승려

和過客韻
화과객운

홍몽을 나누어 음양을 세워서
오리와 학에게 길고 짧은 것을 주었다.
유가와 불교를 비록 두 길로 나뉘나
성정은 애초에 한 명당에서 나왔다.

鴻濛才判立陰陽 鳧鶴元來稟短長
홍몽재판입은양 부학원래품단장
儒釋雖云分二道 性情初出一明堂
유석수운분이도 성정초출일명당

*홍몽(鴻濛) : 형체와 기가 다 갖추어지지 못한 것
*성정(性情) : 사람의 성질과 마음씨. 또는 타고난 본성.

賞春
상춘

푸른 소나무 속에 편백나무
진달래 웃는 얼굴 새롭다.
머리에 꽃 꽂지 않아도
한 해의 봄이 부질없이 가네.

翠栢靑松裏 鵑花笑面新
취백청송리 견화소면신
峰頭如未上 虛負一年春
봉두여미상 허부일년춘

嘆菊
탄국

많은 국화가 뜰 앞에 피어
향기가 짙고 넉넉하다.
가을이 저물어 안타까운데
곱던 모습 지친 얼굴이 되었다.

叢菊庭前發　香醇氣亦閑
총국정전발　향순기역한
可憐秋氣暮　艶質已衰顔
가련추기모　염질이쇠안

*향순(香醇) : 향기롭고 깨끗하다

시성 야운(1710~1776)

　조선 후기의 승려. 광산김씨(光山金氏). 호는 야운(野雲). 일찍 부모를 잃고 1723(경종 3)년에 동생과 함께 청량산(淸凉山) 연대사(蓮臺寺)로 줄기하여 담휘(曇輝)의 제자가 되었다. 문장이 뛰어나서 승려들 사이에서 널리 알려졌으며, 뒤에 영월(影月)에게 가르침을 받고 법(法)을 이어받았다.

　강사(講師)가 되어 호남의 여러 사찰에서 개당(開堂)하였으며, 특히 지리산 용문산(龍門山) 봉암산(鳳巖山) 등에 오래 머물면서 불법을 강하였다.

　법맥은 환성(喚惺), 포월(抱月), 영월(影月), 시성(時聖)으로 이어지며, 법을 전해 받은 대표적인 제자로는 모은(慕恩), 완허(玩虛), 운허(雲虛) 등이 있으며, 계를 받은 제자는 80여명에 이른다. 용문산 창기사(昌基寺)에서 나이 66세, 법랍 53세로 입적하였다. 저서로는 『야운대선사문집(野雲大禪師文集)』이 있다.

　『야운대선사문집(野雲大禪師文集)』 - 시성(時聖)의 문집. 3권 1책.

목판본. 권두에 이오수(李五秀)의 서문과 이병양(李秉陽)의 서가 있으며, 권말에는 1827(순조 27)년 영식(永植)이 지은 야운의 행장이 있다. 이 행장은 저자가 입적한 뒤 66년 만에 지어진 것이다.

권1에는 오언절구 15수, 칠언절구 16수, 오언과 칠언율시 10수가 수록되어 있다. 권2에는 정학사(鄭學士)에게 주는 편지를 비롯하여 대승사(大乘寺)의 대웅전 단청권선문, 쌍계사의 적묵당(寂默堂) 중수모연문, 기타 불상조성기, 운달산 명적암(明寂庵)의 창건 및 중수에 관한 글 등 10여 편이 수록되어 있다. 그리고 권3에는 제문과 잡저가 수록되어 있다. 국립중앙도서관과 규장각 도서 등에 있다.

題浮石寺極樂菴壁
제부석사극락암벽

먼 산봉우리는 푸른 하늘을 받친듯하고
긴 강은 땅을 가르며 소리 내어 흐른다.
오경 새벽에 내리는 비를
부는 바람을 의지해 시름에 잠겨있다.

遠岫撑天碧 長江劈地喧
원수탱천벽 장강벽지훤

五更殘夜雨 愁殺倚風軒
오경잔야우 수쇄의풍헌

*수쇄(愁殺) : 슬픔과 시름에 몹시 잠기게 함.

別如大師
별여대사

노승이 봄바람 끝에
지팡이로 눈 쌓인 언덕을 넘고
어느 때는 일주 향을 사르고
거듭하여 능가경을 독송한다.

白衲春風末 輕筇積雪坡
백납춘풍말 경공적설파
何時香一炷 重與讀楞伽
하시향일주 중여독능가

送菊上人
송국상인

헤어짐에 마음이 아픈데
또 하루 해가 서산에 지려한다.
나뭇가지 위에 우는 새는
무슨 일로 저렇게 우는가?

分手傷心處 且看日欲西
분수상심처 차간일욕서
嚶嚶枝上鳥 何事盡情啼
앵앵지상조 하사진정제

*분수(分手) : 헤어지다. 이별하다. 관계를 끊다.
*진정(盡情) : 하고 싶은 바를 다하다. 한껏 하다. 마음껏 하다.

次山陽蔡生員韻
차산양채생원운

있고 없고, 없고 있고는 있고 없고가 없는 것
누가 선학의 관문을 향해 있고 없고를 말할까?
서강을 다 마시면 강물이 다하듯이
있는 것도 아니며 없는 것도 아님을 알라.

有無無有有無無 誰向玄關說有無
유무무유유무무 수향현관설유무
吸盡西江江水盡 方知非有亦非無
흡진서강강수진 방지비유역비무

*현관(玄關) : 선학으로 들어가는 관문

謹呈淸波大禪室
근정청파대선실

방장은 의연하기가 하늘과 같아야 하고
구름과 안개에 취해 세상 정과는 소원해야하며
도와 이끌어 입실하여서는 현담으로 평온하게 하고
넓고 출중한 원음으로 한번 웃는 여유가 있어야.

方丈依然伴太虛 酣雲醉霧世情疎
방장의연반태허 감운취무세정소
相携入室玄談穩 牢落圓音一笑餘
상휴입실현담온 뇌락원음일소여

*방장(方丈) : 법력(法力) 또는 도력(道力)이 특출한 스님.
*의연(依然) : 의연하다. 전과 다름이 없다. 여전하다.
*태허(太虛) : 크고 넓은 하늘. 공허하고 적막한 경지.
*입실(入室) : 선종에서 제자가 법사의 방에 들어가 법을 잇는 것.
*뇌락(牢落) : 마음이 넓고 출중함. 넓고 출중하다.
*원음(圓音) : 원만하고 온전히 갖추어진 말씀 곧 부처의 말씀.

의민 오암(1710~1792)

성은 김씨, 호는 오암(鰲巖). 아버지는 준(浚)이며, 어머니는 권씨이다. 어려서부터 유서(儒書)를 공부하였으며, 19세에 어머니가 난치병을 앓자 하늘에 어머니의 병이 완쾌되도록 기도하였으나, 22세에 세상을 떠나자 무상을 느끼고 보경사(寶鏡寺)로 출가하여 각신(覺信)의 제자가 되었다.

25세에 휴정(休靜)의 8세손인 수행(守行)으로부터 구족계를 받고 그에게 사교과(四敎科)와 대교과(大敎科)를 이수하였다. 그 뒤 통도사에서 불경을 연구하다가 팔공산 운부암(雲浮庵)의 쌍운(雙運)에게 화엄교리를 배웠고, 31세까지 고승들을 찾아가 화엄과 전등(傳燈)과 염송(拈頌)을 공부하였다. 32세에 보경사의 강주(講主)가 되어 후학들을 지도하였는데, 교계에서는 그를 영남종장(嶺南宗丈)이라고 불렀다. 교학을 강하는 여가에 참선을 즐겨하였고, 선시불이(禪詩不二)의 경지에서 시를 짓기도 하였다. 또한 늙은 아버지를 절 가까이에 모시고 봉양하였는데, 그 효성이 지극하였다.

평생 동안 보경사에 머무르면서 후학들을 지도하는 한편, 유생들의 그릇된 불교관을 시정하는 데에도 많은 노력을 기울였다. 1792년 9월에 진영송(眞影頌)과 임종게(臨終偈)를 남기고 입적하였다.

제자들이 다비(茶毘)하여 영골(靈骨)을 얻어서 보경사 서운암(瑞雲庵)에 탑을 세웠으며, 이듬해 제자 회관(誨寬)이 비문을 짓고 비를 세웠다. 제자로는 회관, 돈선(頓禪), 인문(印文), 우홍(宇洪), 처경(處敬) 등이 있다. 저서로는 회관이 편집한 『오암집(鰲嵒集)』이 전한다.

『오암집(鰲嵒集)』 – 의민(義旻)의 문집. 1권 1책. 목판본. 권두에 문인 회관(誨寬)이 쓴 서문이 있고, 권말에는 1792(정조 16)년 지연거사(止淵居士)가 쓴 발문과 1787(정조 11)년 성사집(成士執)이 찬한 행장이 있다. 본집은 오언절구 51수, 오언율시 71수, 칠언절구 80수, 칠언율시 78수, 사언으로 된 영찬(影贊) 1수 등 총 281수의 시와 서(書) 10수, 기타 기(記)·소(疏)·문(文) 등이 수록되어 있다.

저자 스스로 평생 유일한 취미가 시 짓는 것이라고 하였을 만큼, 그의 시는 매우 뛰어나다. 시의 소재 또한 자연을 비롯하여 선을 권하고 악을 경계하며, 어버이를 사모하고 나라를 사랑하는 등 세상을 깨우치는 학문과 수도를 권장하는 등 그 폭이 매우 넓다. 그리고 서 10편은 지방관직에 있는 선비와 주고받은 글이며 기는 옥련암중창기(玉蓮庵重創記)이고, 문은 주종문(鑄鐘文)과 천왕문중창상량문(天王門重創上樑文)이 수록되어 있다.

특히 천모소(薦母疏)는 어머니에 대한 지극한 효성을 고백한 글이다. 마지막으로 임종게(臨終偈)가 수록되어 있다. 동국대학교 도서관 등에 있다.

秋葉
추엽

산중 가을은 참으로 좋다.
나뭇잎이 푸르거나 붉어
취한 얼굴로 성근 비에 젖는다.
산색을 늦은 바람이 쓸면
누군가 비단 장막을 걸어놓듯
사람들은 붉은 궁전에 있다.
봄꽃의 빛깔보다 절묘하고 수승하니
신통함은 변화신에게 힘입은 것이다.

山中秋正好 木葉間靑紅
산중추정호 목엽간청홍
醉面霑疏雨 衰鬟刷晩風
취면점소우 쇠환쇄만풍
誰懸雲錦帳 人在紫羅宮
수현운금장 인재자라궁
絕勝春花色 神功賴化翁
절승춘화색 신공뢰화옹

*소우(疏雨) : 성기게 오는 비.
*화옹(化翁) : 변화신.
*신공(神功) : 신의 공적. 영묘한 공적. 뛰어난 공로

梅月廟
매월묘

공자도 부처님 제자도 아니기에
무슨 늙은이라 이름 하기 어렵다.
머리는 영취산 달처럼 차고
옷은 수양의 바람을 털었다.
머리를 깎고 참선을 하며
비궁에서 제사를 받는다.
공자와 석가모니도 욕하지 않는
오로지 한 사람의 몸이다.

非釋亦非士 難名什麼翁
비석역비사 난명십마옹
頂寒靈鷲月 衣拂首陽風
정한영취월 의불수양풍
薙髮參禪會 陳牲享閟宮
치발참선회 진생형비궁
孔牟應不罵 前後一人躬
공모응불매 전후일인궁

*수양(首陽) : 수양대군
*비궁(閟宮) : 종묘(宗廟)를 달리 이르는 말.

兀坐
올좌

병풍을 두르고 앉으니 점점 한가롭고
다리를 풀면 몸이 피곤해 오고 감이 없다.
들새를 의심하지 않는 야윈 학은
훌쩍 푸른 구름 사이에 꿈을 걸어 놓는다.

屛緣端坐漸成閑 脚澁身疲絶往還
병연단좌점성한 각삽신피절왕환
野鳥莫疑瘦鶴狀 翩然夢掛碧雲間
야조막의구학상 편연몽괘벽운간

*편연(翩然) : 경쾌하다. 민첩하다. 재빠르다.

俗僧
속승

빈 몸에 손을 놓고 걸식을 하고
둥근 머리만 부처님 제자 모습이라 하고
이 풍진 세상 분주한 업만을 탄식하면
장차 어떻게 작은 인연에 감사하겠는가?

空身遊手乞諸農 圓頂堪羞釋子容
공신유수걸제농 원정감수석자용
嗟爾奔忙塵世業 將何報答芥緣逢
차이분망진세업 장하보답개연봉

*유수(遊手) : 일정한 직업 없이 놀고 있음. 또는 그런 사람
*분망(奔忙) : 바쁘게 뛰어다니다. 분주히 지내다. 분망하다.

詩癖忘苦
시벽망고

여러 생에 익힌 버릇으로 쓰는 시는
병든 고통에도 믿고 해야 할 일이었다.
흰머리 모습을 사람들은 웃지 마라
얽매임 없는 즐거움은 피로도 모른다.

多生習氣癖於詩 病苦猶能信意爲
다생습기벽어시 병고유능신의위

白首風情人莫笑 翛然樂此不曾疲
백수풍정인막소 소연락차부증피

*기벽(氣癖) : 남에게 조금도 굽히지 않으려는 성미나 버릇.
*풍정(風情) : 정서와 회포를 자아내는 풍치나 경치.
*소연(翛然) : 사물에 얽매이지 않는 모양. 융통자재(融通自在)스러움.

용암 체조(1714~1779)

성은 정씨(鄭氏). 호는 용암(龍巖). 전라남도 장성 출신. 어려서 양친을 잃고 설악산에 들어가 식발하고 지흠대사(智欽大師)에게 계를 받고, 정이화상(精頤和尙) 밑에서 내외교전(內外敎典)을 공부하였다.

그 뒤 남북방의 여러 종사(宗師)를 참방하여 식견을 넓히고 돌아오자, 정이화상이 거주하던 내원암(內院庵)을 맡기고 법맥(法脈)을 전하였다. 이 때부터 후학들을 지도하다가, 만년에 문도들을 다른 곳으로 보내고 조용히 수도하였다.

어느 날 제자 홍파(洪波)에게 "오늘 아침에 크게 웃으며 가리라" 하고, 목욕한 뒤 옷을 갈아입고 3일 만에 입적하였다. 화장하여 영골(靈骨)을 얻었으며, 부도를 조성하여 안치하였다. 보시를 즐겼으며, 글을 잘하여 시문 약간 편을 남겼다. 10년 뒤 세자부(世子傅) 이복원(李福源)의 글을 받아 설악산 내원암에 비를 세웠다. 저서로 중간(重刊)진언집(眞言集) 1권과 『용암집(龍巖集)』 1권이 있다.

『용암집(龍巖集)』 - 체조(體照)의 시문집. 1권 1책. 목판본. 1782(정조

6)년 8월 충주 백운산에서 개간하였고, 덕주사(德周寺)로 옮겨 보관하였다. 권두에 체조의 진영(眞影)과 영찬이 있고, 이어서 가선대부 김조윤(金朝潤)의 서문이 있으며, 권말에는 성묵(性默)이 지은 행장과 십돈자(十遯子)가 쓴 발문이 있다.

본문은 시와 기문(記文)과 잡저로 구성되어 있다. 시는 오언절구 7수, 칠언절구 38수, 오언율시 6수, 칠언율시 29수 등이 수록되어 있는데, 대부분 당시의 관직에 있던 사람이나 유생들과 화답한 작품들이다.

기문으로는 설악산 신흥사(神興寺)의 극락전 단층기를 비롯하여 사찰의 불사(佛事)에 관한 3편의 글이 있다. 잡저로는 출세통문(出世通文)이 있는데, 이는 조선 중기의 고승으로서 서산대사(西山大師)의 6세손인 자징(自澄)이 죽을 때, "3일을 기다리지 말고 바로 화장하라"고 하여 그대로 하였다. 그랬더니, 다비(茶毘)할 때 상서로운 광명이 끊이지 않았고, 푸른 유리 빛과 같은 영골(靈骨)과 사리가 나왔다는 사실을 기록하고, 이 상서로운 일을 모든 승려들에게 알릴 것을 권하고 있다. 동국대학교 도서관에 있다.

登洛伽義湘臺
등락가의상대

우연히 지팡이를 짚고 낙가루에 다다르니
높은 의상대는 나그네 근심을 풀어준다.
의상스님 가신지 천년이나 돌아오지 않고
다만 산하를 보니 푸르른 파도만 친다.

偶然飛錫洛伽樓 湘老臺高洗客愁
우연비석낙가루 상노대고세객수
師去千年不復返 但看山下碧波流
사거천년불부반 단간산하벽파유

*부반(復返) : 돌아오다

挽詞
만사

아~ 세상을 멀리하고 청산에 누워
칠십 여년의 짧은 꿈 속
해마다 봄이 오고 꽃이 절로 피나
인생 한번 가면 다시 오지 않는다.

嗚呼棄世臥靑山 七十餘年片夢間
오호기세와청산 칠십여년편몽간
歲歲春來花自發 人生一去復廻難
세세춘래화자발 인생일거복회난

*편몽(片夢) : 짧은 꿈. 조각 꿈. 외로운 꿈.

自題
자제

노승이 손을 모으고 구름 사이를 인연삼아
옛날 스승을 찾아 몇 개의 산을 넘어
있고 없고가 아닌 중도를 깨트리며
무루의 조사관을 참구하였는가?

老僧叉手倚雲間 昔日尋師渡幾山
노승차수의운간 석일심사도기산
非有非無中道罷 擧參無漏祖師關
비유비무중도파 거참무루조사관

*무루(無漏) : 마음과 몸을 괴롭히는 번뇌에서 벗어남

雨中客至
우중객지

빗속에 가마를 메고 절 문을 여는데
부딪쳐 선승이 잠에서 깨었다.
도리어 신흥이 어느 곳이 수승하냐고 물으니
두 신선이 날아와 눕는 것을 보았다고 말했다.

肩輿雨裏寺門開 撞着禪僧睡覺廻
견여우리사문개 당착선승수각회
却問神興何處勝 言看飛臥兩仙臺
각문신흥하처승 언간비와양선대

*견여(肩輿) : 가마, 승교

明沙秋月
명사추월

하얀 모래가 눈처럼 눈앞에 수평으로 펼쳐져
참으로 좋은 맑은 가을밤 달빛이 선명하고
천상의 맑은 기운으로 가로지른 하늘 빛
반사된 빛은 물 가운데를 밝게 꿰뚫는다.
선동이 나온 은상세계이며
변화신이 꾸민 백옥경이다.
그림자 비추는 파도에 갈매기 꿈이 차갑고
놀라 날아가니 애절한 슬픔 있는 줄 알겠네.

白沙如雪眼前平　更好晴秋夜月淸
백사여설안전평　갱호청추야월청
灝氣橫侵天外色　餘輝直透水中明
호기횡침천외색　여휘직투수중명
仙童幻出銀霜界　化叟粧成白玉京
선동환출은상계　화수장성백옥경
影射波濤鷗夢冷　驚飛始覺有哀聲
영사파도구몽랭　경비시각유애성

*선동(仙童) : 신선의 시중을 든다는 아이.
*백옥경(白玉京) : 옥황상제가 산다고 하는 하늘나라의 서울

무외 대원(1714~1791)

선승(禪僧). 성은 문씨(文氏). 호는 대원(大圓). 수원(壽遠)의 아들이며, 어머니는 김씨(金氏)이다. 어려서부터 흙이나 돌로 탑을 만들어서 예배하고 노는 것을 즐겨하였다.

15세 때 무신국란이 일어나자 남한산성을 방어하는 데 공을 세워 포상을 받았고, 벼슬하기를 권유받았으나 사양하고 출가할 뜻을 품었다. 부모가 출가를 만류하였으나 설악산 신흥사(神興寺)에서 정이(精頤)를 은사로 삼아 승려가 되었다.

선(禪)과 교(敎)를 함께 닦고 불경과 유서를 탐독하였으며, 은사의 뒤를 이어 후학들을 지도하였다. 중년에 이르러 다시 면벽(面壁)하면서 선을 닦아 깊은 경지에 이르렀다. 신흥사의 암자인 극락암에서 나이 77세, 법랍 59세로 입적하였다.

다비(茶毘)하는 날 밤 서광이 하늘에 뻗쳤으며, 사리 1과를 얻어 부도를 세워 안치하였다. 이듬해 규장각제학(奎章閣提學) 유언호(俞彦鎬)의 글을 받아 신흥사에 비를 세웠다. 저서로는 『대원당문집(大圓堂文集)』 1권이 있다.

『대원당문집(大圓堂文集)』 – 조선 후기 승려 무외(無外)의 시문집. 1801(순조 1)년에 양양(襄陽)신흥사(神興寺)에서 간행하였다. 1책. 동문(同門) 고족(高足) 도원(道圓)이 편집하였으며, 책의 첫머리에는 1801년 11월 취송거사(翠松居士)가 쓴 서문이 있다. 칠언율시 100편, 오언절귀 15편, 그리고 문 10편이 실려 있다. 신흥사에 판목이 현존하고 있다.

戒色
계색

밖으로의 모습이 복숭아꽃처럼 어여뻐도
피부 안으로는 무엇인가 모두 붉은 피로
재화가 독사의 독보다 심한 줄 알지 못해
그 많은 영웅호걸들이 생사에 무너졌다.

外面飾以桃花姸 皮內是何都是血
외면식이도화연 피내시하도시혈
禍甚於蛇人莫知 幾令豪傑墮生滅
화심어사인막지 기령호걸타생멸

題淸眞堂
제청진당

무엇이 번뇌 망상인지 알지 못하고
하나하나가 모두 세속인이 아니다.
불경이 서쪽에서 와 이 전각에 두니
하늘 꽃이 내리고 용신이 보호한다.

不知何處是迷塵　箇裏都無世俗人
부지하처시미진　개리도무세속인
貝葉西來藏此閣　天花亂墜護龍神
패엽서래장차각　천화난추호용신

題想西堂
제상서당

극락세계가 어찌 멀리 있겠는가?
오직 마음이 극락이며 눈앞에 있다.
만약 십만 팔천리라 이야기 한다면
자성 여래를 누가 불러 오겠는가?

極樂蓮坊豈遠哉 唯心淨土面前開
극락연방기원재 유심정토면전개
若云十萬八千里 自性如來誰喚來
약운십만팔천리 자성여래수환래

高僧入定
고승입정

생각 밖에 봉호라는 별난 하늘이 있는데
노스님은 한가로이 앉아 낮에는 항상 졸아도
꽃을 머금은 온갖 새들이 어디선가 돌아오니
몸과 마음을 움직이지 않는 대 선정삼매이다.

物外蓬壺別有天 老僧閒坐晝常眠
물외봉호별유천 노승한좌주상면
含花百鳥歸何處 不動身心大寂禪
함화백조귀하처 부동신심대적선

*봉호(蓬壺) : 영주산(瀛州山), 방장산(方丈山)과 함께 중국 전설상에 나오는 삼신산(三神山)의 하나. 이 산에는 신선이 살며 불사의 영약이 있고, 이곳에 사는 짐승은 모두 빛깔이 희며, 금은으로 지은 궁전이 있다고 한다.

高僧出定
고승출정

하안거를 결재하고 얼마나 공부에 힘썼는가?
화두가 성성하여 크게 의심하는 가운데
뜰 앞 전나무에 서풍이 홀연히 불고
한 마리 학이 만리장천에 높이 오른다.

結夏安居幾用工 惺惺著意大疑中
결하안거기용공 성성저의대의중
西風忽起庭前樹 隻鶴高飛萬里空
서풍홀기정전수 척학고비만리공

*저의(著意) : 주의하다. 신경을 쓰다. 심혈을 기울이다.

최눌 묵암(1717~1790)

　본관은 밀양(密陽). 성은 박씨(朴氏). 자는 이식(耳食), 호는 묵암(默庵). 전라도 흥양현(興陽縣) 장사촌(長沙村) 출신. 풍암세찰(楓巖世察)의 법을 이었고, 선시(禪詩)와 백가(百家)에 통달하여 활발한 연구와 저술 활동을 했다.

　4세 때 부모를 따라 낙읍(樂邑) 응계촌(鷹鷄村)으로 옮겨 살았는데, 글을 깨우치기 전부터 배움에 대한 욕망이 강하였다. 14세에 징광사(澄光寺)로 출가하여 돈정(頓淨)의 제자가 되었고 18세에 만리(萬里)로부터 구족계(具足戒)를 받았다.

　19세에 조계산 송광사(松廣寺)에 들어가 풍암에게서 경전을 배우기 시작하여 4, 5년 만에 스승의 가르침을 다 배웠다. 그 뒤 호암(虎巖), 회암(晦庵), 용담(龍潭), 상월(霜月), 명진(明進), 영해(影海) 등 당대의 여러 고승들을 두루 찾아다니며 불도(佛道)를 닦았다.

　1743(영조 19)년 풍암이 거처하는 순천 대광사(大光寺) 영천암(靈天庵)으로 돌아가자, 풍암은 자신의 의발(衣鉢)을 전하였다. 그 뒤 강석(講席)을 열어 많은 후학들을 지도하였다. 행장에 의하면 이때 강설한

법문들이 모두 저술로 엮어져 10여 종이 되었다고 하는데, 현재는 3종만이 남아 있다.

1749년 금강산에 머물렀고, 1760년 영해의 비를 징광사에 세웠으며, 1761년 송광사에 영해의 비를 세워 스승의 죽음을 애도하였다. 1770년 표충사 원장으로 부임하였다.

1790년 조계산 보조암(普照庵)에서 나이 73세, 법랍 55세로 입적하였다. 제자들은 화엄경과 선문염송(禪門拈頌)으로 가르쳤으며, 선학(禪學)에 미숙하다고 스스로 술회하였지만 그가 남긴 선시(禪詩)들은 당시의 석학이며 대선사였던 연담(蓮潭)의 것과 함께 높이 평가된다.

법맥(法脈)은 선수(善修)-각성(覺性)-수초(守初)-성총(性聰)-수연(秀演)-약탄(若坦)-세찰-최눌로 이어진다. 또한, 많은 제자가 있었으나 선(禪)은 교평(敎萍)에게, 교학(敎學)은 봉봉(鳳峯)과 성봉(聖峯) 등에게 전해졌다.

저술로는 『묵암집(默菴集)』 3권, 『화엄과도(華嚴科圖)』 1권, 『제경회요(諸經會要)』 1권, 『내외잡저(內外雜著)』 10권, 『심성론(心性論)』 3권 등이 있다.

『묵암집(默菴集)』 - 묵암 최눌(默庵最訥)의 시문집. 3권 1책. 목판본. 1801(순조 1)년 제자 교평(敎萍)이 정리, 간행하였다. 권두에 교평이 기록한 묵암대화상행장과 최눌의 제자 낙현(樂賢)의 생애를 기록한 봉암대사행장(鳳庵大師行狀), 교평이 쓴 묵암화상문집간행후발, 문제자질(門弟子秩 : 제자들의 명단), 양주익(梁周翊)이 쓴 서(序), 1801년 6월 지족거사(知足居士)가 쓴 발이 있다.

이 책은 각 권마다 수록하고 있는 특색을 제명(題名)으로 표시하고 있다. 상권의 시초(詩抄)에는 오언절구 39수, 칠언절구 84수, 오언사운

(五言四韻) 19수, 칠언사운 9수 등 154수의 시가 수록되어 있다.

중권에는 서간문 19편이 수록되어 있고, 하권에는 소(疏)·서(序) 등 15편이 수록되어 있다. 중권의 서간문을 통하여 최눌과 당시의 고승 연담(蓮潭) 목암(牧庵) 한암(閑巖) 등과의 교유를 살필 수 있다.

완부(完府) 정후백(鄭侯伯)에게 보낸 서한에서는 중국과 우리 나라의 예를 들어 유교와 불교의 상호교류를 밝혔으며, 답임진사서 (答任進士書)에서는 유불일치불이설(儒佛一致不二說)을 역설하고 있다.

하권의 내용 중 봉갑사탱화권선소(鳳岬寺幀畫勸善疏) 왕축소(王祝疏) 천사주별(薦師晝別) 백암비석권소(柏庵碑石勸疏) 송광사영자전상량문(松廣寺影子殿上樑文) 해함조석(海喊潮汐) 송상은서(送尙隱序) 측신제문(厠神祭文) 폐지상소(廢紙上疏)등은 당시의 불교계 상황과 불교의식, 사찰의 역사 등을 알 수 있는 좋은 자료가 된다. 규장각도서에 있다.

悟道話
오도화

도를 깨달게 한 명성은 밤마다 떠오르고
추위가 닥쳐야 눈 가운데 매화를 볼 수 있다.
수많은 세월을 수행해야 부처를 이룬다는데
어떻게 해서 오늘 깨달음을 이룬다 하는가?

盡道明星夜夜廻 當寒須信雪中梅
진도명성야야회 당한수신설중매
塵沙久劫云成佛 何用如今正覺來
진사구겁운성불 하용여금정각래

*진사(塵沙) : 수가 무수히 많음을 비유적으로 이르는 말.

登俗離山
등속리산

법주사를 다니려 객이 왔는데
소년대 위를 노인이 오른다.
애석하기는 찔레와 창포가 자라고
선사의 비석을 보호할 스님이 없다.

法住寺中遊客到 少年臺上老人登
법주사중유객도 소년대상노인등
可惜蒺藜生蒲地 先師法碣護無僧
가식질러생포지 선사냅갈호무승

神興懷古
신흥회고

칠불암 앞에서 속세를 잊고
삼신동에서 신선처럼 놀다가
산 깊고 물 넓어 다함이 없음을 보고
명예 드러남에 귀를 씻는 늙은이 몇이나 보았는가.

七佛庵前忘俗慮 三神洞裏玩仙蹤
칠불암전망속려 삼신동리완선종
山長水闊看無盡 幾待題名洗耳翁
산장수활간무진 기대제명세이옹

戒學業
계학업

너희들은 부지런함으로 한가함을 탐하지 말라함은
복숭아꽃 잃을까 두려워 민복숭아꽃 얼굴이니
아득히 먼 백세의 귀밑머리 일로
다만 메진 조 익지 않았냐고 물을 뿐이다.

汝曹勤業莫耽閑 恐喪桃花挾竹顔
여조근업막탐한 공상도화협죽안
悠悠百世鬢邊事 只在黃粱未熟問
유유백세빈변사 지재황량미숙문

*협죽도(挾竹桃) : 민복숭아의 꽃. 유도화(柳桃花)
*유유(悠悠) : 한가롭고 여유로운 모습
*황량(黃粱) : 차지지 않고 메진 조

題浮石寺
제부석사

삼일을 부석사에 머무르니
십년 묶은 정이 녹아
무위산이 점점 높아지고
끊이지 않는 물이 평온하게 흐른다.
많은 구름 암혈에서 생겨나고
온 마을 정원에 달이 가득하며
하늘과 땅이 한 번에 바라보이니
한가히 앉아 선경을 읽는다.

三日留浮石 十年破遠情
삼일유부석 십년파원정
無爲山漸屹 不鑿水流平
무위산점흘 불착수유평
千郡雲生岫 萬家月滿庭
천군운생수 만가월만정
乾坤收一望 閑坐讀禪經
건곤수일망 한좌독선경

홍유 추파(1718~1774)

　성은 이씨(李氏). 본관은 전주(全州), 호는 추파(秋波). 경기도 광주 출생. 효령대군(孝寧大君)의 후손이며, 화순현감을 지낸 석관(碩寬)의 손자이다. 10세에 이미 수백 권의 글을 읽어 천재라고 일컬어졌으며, 19세에 남해의 방장산(方丈山)에 들어가 승려가 되었다.
　처음에는 편양문파(鞭羊門派)의 조관(慥冠)에게 배웠으나 그 뒤 여러 사찰을 다니면서 선지식의 지도를 받았고, 나중에 벽암문파에 속하는 성안(性眼)의 법을 이었다. 선종(禪宗)과 교종(敎宗)에 두루 통하였으나 만년에는 주로 염불에 귀의하여 후학을 가르쳤다.
　또, 유교에도 밝아 불교의 여(如)로써 중용의 비은(費隱)에 대비하는 등 유석(儒釋)의 동이(同異)를 밝히는 데 관심을 보였다. 세속을 싫어하고 마음을 늘 서방정토에 두었으며, 인자함과 정열과 성의를 갖춘 선사로서 제자들의 존경을 받았다.
　빼어난 문장으로 이름을 얻었으며, 청암사(淸巖寺) 심적암(深寂庵)에서 입적하였다. 법맥은 선수(善修)─각성(覺性)─진언(震言)─정혜(定慧)─성안─홍유로 이어진다. 제자로는 문연(文演), 천제(天濟), 관식(慣拭) 등이 있다. 제자들이 영정(影幀)을 심적암에 안치하였고, 탑을 옥류동(玉流洞)에 건립하였다. 저서로 『추파집(秋波集)』 3권이 있다.

『추파집(秋波集)』 – 홍유(泓宥)의 문집. 3권 1책. 목판본.

권두에는 1775(영조 51)년 9월에 신경준(申景濬)이 쓴 서(序)와 목만중(睦萬中)의 제(題), 윤숙(尹塾)과 유광익(柳光翼)의 서가 첨부되어 있다. 이들은 모두 초서로 쓴 것이며, 그 필법이 볼만하다. 권말에는 1780(정조 4)년에 유기(有機)가 쓴 후서(後敍)와 채제공(蔡濟恭)이 지은 찬, 유숙지(柳肅之)의 발문이 있다.

권1에는 칠언고시 2편, 오언절구 19수, 오언율시 7수, 칠언절구 7수, 칠언율시 7수가 수록되어 있고, 권2에는 서(書)와 서(序), 권3에는 기(記)와 잡저가 수록되어 있다. 이 가운데 서(書)에는 당시의 유생들과 주고받은 편지를 비롯하여, 역암(櫟庵), 환응(幻應), 혜암(惠庵), 백파(白坡), 용암(龍巖) 등 당대의 고승들과 주고받은 편지 29통이 수록되어 있고, 사람을 보낼 때나 행사를 기념하기 위하여 쓴 20여 편의 서(序)가 있다. 권3에는 상주묘적암기(尙州妙寂庵記), 유속리산기(遊俗離山記) 등 12편의 기문과 제보화천존문(祭普化天尊文) 상량문 등 잡저 5편이 수록되어 있다. 동국대학교 도서관 등에 있다.

臨終訣慣拭
임종결관식

성성한 이 한 물건은
어찌하여 죽고 또 태어나는가.
머무는 너에게 빈 발우를 전하니
내가 가는데 정을 끌어들이지 마라.

惺惺一着子 何死又何生
성성일착자 하사우하생
留爾傳空鉢 吾行莫糾情
유이전공발 오행막규정

*일착자(一着子) : 주인공

溪寺偶吟
계사우음

숲 속에서 오래도록 살다보니
긴 세월 집 밖을 나가지 않았다.
조각구름 북쪽 고개로 돌아가고
외로운 오리는 들판으로 내려갔다.
꽃잎이 떨어지니 봄이 저물고
찾아오는 이 드무니 세상과 멀다.
언제 살림살이 걱정을 하였던가?
창밖에 푸른 소나무 넉넉한데.

養拙林泉久 長年不出巢
양졸임천구 장년불출소
斷雲歸北嶺 孤鶩下平郊
단운귀북령 고목하평교
花落看春暮 客稀識世遙
화락간춘모 객희식세요
何曾憂活計 窓外碧松饒
하증우활계 창외벽송요

*양졸(養拙) : 자기의 단점을 숨기다. 결점을 감추다.
*임천(林泉) : 숲과 샘이라는 뜻으로, 은사(隱士)가 사는 곳을 이르는 말.
*평교(平郊) : 들 밖. 또는 교외에 있는 널찍한 들.
*활계(活計) : 살아갈 방도나 형편

渡茂溪津
도무계진

돌아가는 배가 작은 강바람에 천천히 가는데
양쪽 언덕에 핀 여뀌꽃은 물에 붉게 비추고
오랑캐 피리소리 하늘이 저물 무렵
흰 갈매기 석양 속으로 날아간다.

歸舟懶放小江風 兩岸蓼花映水紅
귀주라방소강풍 양안요화영수홍
羌篴一聲天欲暮 白鷗飛去夕陽中
강적일성천욕모 백구비거석양중

*요화(蓼花) : 여뀌의 꽃

遊三神洞
유삼신동

삼신동 경치는 지리산에서 으뜸으로
멀리서 올라온 나그네 한나절을 놀고서
고운에게 천년 이후의 일을 묻는데
이곳의 태평함을 다시 거둘 수 있겠는가.

三神勝景冠頭流 遠客登臨半日遊
삼신승경관두유 원객등임반일유
借問孤雲千載後 一區煙月復能收
차문고운천재후 일구연월부능수

*삼신동(三神洞) : 고운이 신선(神仙)들이 살만한 곳이란 뜻에서 부른 삼신동
*두류산(頭流山) : 지리산(智異山)의 다른 이름
*차문(借問) : 시험 삼아 한번 물어봄.
*고운(孤雲) : 고운 최치원(孤雲 崔致遠)
*연월(煙月) : 태평연월(太平煙月)

臨終偈
임종게

납자들이 평생 분통한 뜻을
때때로 반야검을 세우고
아미타불을 한 생각으로 따르면
바로 서방정토극락세계에 이르리라.

衲子平生慷慨志 時時豎起般若刀
납자평생강개지 시시수기반야도
好從一念彌陀佛 直往西方極樂橋
호종일념미타불 직왕서방극락교

*강개(慷慨) : 불의에 대하여 의기가 복받쳐 원통하고 슬픔

취여 괄허(1720~1789)

　선승(禪僧). 성은 여씨(余氏). 호는 괄허(括虛). 어려서부터 매우 영민하여 한번 배우면 모두 외웠다고 한다. 14세 때 문경 사불산(四佛山)대승사(大乘寺)에서 능파(凌波)를 은사로 하여 삭발하였고, 진속선사(眞俗禪師)에게서 구족계를 받았다.
　환암(幻庵)에게 선을 배우고 담숙(曇淑)의 법을 이었다. 그 뒤 영남의 여러 사찰을 순방하면서 법을 가르치고 가람을 중수하는 등 불교의 중흥에 힘을 기울였다. 법을 이은 제자로는 척전(陟詮) 등이 있다. 나이 69세, 법랍 57세로 경상북도 운봉사(雲峯寺) 양진암(養眞庵)에서 임종게를 남기고 입적하였다. 저서로는 『괄허집(括虛集)』 1권이 있다.

　『괄허집(括虛集)』 - 취여(取如)의 시문집. 2권 1책.
　1887년 취여의 5세 법손인 혜운(惠雲)과 포순(抱淳) 등이 그 유고를 수집하여 문경 김룡사(金龍寺)양진암(養眞庵)에서 개간하였다. 권두에는 1888년에 김성근(金聲根)이 쓴 서문과 1887년에 허훈(許薰)이 쓴 서, 1878년에 치능(致能)이 쓴 서가 있으며, 권말에는 1887년에 명원

(明遠)이 지은 발문이 있다.

권1에는 유거사(幽居辭) 청야사(淸夜辭) 운산음(雲山吟) 몽수음(夢愁吟) 종풍곡(宗風曲) 시채정선자(示采定禪子)등과 함께 절구 율시 3백여 수가 수록되어 있다.

권2에는 표충사도총섭안록중수서(表忠祠都摠攝案錄重修序)를 비롯하여 서문 사찰중수기 신창기(新創記) 제문 상량문 권선문 등 잡문 22편과 괄허설(括虛說)등 각종 설이 수록되어 있다. 규장각 도서와 국립중앙도서관 등에 있다.

觀心
관심

홀로앉아 마음 바다를 들여다 보니
아득하게 물이 하늘과 겹쳐 있다.
뜬구름 생기거나 없어짐 없고
달은 외로이 삼천대천세계를 비춘다.

獨坐觀心海 茫茫水接天
독좌관심해 망망수접천
浮雲無起滅 孤月照三千
부운무기멸 고월조삼천

上無住
상무주

아의 호를 무주라 부르고
머물고 있는 암자도 무주이다.
사람도 경계도 모두 무주이니
이야말로 진실한 무주이다.

我號稱無住 是庵亦無住
아호칭무주 시암역무주
人境皆無住 是乃眞無住
인경개무주 시내진무주

偶題
우제

물은 마음대로 동 서로 흐르고
구름은 스스로 생겼다 사라진다.
물 따라 구름 따라 산책하는 늙은이는
근심하고 즐거워하는 분별이 없다.

流水任東西 浮雲自起滅
유수임동서 부운자기멸
逍遙雲水翁 憂樂無分別
소요운수옹 우락무분별

風月
풍월

바위샘에서 하늘을 올려다보니
뜰에 측백나무 맑은 바람에 흔들리고
몸은 모양과 소리에 앉았지만
마음은 소리와 모양 가운데 있지 않다.

巖泉迎白月 庭柏引淸風
암천앙백월 정백인청풍
身是坐聲色 心非聲色中
신시좌성색 심비성색중

洛山寺
낙산사

멀리서 온 나그네 쓸쓸한 절에 오른다.
문은 큰 바닷가에 가까이 있고
범종소리에 가랑비 내리는 저녁
어촌 피리 소리 꽃 지는 봄이다.
푸른 대나무 바위 앞에 흔들리고
관음보살상은 굴 속의 불가사의다.
리화정에서 일출을 보니
하늘과 땅이 하나로 붉고 둥글다.

遠客登蕭寺 門臨大海濱
원객등소사 문임대해빈
梵鍾微雨夕 漁笛落花春
범종미우석 어적락화춘
翠竹岩前拂 金容窟裏神
취죽암전불 금용굴리신
梨亭觀日出 天地一紅輪
리정관일출 천지일홍륜

*미우(微雨) : 보슬비, 가랑비.
*어적(漁笛) : 어촌에서 들리는 피리 소리.
*금용(金容) : 부처나 보살의 황금빛 나는 용모
*리정(梨亭) : 리화정(梨花亭), 정자이름

유일 연담(1720~1799)

성은 천씨(千氏), 자는 무이(無二), 법호는 연담(蓮潭). 전라남도 화순 출신. 5세 때 전사문을 배우기 시작하여 10세에 통감(通鑑), 12세에 맹자를 읽었다. 7세 때 아버지가, 13세 때 어머니가 죽은 뒤 숙부의 보살핌을 받았다.

대학, 중용 등 유가경전을 공부한 뒤, 18세 때 승달산 법천사(法泉寺)의 성철(性哲)을 따라 출가하였고, 19세 때 안빈(安賓)으로부터 구족계(具足戒)를 받았다. 보흥사(普興寺)에서 사집(四集)을 배운 뒤 대둔사(大芚寺) 벽하(碧霞)로부터 능엄경을, 용암(龍巖) 밑에서 기신론(起信論)과 금강경을, 취서사(鷲棲寺) 영곡(靈谷)으로부터 원각경(圓覺經)을 배웠다.

22세 때 해인사의 체정(體淨) 밑에서 3년 동안 공부하여 선리를 터득하였고, 상언(尙彦)에게서 화엄경을 배우면서 28세까지 시봉(侍奉)하였다. 29세 때 강원도 장구산(長丘山)에 53불(佛)을 조성하였고, 체정을 증명사(證明師)로 모셨다.

31세 때 보림사(寶林寺)에서 반야경과 원각경을, 다음 해에 현담(玄

談)을 강의하기 시작하여 60세까지 30여 년 동안 계속하였다.

58세 때 영남 종장(宗匠)으로 해인사에 있으면서 서산(西山)의 비석을 대둔사에 세웠다. 60세 때 시기하는 승려의 투서 때문에 퇴암(退庵)과 함께 수일 동안 투옥된 일이 있었다. 78세 때 보림사 삼성암(三聖庵)으로 옮긴 뒤 80세에 입적하였다.

교학(敎學)뿐 아니라 선도를 함께 닦은 고승으로서, 법맥상으로 볼 때는 체정의 제자이고 상언을 동문이면서 스승으로 받들었다. 서산의 의발(衣鉢)을 전수함으로써 선교(禪敎)의 종본산인 전라남도 해남 대흥사(大興寺)의 12대종사(大宗師) 중 1인이 되었다.

31세 때 강석(講席)을 연 뒤 30여 년 동안 강의하면서 사집, 사교 및 화엄현담(華嚴玄談), 염송(拈頌)에 대한 사기(私記)를 저술하되 기존 사기를 면밀히 검토하여 후학들의 현혹됨이 없게 하였다.

특히, 도서(都序)와 법집별행록절요병입사기(法集別行錄節要幷入私記)에 대하여 정혜(定慧)의 돈오점수(頓悟漸修)를 이지(理智)로 판단하여 본뜻을 잃었다고 비판하면서 호암(虎巖)의 사지현전(事智現前)으로 해석하였다.

또한, 염불도 입으로만 외우지 말고 마음으로 해야 자심정토(自心淨土)와 자성미타(自性彌陀)가 원활하게 현전(現前)한다고 하여 염불과 참선이 일치함을 주장하였다.

중생과 제불의 마음은 각각 원만하고 완전하여 원래 하나이고 총괄적인 대실재에 귀일하며, 하나의 마음은 불생불멸(不生不滅)하고 선악의 구별이 없으나 더럽고 깨끗한 훈습(薰習)에 의하여 선악 등이 있게 된다고 하였다.

저서에는 『서장사기(書狀私記)』 1권, 『도서사기(都序私記)』 1권, 『선요사기(禪要私記)』 1권, 『절요사기(節要私記)』 1권, 『기신사족(起信蛇

足)』1권, 『금강하목(金剛蝦目)』1권, 『원각경사기(圓覺經私記)』2권, 『현담사기(玄談私記)』2권, 『대교유망기(大敎遺忘記)』5권, 『제경회요(諸經會要)』1권, 『염송착병(拈頌着柄)』2권, 『연담대사임하록(蓮潭大師林下錄)』등이 있다.

『연담대사임하록(蓮潭大師林下錄)』 - 유일(有一)의 시집. 2권 1책. 목판본. 1799(정조 23)년 전라남도 영암미황사(美黃寺)에서 개판하여 해남 대흥사로 판을 옮겨 보관하였다.

권두에 안책(安策)의 서와 정법정(丁法正)의 서, 이충익(李忠翊)의 서, 자서(自序), 채백규(蔡伯規)와 이현도(李顯道)의 찬, 회운(會雲)의 발문이 있다. 또, 권말에는 1799년 문인 영월(靈月)이 쓴 발문이 있다. 본분에 수록된 시는 약 400여 수에 이르는데, 그 글이 유창하고 세련되어 걸림이 없다. 규장각 도서에 있다.

歸故鄕(余丁巳出家 壬戌歸鄕)
귀고향(여정사출가 임술귀향)

육년을 구름 자욱한 산에서 학과 함께 날다가
가을바람에 홀연 고향으로 돌아가고 싶었다.
성명은 옛것에 따라 관적에 적고
행적 지금과 같이 떨어진 옷으로 청했다.
사해에 집이 있고 또 먹을 것이 있어
이 몸 옳은 것도 없고 그릇 것도 없었다.
고향 사람들은 나에게 환속하기를 바라며
다투어 미간을 향해 눈썹을 치켜 올렸다.

六載雲山鶴共飛 秋風忽憶故園歸
육재운산학공비 추풍홀억고원귀
姓名依舊書官籍 蹤跡如今付衲衣
성명의구서관적 종적여금부납의
四海有家兼有食 一身無是更無非
사해유가겸유식 일신무시갱무비
鄕人欲使吾還俗 爭向眉間拂翠微
향인욕사오환속 쟁향미간불취미

*고원(故園) : 고향. 자기가 태어나 자란 곳.

古今島
고금도

가을이 다하도록 강촌에 돌아가지 못하고
하늘의 서리 기운 뻗치니 유리창이 차갑다.
외로운 배는 금릉도에 매여 있고
밝은 달은 서석산에 다시 뜬다.
등불을 벗 삼은 객의 근심 사라지지 않고
별과 함께 돌아가는 꿈은 새벽까지 남아
같이 공부하던 도반들을 멀리서 서로 생각하니
이서 겨울이 오면 결제하여 편안하겠지.

秋盡江村未得還　拍天霜氣透窓寒
추진강촌미득환　박천상기투창한
孤舟一繫金陵島　明月重圓瑞石山
고주일계금릉도　명월중원서석산
燈伴客愁明不滅　星將歸夢曉方殘
등반객수명불멸　성장귀몽효방잔
同床法侶遙相憶　應趨冬期結制安
동상법려요상억　응추동기결제안

*중원(重圓) : 다시 모이다

漁父詞 二首
어부사 이수

빨간 여뀌 흰 마름꽃이 핀 양쪽 언덕의 가을
외로운 배에 누워 밝은 달을 보니 좋다.
밤은 깊어 돌연 낚시찌가 흔들림을 보니
금빛 고기 곧은 낚시 바늘 위에서 자유롭네.

紅蓼白蘋兩岸秋 好看明月臥孤舟
홍요백빈양안추 호간명월와고주
夜深忽見搖浮子 自有金鱗上直鉤
야심홀견요부자 자유금린상직구

넓고 큰 바다 생활은 갈매기가 알아
도리어 외로운 배 이외에는 한 물건도 없다.
새 밀물을 기다렸다가 다른 곳에서 고기를 잡으니
갈 때는 안개비 오더니만 올 때는 달이 떴다.

滄溟活計白鷗知 除却孤舟無一物
창명활계백구지 제각고주무일물
待得新潮別浦漁 去時烟雨來時月
대득신조별포어 거시연우래시월

*홍료(紅蓼) : 단풍이 들어 빨갛게 된 여뀌.
*백빈(白蘋) : 흰 마름꽃.　　　*부자(浮子) : 낚시찌. 부표
*창명(滄溟) : 넓고 큰 바다　*포어(浦漁) : 잡은 고기

牧童詞
목동사

동 서 남 북 풀을 찾아다니면서
소 등을 타고 피리를 두세 번 불면
돌아올 때는 배도 부르고 황혼이 저물어
도롱이도 벗지 못하고 달빛 아래 눕는다.

南北東西草裏行 笛橫牛背兩三聲
남북동서초리행 적횡우배양삼성
歸來飽飯黃昏後 不脫蓑衣臥月明
귀래포반황혼후 불탈사의와월명

禪旨
선지

오직 나는 스스로를 알지 못하나
이 도는 본래 원만하고 분명해서
기와 조약돌도 부처를 이루고
허공이 강의하는 경을 안다.
연못 꽃은 달빛을 받아 희고
산 기운은 가을빛을 띠었는데
바람이 담 서쪽 대나무를 흔드니
오롯이 모름지기 눈으로 들어라.

惟吾自不會 斯道本圓明
유오자불회 사도본원명
瓦礫終成佛 虛空解講經
와력종성불 허공해강경
池華承月白 山氣帶秋淸
지화승월백 산기대추청
風打墻西竹 端須以眼聽
풍타장서죽 단수이안청

기영 몽암(?)

　생몰년대 미상. 조선 후기 스님. 저서로는 "몽암대사문집" 2권(한불선10, pp358/~380)이 있다. 문집에 연담(蓮潭, 1720~1799), 해봉(海峰, 1707~1785) 등에게 보낸 글이 있는 것으로 보아 이 무렵에 활약했음을 알 수 있다. 내용 구조에 있어서는 상 하 2권인데. 상권에서는 자연을 대상으로 한, 시(詩) 42편, 7언 절구(七言絕句) 5편, 칠언율시 32편, 오언율시 11편, 오언절구 6편, 기타의 시 4편과 하권에서는 서(書) 33편, 기문(記文) 7편, 서문(序文) 8편, 권선문 16편 등이 실려 있다.

紅流洞口呼
홍류동구호

십리를 붉게 흐르고 아홉 구비 가야산
계곡 따라 나갔다가 구름 쫓아 돌아와도
곁에 있는 사람도 이런 줄을 알지 못하고
웃으면서 어쩐 일이냐고 묻고서 오고 간다.

十里紅流九曲開 趁溪閑出逐雲回
십리홍류구곡개 진계한출축운회
傍人不識這間趣 笑問緣何去又來
방인불식저간취 소문연하거우래

*저간(這間) : 얼마 전부터 이제까지의 무렵.
*연하(緣何) : 왜. 어째서.

松
송

짙기가 취대와 같고 향기가 난다.
곧기가 금경과 같아 백자이고
홀로 빼어나 천년을 늙지 않아
앉아서 많은 나무를 보니 모두 누렇다.

濃如翠黛蘭膏潑 直似金莖百尺强
농여취대난고발 직사금경백척강
獨秀千年不老節 坐看群木盡菱黃
독수천년불노절 좌간군목진위황

*취대(翠黛) : 눈썹 그리는 데 쓰는 푸른 먹. 미인(美人)의 눈썹.
 멀리 바라보이는 푸른 산의 경치(景致).
*난고(蘭膏) : 냄새가 향기(香氣)로운 기름.
*금경(金莖) : 한(漢)나라 무제(武帝)가 감로(甘露)를 받기 위하여 건장궁(建章宮)에 승로
반(承露盤)이란 동반(銅盤)을 만들었는데, 금경(金莖)이란 이를 바치는 구리 기둥이다.
*위황(萎黃) : 누렇게 말라들다. 핏기가 없고 누렇다. 누렇게 시들다.

五臺山偶吟
오대산우음

아득한 안개 속에 신이 놀던 곳을 처음 오르니
세연과 끊어진 신령스런 경계가 맑은 허공 같다.
긴 병풍이 연이어진 것같이 푸른 산이 서있고
상서로운 기운의 반석층이 보전처럼 빛났다.
삼배를 마치니 천겁의 죄가 참회되고
한 향로에 깨달음이 오색구름 향기로
균제동자가 어느 곳에 있는 줄 알면
그때는 소 먹이는 것을 보지 않으리라.

杳靄神遊脚始登 絕塵靈境入空淸
묘애신유각시등 절진영경입공청
長屛疊起蒼山立 瑞氣層盤寶殿煌
장병첩기창산입 서기층반보전황
三拜已懺千劫罪 一爐深覺五雲香
삼배이참천겁죄 일로심각오운향
均提童子知何在 不見當時飯犢丁
균제동자지하재 불견당시반독정

*첩기(疊起) : 자꾸 일어나다. 계속 나타나다.
*균제동자(均提童子) : 문수보살의 시자.

自嘲
자조

참으로 우습다 세월을 헛되이 보낸 늙은이
하는 일 없이 사문이라 부르니 부끄럽다.
연꽃 책상에 선현들의 말씀을 열람하니
가슴 속 속된 생각이 흔쾌히 씻어진다.

可笑流年空老過 慙無一事稱緇裟
가소유년공노과 참무일사칭치사
蓮床偶覽先賢語 快洗胸中鄙吝芽
연상우람선현어 쾌세흉중비린아

*치사(緇裟) : 승복.
*비린(鄙吝) : 속되고 천하다. 매우 인색하다.

寶德窟偶吟
보덕굴우음

외로이 석벽을 열고
험준해서 층계와 난간을 만들고
동 기둥을 구름 찌를 듯 세웠으나
주옥 장식이 떨어진 거울이 차갑다.
각별히 곡탑의 그림자가 좋고
홀로 밝힌 여러 산이 단정해서
소계를 세 번 와서 맺으니
불조사가 나의 얼굴을 잘 안다.

孤孤開石壁 業業駕層欄
고고개석벽 업업가층난

銅脚攙雲立 珠旒落鏡寒
동각참운입 주류락경한

偏怜鵠塔影 獨明亂山端
편령곡탑영 독명란산단

小界三來結 佛祖熟我顔
소계삼래결 불조숙아안

*고고(孤孤) : 외롭다. 고독하다. 쓸쓸하다.
*업업(業業) : 산이 높고 험한 모양.
*곡탑(鵠塔) : 곡림(鵠林)에 있는 탑. 곡림을 쌍림(雙林) 또는 사라쌍수(沙羅雙樹)라고도 함.
*소계(小界) : 3종 결계(結界) 중의 하나. 수계(受戒), 설계(說戒), 자자(自恣)등을 위해서 임시로 결성하는 소결계(小結界).

비은 월성(1710~1778)

비은 월성(費隱 月城)에 대한 행장은 전해진 것이 없다. 다만 『월성대사집(月城大師集)』이 호서관찰사 동해자(東海子)의 서문을 통해 단편적인 것만을 알 수가 있다.

이에 의하면 월성 비은 대사는 속성이 김씨이다. 13세에 출가하여 16세에 삭발하였다. 27세에 건당식을 하고, 69세에 입적하였다. 성품은 소탈하고, 계율에 청정하였으며, 언제나 위의가 여법하였다.

월성집은 그의 제자 쾌경(庵鏡)과 홍준(鴻俊) 등이 스승의 시문을 모아 스승의 불법이 남도지방에 널리 펼쳐지기를 바라는 마음에서 당시 유력한 사람들에게 서문을 부탁하고 중지를 모아, 1798년 전라남도 대은암(大隱庵)에서 개판하였다. 이후 1805년 증보판이 발행되었다.

월성집 1권은 정승이었던 번암(樊巖)의 서문과 동해자라는 호를 지닌 호서관찰사의 서문이 있다. 7언율시가 34편(설산책방에게 준 2수의 시를 1편으로 계산함), 5언율시가 11편, 7언절구가 16편, 문 19편으로 구성되어 있다.

『월성집(月城集)』 – 비은(費隱)의 문집. 1권 1책. 목활자본.

1798(정조 22)년 제자 쾌경(噲鏡) 홍준(鴻俊) 등이 전라남도 대은암(大隱庵)에서 개판하였으며, 1805(순조 5)년 새로 발견된 유고를 추가하여 증보판을 간행하였다.

권두에 채제공(蔡濟恭)과 동해자(東海子)의 서가 있고, 증보판에는 이재순(李在純)의 서가 있다. 본집에는 칠언율시 11수와 칠언절구 16수를 비롯하여, 무설전초창급중창기(無說殿初創及重創記) 등 기(記) 3편, 추곡당수석권선문(秋谷堂樹石勸善文), 여회경상인권학(與會敬上人勸學) 등 문(文) 4편, 답방학사석필서(答房學士碩弼書) 등 서(書) 12편, 서기청서(書記廳序) 1편 등이 수록되어 있다. 규장각 도서에 있다.

道林寺正樓
도림사정루

장엄한 가람 창건한지 몇 해나 되었는지
푸르게 흐르는 물과 높은 산 깊은 계곡
용이 서린 괴석은 남쪽으로 꼬리를 내리고
호랑이가 엎드린 기암은 북으로 머리를 들었다.
비에 씻기고 바람에 깎여 떨어진 곳이 많아
하늘과 땅의 신령으로 수리할 것을 허락하고
이름난 경치 좋은 곳의 어려움이 다하면
시인과 함께 머물면서 다른 날에 즐기리라.

梵宇崢嶸創幾秋 碧流靑嶂洞深幽
범우쟁영창기추 벽류청장동심유

龍盤怪石南低尾 虎伏奇巖北擧頭
용반괴석남저미 호복기엄북거두

雨洗風磨多剝落 天慳地祕許重修
우세풍마다박락 천간지비허중수

名區勝槪收難盡 留與騷人後日遊
명구승개수난진 류여소인후일유

*범우(梵宇) : 탑. 절. 불사.
*승개(勝槪) : 좋은 경치
*소인(騷人) : 시인과 문사(文士).
 중국 초나라의 굴원이 지은 '이소부(離騷賦)'에서 나온 말이다.

不換亭
불환정

선루를 찾아 술을 싣고 도는데
끝없는 경치 글로 다할 수 없다.
긴 피리소리에 배는 남쪽으로 내려가고
푸른 하늘 기러기 몇 마리 북쪽에서 날아온다.
바람은 은은한 향기를 먼 포구에서 날아 오고
달은 시를 짓고 싶은 마음에 높은 대를 오른다.
읊조리며 고개를 돌리니 노을이 짙고
절경을 돌아보니 매화가 비에 젖는다.

爲訪仙樓載酒廻 無窮景物筆難裁
위방선루재주회 무궁경물필난재
一聲長笛船南下 數點靑天雁北來
일성장죽선남하 수점청천안북래
風引暗香飛遠浦 月驅詩興上高臺
풍인암향비원포 월구시흥상고대
沈吟回首烟霞外 奇絶還看帶雨梅
침음회수연하외 기절환간대우매

*수점(數點) : 수를 세어 확인하다
*시흥(詩興) : 시를 짓고 싶은 마음.
*침음(沈吟) : 읊조리다.
*기절(奇絶) : 극히 기이하다. 기이한 절경.

淸流閣
청류각

맑은 물이 돌아 흐르는 산그늘 속에
한 두 칸의 교각을 물소리로 감싸고
끝없는 경치를 어찌 번거롭다 하랴만
만들어진 모양은 조화옹의 공을 훔쳤네.

一帶淸流山影裏 數間橋閣水聲中
일대청유산영리 수간교각수성중
無邊景物何煩說 制度還偸造化功
무변경물하번설 제도환투조화공

*수간(數間) : 집의 두서너 칸.
*교각(橋脚) : 산골짜기 따위를 건너질러 공중에 높이 걸려 있는 다리.
*제도(制度) : 법이나 관습에 의하여 세워진 모든 사회적 규약의 체계.

大隱庵
대은암

하늘의 보계를 여니 가진 것이 정말 많아
깎아 세운 한쪽 봉우리가 무너지려하고
영광과 굴욕의 인간들 소식이 끊어지니
흰 구름이 좌선하는 스님을 항상 보호하네.

天開寶界藏無盡 削立圭峰勢欲崩
천개보계장무진 삭입규봉세욕붕
榮辱人間消息斷 白雲常護坐禪僧
영욕인간소식단 백운상호좌선승

黃鳥
황조

비단 옷에 무슨 일로 불평하며 우는 것이
꽃을 더하지 못해 다하지 못한 정 때문인가.
날아가고 오는 것을 사람들은 알지 못하나
해질녘 가지 위에서 스스로 말한 이름이다.

錦衣何事不平鳴 無乃添花未盡情
금의하사불평명 무내첨화미진정
飛去飛來人不識 夕陽枝上自言名
비거비래인불식 석양지상자언명

*황조(黃鳥) : 카나리아. 꾀꼬리.

팔관 진허(?~1782)

　진허집(振虛集)은 팔관(捌關)의 시문집. 2권 1책. 저자가 입적한 후 문인 보철(普喆)이 유고를 수습하여, 1786(정조 10)년 7월에 안주(安州) 청룡사(靑龍寺)에서 개간하였다. 책 첫머리에 1786년 7월에 김정중(金正中)이 쓴 서문이 있다.

　김정중(金正中)이 1786에 진허집(振虛集) 서문을 쓰면서 "채번암(蔡樊巖, 1720~1799) 정승이 널리 명승(名僧)을 모아 무차회(無遮會)를 열고 백성들을 위하여 복을 빌 때 팔관대사(捌關大師)를 주석(主席)에 모시니, 대사는 그 때 비단가사를 걸치고 백팔염주를 드리운 채 자리에 앉아 낭랑한 목소리로 경을 읽어 내려갔다 하였고, 김정중 자신은 수많은 사람들의 틈을 비집고 들어갔으나 한 마디도 건네 보지 못하고 그 풍채만 바라보니 눈썹은 희고 눈빛은 샛별 같았다"고 하였을 뿐. 발문(跋文)이나 행장(行狀)은 없다.

　권1에는 오언절귀 39편, 오언율시 15편, 칠언절귀 11편, 칠언율시 22편 도합 87편의 시가 실려 있고, 권2에는 행장 1편, 서문 1편, 기문 2편, 문(文) 2편, 도합 8편이 실려 있다.

저자 팔관은 호가 진허(振虛)이며 영조~정조 때에 활동한 승려라는 사실 외에 자세한 것은 알 수 없으며 1769(영조 45)년에 지은 『삼문직지(三門直指)』가 전하고 있다. 이 진허집은 간송미술관 등에 소장되어 있으며, 『한국불교전서(韓國佛敎典書)』 제10책에 실려 있다.

普德窟
보덕굴

보덕의 천년 굴에
봄이 오니 오월화가 피었다.
스님들은 다섯 명
나를 위해 좋은 차를 다린다.

普德千年窟 春開五月花
보덕천년굴 춘개오월화
居僧三四五 爲我煮茗茶
거승삼사오 위아자명다

香山
향산

태백산은 모든 산의 조상이요
단군은 한 나라의 근본이다.
눈 속에 정색을 보이고
구름 밖에 참 모습 드러낸다.
달은 향기로운 계수나무로 지고
바람은 절의 종소리를 전한다.
어찌 호월의 나그네를 싫어하면서
남 과 북의 천봉을 끌어안겠는가.

太白諸山祖 檀君一國宗
태백제산조 단군일국종

雪中看正色 雲外露眞容
설중간정색 운외로진용

月落天香桂 風傳梵宇鐘
월락천향계 풍전범우종

況嫌胡越客 南北擁千峰
형혐호월객 남북옹천봉

*정색(正色) : 곧 적·황·백·청·흑. 엄정한 태도.
*천향(天香) : 매우 좋은 향. 타고난 미모. 자연미.
*호월(胡越) : 중국 북쪽의 호(胡)나라와 남쪽의 월(越)나라라는 뜻

舟中作
주중작

팔월에 배를 타고 멀리 가려고 하는데
잔잔한 파도에 달이 처음으로 뜬다.
갈대꽃 십리 고기잡이 불이 밝으니
물빛과 하늘색이 아래위로 평평하다.

八月登舟欲遠行　微波欲動月初生
팔월등주욕원행　미파욕동월초생
蘆花十里明漁火　水色天光上下平
로화십리명어화　수색천광상하평

內院六影讚
내원육영찬

대범한 청허(淸虛) 스님은 만리가 도량이고
자상한 편양(鞭羊) 스님은 고향 그리는 외로운 나그네
풍담(楓潭) 스님은 넓은 물에 하늘빛 잉어를 품었고
월저(月渚) 스님은 거친 파도에 큰 배를 띄운다.
설암(雪巖) 스님은 황령의 제자 가운데 우뚝하고
벽허(碧虛) 스님은 제자들 가운데 가장 향기로우니
누가 알겠는가, 육대에 의발 전한 뒤
우리 제자들이 오래도록 드날릴 것을.

落落淸虛萬里場 鞭精孤客望家鄕
낙낙청허만리장 편정고객망가향
楓潭水闊藏玄鯉 月渚波深泛大航
풍담수활장현리 월저파심범대항
黃嶺雪巖雲外屹 碧虛桂子月中香
황령설암운외흘 벽허계자월중향
誰知六代傳衣後 更有兒孫久發揚
수지육대전의후 갱유아손구발양

*낙락(落落) : 대범하고 솔직하다. 어울리지 못하다. 많은 모양.

入天聖寺
입천성사

십리의 안개와 노을 낀 동구는 깊고
우거진 노송 숲이 그늘지는 저녁
늙은 나무꾼은 바둑 구경에 갈 길을 잊고
범은 사람을 보고 마음을 움직이지 않는다.
산봉우리에 가로진 백운은 값을 칠 수 없는 종이
돌아 흐르는 차가운 산골물은 줄 없는 거문고
치마 끝에 기대인 증험은 신선과 구별되어
유월의 맑은 바람이 저녁 숲에 흩어진다.

十里烟霞洞口深　檜松鬱鬱晚生陰
십리연하동구심　회송울울만생음

樵翁翫局忘移足　侍虎看人不動心
초옹완국망이목　시호간인부동심

橫岫白雲無價紙　繞樓冷澗沒絃琴
횡수백운무가지　요루냉간몰현금

憑軒欲驗仙區別　六月淸風散夕林
빙헌욕험선구별　유월청풍산석림

의첨 인악(1746~1796)

성은 이(李)씨다. 1753년 18세에 달성의 용연사에서 공부하다가 가선 헌장에게 출가했다. 벽봉 민성에게서 구족계를 받고, 그로부터 금강경과 능엄경 등의 대승경전을 배웠으며, 다시 당시의 학승들인 서악, 홍유, 농암 등에게서 수학했다. 후에 영원암에서 당시 화엄의 대가인 설파 상언에게서 화엄경과 선문염송을 배워서 선교에 통달했다. 1768년 민성의 법을 이었으며, 경을 가르치기 시작한 이래 비슬산, 팔공산, 계룡산, 불영산 등에서 교화에 힘써 많은 사람들을 깨우쳤다.

문장에도 뛰어나서 1790(정조 14)년 수원 용주사가 창건될 때 증명법사가 되어 불복장원문경찬소와 용주사제신장문을 지었는데, 정조로부터 문장이 훌륭하다는 칭찬을 들었다. 당시 호남의 유일(有一), 영남의 의소로 불릴 만큼 불교학의 거두로 인정받았다. 1796년 5월 5일 나이 51세, 법랍 33년으로 입적했다. 그는 상봉 정원의 5세손이기도 하다. 저서로 『화엄경사기(華嚴經私記)』, 『원각경사기(圓覺經私記)』, 『금강경사기(金剛經私記)』, 『능엄경사기(楞嚴經私記)』, 『기신론사기(起信論私記)』, 『인악집(仁岳集)』 등이 있다

『인악집(仁岳集)』 - 의첨(義沾)의 시문집. 3권 1책. 목판본.

1797(정조 21)년 제자 성안(聖岸)이 편집, 간행하였다. 권두에 홍직필(洪直弼)의 서문이, 권말에 우재악(禹載岳)의 발문이 있다.

권1에 시 77수, 권2에 용주록(龍珠錄)으로 봉안문 1편, 소(疏) 4편, 축문 1편, 제문 1편, 서(序) 1편, 기(記) 10편, 비문 1편, 유공록(有功錄) 2편, 상량문 4편, 권3에 서(書) 34편, 부록으로 행장 1편 등이 수록되어 있다. 국립중앙도서관, 규장각 도서, 고려대학교 도서관, 연세대학교 도서관, 동국대학교 도서관, 영남대학교 도서관 등에 소장되어 있다.

中秋十五夜獨坐有感
중추십오야독좌유감

밤 깊어지자 옷이 차갑고
산 공기는 앉은 자리도 맑아
다정한 것은 오직 달 뿐이더니
서로 도반이 되니 하늘이 밝아온다.

夜久衣裳冷 山空枕席淸
야구의상냉 산공침석청
多情惟有月 相伴到天明
다정유유월 상반도천명

偶吟
우음

마음속에 아주 작은 번뇌도 허락지 않고
겨우 이뤘나 생각하면 문득 진실을 잃네.
불법이 서쪽에서 온 뜻을 알고자 하다면
꽃이 지고 새가 우는 온 산 봄일 것이다.

心頭不許到纖塵 纔涉思惟便失眞
심두불허도섬진 재섭사유편실진
要識西來端的意 落花啼鳥滿山春
요식서래단적의 락화제조만산춘

廢講
폐강

온 산 날이 밝으니 새벽종이 울리면
메아리는 맑디맑게 소나무 숲에 있고
다시는 학인들이 강의를 들으러 오지 않으니
아침나절이 다하도록 푸른 산만 대하고 있다.

千山曙色赴晨鍾 浮響冷冷在半松
천산서색부신종 부향냉냉재반송
不復朋徒來講法 終朝無語對靑峰
불부붕도래강법 종조무어대청봉

*서색(曙色) : 새벽 하늘빛. 여명의 하늘빛
*붕도(朋徒) : 여럿이 모여 하나와 같이 뭉쳐 있는 무리.

參禪
참선

참선을 할 때 먼저 안이비설신의를 닫고
세존께서는 어찌 홀로 위대하신가 하며
한 물건도 마음에서 일어나지 않게 하여
그런 후에야 마음이 강과 같이 맑으리라.

面壁要先閉六窓 世尊何必獨無雙
면벽요선폐육창 세존하필독무쌍
莫敎一物來肝腑 然後心源淨似江
막교일물래간부 연후심원쟁사강

遊忘懷亭
유망회정

날이 개니 봄옷이 알맞고
이월 하늘에 동풍이 분다.
연못에 사람 그림자 거꾸로 비치고
따뜻한 숲에는 새들의 소리 아름답다.
꽃눈은 붉은 얼굴에 생기가 나고
버드나무 푸른 어깨를 드리운다.
노래하며 산속으로 돌아오는데
생각은 다시 초연해진다.

晴日宜春服　東風二月天
청일의춘복 동풍이월천
潭空人影倒　林暖鳥音圓
담공인영도 임난조음원
花嫩紅生面　柳垂碧襯肩
화눈홍생면 류수벽친견
詠歸山色裏　意思更超然
영귀산색리 의사갱초연

응윤 경암(1743~1804)

　성은 민씨(閔氏). 본관은 여흥(驪興). 처음의 법명은 관식(慣拭), 뒤에 고친 법명은 응윤. 법호는 경암(鏡巖). 경호(鏡湖) 출신. 어머니인 오씨(吳氏)가 계명산(鷄鳴山)에서 기도하여 그를 낳았다.

　3세 때 어머니를 여의고 5세 때 서당에서 공부를 시작하여 9세 때에는 경사(經史)에 능통하였다. 이해 가을에 아버지의 명으로 "가을이 깊으니 바람은 대나무를 움직이고, 물이 떨어지니 달은 내를 울리네. 어느 곳으로 볕을 따라가는 기러기인가. 쓸쓸하게 멀리 하늘로 들어가누나(秋高風動竹 水落月鳴川 何處隨陽雁 蕭蕭遠入天)."라는 시를 지었다.

　13세 때 아버지를 여의고 입산하여 진희장로(震熙長老)에게 머리를 깎고 한암(寒巖)으로부터 구족계(具足戒)를 받았다. 추파(秋波)의 문하에서 공부를 마치고 28세 때 개강(開講)하여 후학을 양성하기 시작하였다.

　20년이 지난 어느 날 "많은 보배가 있은들 남의 보배인데 무슨 이익이 있으리요"라고 하며 환암(喚庵)의 문하에서 참선에 몰입하여 선지(禪旨)를 얻었다. 만년에는 두류산(頭流山) 정상에 움막을 짓고 2, 3명의 제자와 함께 매일 네 번씩 정진을 하면서 세상에 나오지 않았다.

1804년 1월 13일 대중으로 하여금 서쪽을 향하여 염불하게 하고는 임종게(臨終偈)를 남기고 입적하였다. 입적 후에 문인들이 그의 시문을 모아 『경암집(鏡巖集)』 3책을 출간하였다.

『경암집(鏡巖集)』 – 관식(慣拭)의 시문집. 3권 1책. 목판본.
1804년경에 간행되었다. 권두에는 목만중(睦萬中) 유숙지(柳肅之)의 서(序)와 목만중의 경암대사영찬(鏡巖大師影贊)이 있고, 권말에는 제자 팔관(八關)의 행장과 이재기(李在璣)의 발문이 있다.

권상에는 오언절구 칠언절구 고시 등의 시가 수록되어 있고, 권중에는 서(書), 권하에는 기가 있다. 잡저 소 한화록(閒話錄) 문답이 권하에 수록되어 있지만, 일단 경암록 종(終)이라고 명시하고 다시 잡저부터 시작되고 있으므로 부록형식으로 편집되었음을 알 수 있다.

권중의 서에는 채상국번암공(蔡相國樊巖公) 등 승속 23인에게 보내는 서신이 수록되어 있어 저자의 친교를 알 수 있다.

권하에는 4편의 서와 해인사백련암중창기(海印寺白蓮庵重創記), 칠불암기(七佛庵記) 등 중요사찰사료인 24편의 기가 수록되어 있다.

잡저에 수록된 논한자설(論韓子說), 논무학사적설(論無學史蹟說), 오효자전(吳孝子傳), 박열부전(朴烈婦傳), 논삼교동이(論三教同異) 등은 당시 종교사회에서 불교적 관심과 저자의 사상을 이해하는 중요한 자료가 된다. 동국대학교 도서관에 있다.

磊木柱杖
뢰목주장

돌 틈에서 천년을 자라
가운데는 비었고 마디 또한 강해
모양이 대나무와 많이 같으나
하루를 의지하지 않아도 된다.

石隙千年養 中空節又勍
석극천년양 중공절우경
其形多似竹 一日可無卿
기형다사죽 일일가무경

匏圃
포포

퍼진 잎이 무성하고 넓어
줄기는 마디마디 굳세고
키우는데 싫어함이 없으며
열매는 크기가 항아리만하다.

布葉騰騰遠　垂跟節節强
포엽등등원　수근절절강
栽培曾不厭　其實大如甖
재배증불염　기실대여앵

土堀雜詠
토굴잡영

달마가 서쪽에서 온 뜻을
주인공아! 아는가?
푸른 이끼는 맑은 돌을 깔고
경전은 밤에 모래를 판다.
바람과 이슬을 거두는 시
달빛을 캐는 수은 단
쓸쓸히 외롭게 우는 학
절절이 나무아미타불이다.

小室西來意　主公會也麼
소실서래의　주공회야마

綠苔晴布石　黃卷夜穿沙
녹태청포석　황권야천사

詩橐收風露　汞壇採月華
시탁수풍로　홍단채월화

寥寥孤鶴唳　節節和彌陀
요요고학려　절절화미타

*소실(小室) : 선종(禪宗)의 초조(初祖) 달마가 9년 간 면벽(面壁)한 좁은 곳.
*황권(黃卷) : 책을 달리 이르는 말

偶吟心字
우음심자

위에는 노는 땅이 있어 생각도 잊고
가운데 기둥을 더하니 진실도 아니다.
삼태성과 반월이 밝게 드러내니
마음을 참구할 것이지 다른 사람에게 묻지 마라.

上有閑田思亦妄 中加一柱必非眞
상유한전사역망 중가일주필비진
三台半月昭昭現 是可參心莫問人
삼태반월소소현 시가참심막문인

*한전(閑田) : 농사를 짓지 않고 놀리는 땅.
*삼태(三台) : 큰곰자리의 상, 중, 하 삼태성

題默溪
제묵계

하룻밤에 개울 소리가 장광설을 하는데
어떻게 저 속을 묵묵하다고 이름 합니까?
소리이자 묵묵함이지 소리가 묵묵한 것은 아니니
이러한 도리를 밝히기 어려워 묵이라 이름 한 것이다.

日夜溪聲廣舌長　云何這裏默爲名
일야계성광설장　운하저리묵위명
卽聲卽默非聲默　此裏難明故默名
즉성즉묵비성묵　차리난명고묵명

천유 해붕(? ~ 1826)

자는 천유(天遊), 호는 해붕(海鵬). 전라남도 순천(順天) 출신. 선암사(仙巖寺)에서 출가하고, 최눌(最訥)의 법인(法印)을 받았다. 선교에 정통하고, 문장이 뛰어났으며, 덕(德)이 높아 그 명성이 자자하였다.

노질(盧質) 이학전(李學傳) 김각(金珏) 심두영(沈斗永) 이삼만(李三萬) 석의순(釋意恂) 등과 더불어 호남 칠고붕(湖南七高朋)의 한 사람이다. 1826년 10월 1일 선암사에서 입적하였다. 저서로는 『장유대방록(壯遊大方錄)』1권, 『해붕집(海鵬集)』1권 이 있다.

『해붕집(海鵬集)』- 1권1책으로, 간행시기와 장소를 알 수 없다.
내용은 법어(法語)와 경찬(敬讚) 131편, 詩 63편, 부록으로 장제(張濟)와 장옹(張顒)이 쓴 제해붕대사시고운(題海鵬大師詩藁韻)이 있다. 선대의 조사나 거사, 그리고 당시 생존하던 훌륭한 여러 분들에 대한 찬시만을 따로 모아 경찬(敬讚)류로 구성한 것이 특이하다.

題人之箇箇寶藏
제인지개개보장

사람사람이 참다운 보배를 가졌으니
하나하나가 둥글고 밝은 구슬로
부처를 몸 가운데를 향해 찾을지언정
도를 마음 밖에서 구하면 안 된다.

人人眞寶藏 箇箇圓明珠
인인진보장 개개원명주
佛向身中覓 道非心外求
불향신중멱 도비심외구

題禪客
제선객

빛을 돌려 다시 비추면
근본을 돌려 근원으로 돌아간다.
동국은 사람을 살리는 부처님이요
남섬부주는 세상을 건너는 배이다.

回光而返照 返本而還源
회광이반조 반본이환원
東國活人佛 南洲濟世船
동국활인불 남주제세선

*남주(南洲) : 수미산을 중심으로 하여 남쪽에 있는 지역을 일컬음. 염부제(閻浮提)

一理萬殊萬殊一理
일리만수만수일리

한 기운은 본래 만물의 근원으로
만 가지 다름이 원래 하나의 참된 원기
온갖 모양의 근원이 다르다고 말하지 마라
대지의 산과 물이 같은 한 하늘이다.

一氣本來萬物源 萬殊元是一眞元
일기본래만물원 만수원시일진원
莫言萬像根源別 大地山川共一天
막언만상근원별 대지산천공일천

*만수(萬殊) : 모든 것이 여러 가지로 다 다름.
*진원(眞元) : 사람 몸의 원기(元氣).

題菩提菴
제보리암

첩첩은 진시황제 채찍 그림자 밖의 돌이요
층층은 우임금 도끼소리 가운데 열었다.
하늘이 내려준 백옥잔이 아니라
분명 땅이 들어 올린 황금잔이다.

疊疊秦鞭影外石 層層禹斧聲中開
첩첩진편영외석 층층우부성중개
不是天垂白玉盞 分明地擎黃金桮
불시천수백옥잔 분명지경황금배

*진편(秦鞭) : 채찍으로 돌을 때려 옮겼다는 진시황(秦始皇)의 고사. 진시황이 돌다리(石橋)를 놓아 바다를 건너 해가 돋는 곳을 보려 했다. 그러자 신인(神人)이 나타나 돌을 굴려 바다를 메우는데, 돌이 빨리 구르지 않자 채찍으로 돌을 때리니 돌에서 피가 났다 한다.
*우부(禹斧) : 우 임금 도끼. 삼대(三代) 때 우(禹) 임금이 9년의 홍수(洪水)를 다스리면서 천하의 하천(河川)을 개척할 때, 용문(龍門)을 파헤쳐서 물을 텄는데, 그때에 우임금이 신부(神斧)를 사용했다 한다. 우착(禹鑿)이라고도 한다.

題多率寺
제다솔사

충천대장군의 하늘나라에서는
백 천 만 억 많은 군사를 거느리고
멀리 행군하여 승전하던 날을 생각하니
많은 나라와 온갖 성을 항복받았다.

衝天大將倚天處 多率百千萬億兵
충천대장의천처 다솔백천만억병
遙憶行軍勝戰日 受降萬國與千城
요억행군승전일 수항만국여천성

지탁 삼봉(1750~1839)

청주한씨(淸州韓氏). 법호는 화악(華嶽). 삼각산에 오래 머물렀다 하여 삼봉(三峰)이라고도 한다. 아버지는 상덕(尙德)이다. 견불산 강서사(江西寺)로 출가하여 성붕(性鵬)의 제자가 되었다.

금강산과 보개산(寶蓋山)에 오래 머물렀는데, 수능엄경(首楞嚴經)을 만 번 읽고 도를 깨쳤다. 행장에 의하면, 영특하여 불교학에 통달하고 꾸준한 행실과 뛰어난 문장력으로 세상에 이름을 떨쳤으며, 김정희(金正喜)와 교의가 두터웠다.

문손(門孫)인 혜소(慧昭)는 삼봉집(三峰集) 발문에서, "사미(沙彌) 때 그를 금강산 유점사(楡岾寺)에서 뵈니, 칠순에 접어들었는데 용모는 단정하고 우아하였으며, 정신은 청명하였을 뿐만 아니라, 목소리도 낭랑하고 만면에 자비를 띠고 사람들을 교화하므로 부처의 출세인 듯 여겼다."고 기록하였다.

1839년 5월 5일 금강산 장안사(長安寺) 지장암(地藏庵)에서 임종게(臨終偈)를 남기고 입적하였다. "한없는 세월 동안 여러 선행을 두루 닦으니, 만법은 하나로 돌아가고 하나는 공으로 돌아가네. 자가의 본래 일을 이루지 못하니. 구십 년 세월이 허황한 꿈이더라(窮劫歷修諸 善行 萬法歸——歸空 自家本事未成就 九十年充幻夢中)." 통도사(通 度寺)와 운봉사(雲峰寺)에 초상화가 봉안되어 있고, 100여 명 제자 가 운데 화담 경화(華潭敬和)가 가장 뛰어났다. 저서로는 문집인 『삼봉집 (三峰集)』이 있다.

『삼봉집(三峰集)』 - 지탁(知濯)의 문집. 1권 1책. 목판본. 문손(門孫) 혜소(慧昭)가 편집하여 1869(고종 6)년 양주 천마산 보광사(普光寺) 에서 개간하였다. 권두에 이유원(李裕元)의 서문과 혜소의 발문이 있 고, 책 끝에 이유원의 영찬과 김정희(金正喜)의 법상찬(法像贊)이 있 다. 그리고 부록으로 이 책을 편집한 혜소의 스승이자 지탁의 제자인 경화(敬和)에 대한 자료들이 수록되어 있는데, 이도현(李道玄)이 지은 경화의 부도비명(浮屠碑銘)과 영찬, 김정희가 지은 경화의 영찬, 혜소 가 쓴 경화의 행장 등이 부록되었다.

본문의 첫머리에는 먼저 행각록(行脚錄)이 기록되어 있는데, 저자 가 전국의 명승지와 사찰을 다니면서 느낀 바를 기록한 기행문과 시 가 수록되어 있다. 이어서 백두산기(白頭山記)에서는 매우 유창하고 소탈한 문장으로 백두산의 자연과 역사적 유물을 기술하였다. 이어서 천불산록(千佛山錄)에는 설봉산 석왕사(釋王寺)와 호남 송광사 등에 관하여 서술하였으며, 이어서 7언 및 5언으로 된 율시와 절구 300여 수를 수록하였다.

또한 산문으로는 금강산유점사설선당중건기(金剛山楡岾寺說禪堂重 建記)와 유점사법당불량록서(楡岾寺法堂佛量錄序) 신계사유마암신건 기(神溪寺維摩庵新建記) 마하연중건기(摩訶衍重建記) 등 금강산의 여 러 사찰의 역사와 살림살이 수행 등을 살필 수 있는 14편의 글이 있다.

또한, 조상경증정서(造像經證正序)와 조상경고증발(造像經考證跋) 천경집서(天鏡集序)가 있다. 서간문으로는 화담(華潭) 영허(映虛) 등 교분이 깊었던 동년배 승려들과 주고받은 5편의 글과, 수하인과 주고받은 여역산서(與櫟山書) 5통, 상기봉서(上奇峰書) 등이 있다. 동국대학교 도서관에 소장되어 있다.

柱杖子
주장자

세우면 입명안신의 토대가 되고
잡으면 신통변화를 일으켜
마군을 항복받아 정도로 돌아가니
남아의 손에 잡은 주장자 기이하다.

竪當立命安身基 執可通神變化時
수당입명안신기 집가통신변화시
震懾魔兵歸正道 男兒手裏一杖奇
진섭마병귀정도 남아수리일장기

甘露瓶
감로병

사각형에 둥근 입 모양을 한 사기그릇
십장생에 오채색이 밝고
관음보살 보병에 감로수를 흘려
이씨 조선 뿌리와 줄기를 적시니 무성하네.

方形圓口質瓷成 十箇長生五彩明
방형원구질자성 십개장생오채명
流出觀音瓶內水 霑滋仙李茂根莖
유출관음병내수 점자선이무근경

*십장생(十長生) : 민간신앙이나 도교에서 불로장생(不老長生)을 상징하는 10가지 사물.
 1.거북[龜] · 2.사슴[鹿] · 3.학[鶴] · 4.소나무[松] · 5.대나무[竹] · 6.불로초(不老草) · 7.산(山) · 8.내[川] · 9.해[日] · 10.달[月]
*오채(五彩) : 다섯 가지 아름다운 색채. 다채로운 빛깔. 각종 색깔.
 즉 오방색五方色 (청색 , 적색 , 황색 , 백색 , 흑색)
*선리(仙李) : 노자(老子)의 별칭인데 전하여 이씨(李氏)를 가리킨 말이다.

獨悲詩
독비시

부모님 고생하신 은혜
조금도 보답함 없이
새와 짐승의 무리같이
어리석어 차고 밟기만 했다.
청정한 도는 만드는 것이 아니어서
이 길에는 끝내 들지 못하고
봄 연못에서 노는 아이처럼
깨진 기와조각을 다투어 가지려고 했다.
세간의 임금과 부모를 버리고
출가하여 부처님 법을 팔아
헛되이 백운 가운데 헤매다가
때에 돌아보니 홀로 눈물이 흐른다.

父母劬勞恩 一毫罔報答
부모구로은 일호망보답

比如鳥獸群 頑迷能蹴踏
비여조수군 완미능축답

淸淨道無爲 斯經終不入
청정도무위 사경종불입

春池遊戲兒 瓦礫爭取拾
춘지유희아 와력쟁취사

世間棄君親 出家賣佛法
세간기군친 출가매불법

空迷白雲中 時回獨悲泣
공미백운중 시회독비읍

盤桃香爐
반도향로

바다 위에 선도 복숭아 열매 맺어
삼천년 뒤 인간 세상에 떨어지니
잘 익어 튼튼한 껍질은 구리빛이고
속에는 신비한 구전단을 감추었다.

海上仙桃結子盤 三千歲後落人間
해상선도결자반 삼천세후락인간
老成堅殼爲銅篆 裏面潛神九轉丹
노성견각위동전 리면잠신구전단

*노성(老成) : 어른스럽다. 노숙하다. 노련하다.
*구전단(九轉丹) : 아홉 번 제련한 단약(丹藥)이라는 뜻.

木蓮花
목련화

나뭇가지에 연꽃이 피니
어떤 사람이 향기를 맡고
그대로 가지 위에서 시들어
바람 부니 경상에 떨어진다.

木末蓮花發 何人來取香
목말연화발 하인래취향
任其枝上老 風吹落經床
임기지상노 풍취낙경상

*경상(經床) : 불경을 올려놓는 상.

정훈 징월(1751~1823)

1751(영조 27)년 경상북도 의성에서 출생하였으며, 속성은 김씨(金氏), 자는 경호(敬昊), 호는 징월(澄月)이다. 가선총공(嘉善聰公)에게 득도하였고 관월(冠月)에게 구족계를 받았다.

31세 때 개당(開堂)하였으며, 1823(순조 23)년 운부사(雲浮寺)에서 세수 72세로 입적하였다. 특히 시로 이름이 알려져 당시 높은 벼슬아치나 명사들이 추종하지 않는 이가 없어 영남지방의 명승(名僧)으로 추앙되었다. 저서로 『징월대사시집(澄月大師詩集)』 3권 1책이 있다.

『징월대사시집(澄月大師詩集)』 - 3권 1책. 목판본. 1832년 팔공산(八公山) 수도암(修道菴)에서 개간(開刊)하였다. 첫머리에 1829년 5월 희곡산인(希谷散人)이 쓴 서문이 있고, 끝에 1832년 이태승(李台升)과 김이덕(金履德)이 각각 쓴 발문이 있다.

권1에 오언절구 9편, 오언사율(五言四律) 33편, 오언장편(五言長篇) 4편, 칠언절구 67편, 권2에 칠언율시 59편, 권3에 미타암중수기(彌陀菴重修記)·지장사중수기(地藏寺重修記)·진불암중수기(眞佛菴重修

記)·수도암이건기(修道菴移建記) 등 기문 4편, 최상룡(崔象龍)·희곡산인 이문환(李文煥)이 지은 영찬(影贊) 3편, 문인 유혜(有惠)가 기록한 징월화상행장(澄月和尙行狀)이 수록되어 있다. 계명대학교 도서관에 있다.

偶吟
우음

홀로 솟은 서봉 넘어
봄 강물이 만 리를 흐른다.
생각을 떠나 물 가듯 하면
유유하지 않은 날이 없다.

獨立西峯外 春江萬里流
독립서봉외 춘강만리유
離懷如逝水 無日不悠悠
리회여서수 무일불유유

故人來
고인래

새들이 고목나무로 옮겨가니
사람들은 석양이라 하며
청계석을 들고 나와
서로 탁주를 마신다.

鳥遷高樹去 人帶夕陽來
조천고수거 인대석양래
携出淸溪石 相將濁酒杯
휴출청계석 상장탁주배

宿大谷寺
숙대곡사

대곡사에 다시 와서 자려는데
새로운 얼굴에 반은 아는 얼굴
저녁공양으로 쌀광을 기울고
아침에 마신 술이 참으로 좋다.
다시 밟아 오는 길에
이후 산을 분간하기 어렵고
문을 나서니 소매에 구름 가득한데
스님이 잘 가라고 말한다.

大谷重回宿 新顔半舊顔
대곡중회숙 신안반구안
夜供傾廩進 朝酒盡情歡
야공경름진 조주진정환
更踏來時路 難分過後山
갱답래시로 난분과후산
出門雲滿袖 僧語去平安
출문운만수 승어거평안

秋夜獨坐
추야독좌

별은 구름 가운데 빛나고
기러기 멀리서부터 우니
병든 단풍나무 느낌 있어
밝은 달이 다정하다.
낙엽 진 나무에 비 오는가
차가운 하늘은 아득하고
창문을 밀치니 어둡지 않아
맑은 마음에 가을인 줄 안다.

星自雲中炯 雁從塞外鳴
성자운중형 안종색외명
病楓偏有感 明月更多情
병풍편유감 명월갱다정
落木疑疎雨 寒天似遠溟
낙목의소우 한천사원명
推窓仍不寐 涼意覺西成
추창잉불매 량의각서성

*새외(塞外) : 국경 밖
*서성(西成) : 가을에 익은 농작물을 거두어들이는 일을 이르는 말. 음양오행설에서, 서쪽이 가을을 뜻한 것에서 유래한다.

苦夜長
고야장

어지러운 생각에 어제 밤 꿈이 좋지 못해
전단향을 피워 향로의 향기가 다할 즈음
천천히 옆을 돌아보니 창이 밝아
일어나 은하수 보니 오히려 새벽이다.

愁亂前宵夢未圓 檀香消歇篆爐烟
수난전소몽미원 단향소헐전로연
遲遲反側窓明處 起視銀河尙曉天
지지반측창명처 기시은하상효천

혜장 아암(1772~1811)

성은 김씨(金氏), 자는 무진(無盡), 호는 연파(蓮坡) 또는 아암(兒庵). 속명은 팔득(八得). 혜장(惠藏)은 법명이다. 전라남도 해남 출신. 어려서 출가하여 해남 대둔사(大芚寺)의 월송화상(月松和尙)으로부터 구족계를 받았다.

춘계(春溪)와 천묵(天默)으로부터 내전과 외전을 배웠는데, 총명하여 불경은 물론 세속의 학문까지 통달하였으므로 그의 명성은 승도들 사이에 자자하였다. 그 뒤 당대의 대강사인 유일(有一)과 정일(鼎馹)로부터 불교공부를 계속하였다.

27세 때 정암(晶巖)의 밑에서 선리를 터득하여 문신(文信)의 적손(嫡孫)이 되었다. 30세 때 두륜대회(頭輪大會 : 두륜산내의 승려대회)를 주도하였음을 보면, 그 나이에 선(禪)·교(敎) 양종의 거목이 되었음을 알 수 있다. 1801(순조 1)년 전라도 강진에 유배된 정약용(丁若鏞)과 깊은 교우관계를 맺게 되었다.

정약용은 그의 비명(碑銘)에서, "논어 또는 율려(律呂) 성리(性理)의 깊은 뜻을 잘 알고 있어 유학의 대가나 다름없었다."고 칭찬하였다.

그는 특히 수능엄경(首楞嚴經)과 대승기신론(大乘起信論)을 가장 잘 하였다.

35세 때부터 시주(詩酒)를 즐기다가 1811년 가을, 병을 얻어 두륜산(頭輪山) 북암(北庵)에서 입적하였다. 제자에 색성(賾性), 자굉(慈宏), 응언(應彦), 법훈(法訓) 등이 있었으며, 모두 불교계의 거장이었다. 저서에는 『아암집(兒庵集)』 3권이 있다.

『아암집(兒庵集)』 - 3권 1책. 1920년 8월 신문관(新文館)에서 발간한 활자본이 전한다. 권두에는 1919년에 여규형(呂圭亨)이 쓴 서문이 있고, 권말에는 혜장의 탑명(塔銘)과 정약용(丁若鏞)이 지은 연파대사비명(蓮坡大師碑銘), 만아암(挽兒庵)과 찬자 미상의 아암화상만사 2수가 있으며, 손제자 계정(戒定)의 발문이 있다.

권1에 시, 권2에 상량문 축문 비문 서(書), 권3에 종명록(鍾鳴錄), 능엄서언(楞嚴緖言) 등이 수록되어 있다. 시는 7언절구의 산거잡흥(山居雜興) 20수와 장춘동잡시(長春洞雜詩) 12수, 율시 12수, 견흥(遣興) 6수와 평양감사 조진명(趙鎭明) 등 관직에 있는 자들이나 유생들과 교환한 것이 많다.

일찍이 그의 시 한 수가 중국에 전해져서 당시 문장의 대가인 옹방강(翁方剛)의 극찬을 받은 일이 있었으며, 정약용 등의 당대 명사들과 교유가 깊어짐에 따라 시 또한 선가(禪家)의 상투적인 형식을 벗어나서 일반 명사들의 시격에 합한 점이 큰 특색으로 나타나고 있다.

睡
수

회북의 탱자가 회남에서는 귤이 되니
서로 어긋남이 어찌 붉은색과 청색 같을까?
대도는 전해 내려오면서 원래 둘이 아니며
성인이 세간에 출현해 굳이 셋으로 나누니
고집하여 서로 다투면 통달한 사람이 아니고
함께 갖추고 아울러 잘 알면 기이한 남아이다.
창밖에 바람과 달은 나를 졸게 하고
산새는 숲 속에서 자유롭게 지저귀네.

枳成淮北橘成南 相反何曾似茜藍
지성회북귤성남 상반하증사천람
大道傳來元不二 聖人間出强分三
대도전래원불이 성인간출강분삼
偏執互爭非達士 兼持竝解是奇男
편집호쟁비달사 겸지병해시기남
一窓風月容吾睡 山鳥林間任自喃
일창풍월용오수 산조림간임자남

*회북(淮北) : 회수 이북 지역으로, 특히 안휘의 북부를 가리킴.
*하증(何曾) : 언제 …한 적이 있었느냐
*달사(達士) : 사물의 이치에 깊고 넓게 통하여 얽매임이 없는 사람.

叢林行
총림행

총림에서 참선하는 이가 많아
머리는 희고 누런 이빨로 제방을 다니면서
입으로는 조주 구자무불성 화두를 말하며
높이 죽비를 세우고 법의 일상을 의지한다.
경 율 론 삼장의 경문을 모두 버리고
저 언덕은 알지 못해 헛된 힘을 쓰며
밀랍을 씹고 사탕 같다며 돈오를 바라는
열 사람에 다섯 쌍은 오로지 앉아 졸기만 한다.
선가의 중심은 아공임을 깨닫는 데에 있으나
내실 없이 마음만 높으니 가장 어리석어
밤 무지개와 여름에 내리는 눈을 누가 볼 수 있을까
지금의 이단아들이 종풍을 어지럽힌다.
소림 면벽이 비록 기이하고 절묘하지만
규봉의 자상한 말씀 어떻게 버릴 것인가
이 모두가 진여로 불이 법문이니
허공을 향해 달을 따려 하지 마라.

叢林禪子數無央　頭白齒黃走諸方
총림선자수무앙　두백치황주제방

口誦趙州狗子話　高豎竹枝倚繩床
구송조주구자화　고수죽지의승상

三藏經文盡抛棄　不識玄津空贔屭
삼장경문진포기　불식현진공희희

嚼蠟如蔗希頓悟　十箇五雙只坐睡
작랍여자희돈오　십개오쌍지좌수

禪家頂針在我空　空腹高心最儱侗
선가정침재아공　공복고심최롱동

夜虹夏雪誰得見　如今異流亂宗風
야홍하설수득견　여금이유난종풍

少林面壁雖奇絶　圭峰箋註那可闕
소림면벽수기절　규봉전주나가궐

自是眞如不二門　莫向虛空棒打月
자시잔여불이문　막향허공봉타월

*무앙(無央) : 끝이 없다. 무궁하다. 무진.
*정침(頂針) : 중심
*기절(奇絶) : 극히 기이하다
*규봉종밀(圭峰宗密, 780~840) : 화엄종(華嚴宗)의 제5조. 속성은 하(何), 시호는 정혜(定慧). 규봉대사(圭峰大師)라 칭했다.
*전주(箋註) : 본문(本文)의 뜻을 설명한 주석(註釋).
*봉타(棒打) : 몽둥이로 때리다. 몽둥이로 치다.

漁家傲 雨夜
어가오 우야

한줄기 쓸쓸한 등 밝아 꺼지지 않아
남은 책과 옛 그림을 한가로이 펼치니
떨어지고 망가진 것도 참으로 즐거워
늦은 봄 샘물을 마시는 것 같다.
가랑비는 때도 없이 내리고
스스로 웃으며 눈먼 거북이와 절름발이 자라로
시를 짓고 싶은 마음도 이에 이르면 분별이니
선정의 지혜로 어느 바람을 싫어하리.
따사로운 햇살에 향로가 청결하고
몇 그루 탱자나무 꽃이 눈처럼 희다.

一穗寒燈明不滅 殘書古畫閒披閱
일수한등명불멸 잔서고화한피열
剝落離奇逾可悅 猶泉咽晚春
각락리기유가열 유천인만춘
疎雨無時絶 自笑盲龜兼跛鼈
소우무시절 자소맹구겸파별
詩情到此一分別 定眼何嫌風
시정도차일분별 정안하혐풍
景烈香臺潔 數株枳樹花如雪
경렬향대결 수주지수화여설

*파별(破鼈) : 절뚝발이 자라.
*한등(寒燈) : 쓸쓸히 비치는 등불
*리기(離奇) : 색다르다. 기이하다. 불가사의하다.

菩薩蠻 遣興
보살만 견흥

총림에는 격식 밖의 무생곡에
줄 없는 거문고로 계곡물이 푸르다.
조사선을 제 마음대로 다루며
길이 공겁 전에도 불렀으니
옛 곡조를 다시 어루만지면
세계가 모두 환이 된다.
흰 구름 가에서 놀다가
턱을 고이고 지는 꽃을 보리라.

叢林格外無生曲 沒絃琴裏溪光綠
총림격외무생곡 몰현금리계광록

拈弄祖師禪 永鳴空劫前
염롱조사선 영명공겁전

古調如再按 世界都成幻
고조여재안 세계도성환

閒憩白雲涯 支頤看落花
한게백운애 지이간락화

長相思 奉寄東泉
장상사 봉기동천

아침 꿈에도 저녁 꿈에도
의연히 금마의 옛 조의다.
깨어서 가면 도리어 아닌
황새도 날고 백조도 날아
봄바람에 만 리 우거진 풀
저 멀리 산문이 기억난다.

朝夢歸夜夢歸 依然金馬舊朝衣
조몽귀야몽귀 의연금마구조의

醒去卽還非 黃鳥飛白鳥飛
성거즉환비 황조비백조비

春風萬里草萋菲 迢遞憶山扉
춘풍만리초처비 초체억산비

*장상사(長相思) : 긴 그리움
*조의(朝衣) : 조의는 조정에 나아갈 때 입는 예복.

계오 월하(1773~1849)

벽암문파(碧巖門派)에 속한다. 속성은 안동(安東)권씨. 자는 붕거(鵬擧), 호는 월하(月㞼). 아버지는 모현(慕賢)이며, 어머니는 밀양(密陽)박씨이다.

어려서부터 매우 총명하여 7세 때 하루에 1,000여 언(言)씩을 외웠으며, 시에도 능숙하여 사람들을 놀라게 하였다. 11세에 아버지의 뜻에 따라 출가하여 팔공산에서 월암(月庵)의 제자가 되었으며, 그 뒤 침허(枕虛)에게서 구족계(具足戒)를 받고 우기(祐祈)의 법을 이었다.

20세에 당(堂)을 열어 학인을 지도하였고, 유학자들과 교유하면서 필체나 시문으로 이름을 떨치기도 하였다. 한때 홍직필(洪直弼)이 그의 인품과 학덕을 높이 평가하고 환속하여 벼슬을 하도록 권유하였으나, 출가야말로 대장부가 할 일이라는 서신과 함께 승복을 벗을 수 없음을 천명하였다.

또 효심이 지극하여 자기의 토굴 곁에 따로 방을 마련하여 어머니를 봉양했으며, 노모의 눈이 어두워지자 지극한 마음으로 기도하여 시력을 회복시키기도 하였다. 울산 석남사(石南寺)에 있을 때는 밤에 참선하고 낮에는 옥류계곡에서 물을 먹물로 삼아 글씨를 연습하여 명필이 되었다. 그 뒤 비문과 편액 등 많은 작품을 남겼으며, 특히 천자문을 초서로 써서 판각한 것은 유명하다.

60세 이후로는 시문이 수행정진에 방해가 된다 하여 붓을 놓고 염불과 참선에만 전념하였다. 77세로 가지산 석남사 연등정사(燃燈精舍)에서 입적하였다. 그의 법맥은 선수(善修)-각성(覺性)-진언(震言)-원민(圓旻)-정혜(定慧)-탈원(脫遠)-선옥(禪玉)-위심(偉心)-계오(戒悟)로 이어진다.

저서는 모두 12권이 있었으나 『가산집(伽山集)』 4권만 전하며, 석남사에는 초서체 '천자문 판각'이 보관되어 있다.

『가산집(伽山集)』 - 1852(철종 3)년경에 간행된 계오(戒悟)의 시문집. 4권 1책. '월하집(月荷集)'이라고도 한다. 윤노하(尹老荷), 이기연(李紀淵)의 서(序)가 있으며, 권말에는 남기백(南基佰)의 발문과 제자 희겸(喜謙)이 찬한 행장이 있다. 행장 끝에 유집(遺集) 12권 중 10권은 미간(未刊)이고, 2권은 조판(彫板)중이라고 하였으므로, 또 다른 미간본이 있을 것으로 추정된다.

권1에는 오언절구, 오언율시, 칠언절구 등 시 100수가 수록되어 있고, 권2에는 칠언율시 70여 수가 수록되어 있으며, 권3에는 천영소(薦靈疏) 축문 오언 및 칠언고시 찬(讚) 서한 등이 있다.

서한은 홍직필(洪直弼), 허형(許珩), 김유헌(金裕憲) 등 사대부와 유생들과 교제한 글로서, 유생들의 배불설을 비평하거나 유교와 불교의 교리를 토론하고 불교적인 수행법을 제시한 것이 대부분이다. 권4에는 사찰단청기 사찰중창기 표충사이건기(表忠寺移建記) 서문 상량문 비문 등이 수록되어 있다.

詠懷
영회

시절 인연이 인간임에 고마움으로
하늘에 꽃을 달라 했더니 매화가 피었다.
노스님이 돌집에서 향을 사르고 앉으니
달이 서쪽 창에 들어 오래도록 서성인다.

時節人間有謝來 上天花詔下先梅
시절인간유사래 상천화조하선매
老僧石屋焚香坐 月入西窓久徘徊
노승석옥분향좌 월입서창구배회

午夜
오야

큰 쥐가 대들보 위를 달리니
대들보 먼지가 방바닥에 떨어지고
홀연히 깊은 꿈속에서 깨어나니
산달이 서쪽 곁채에 걸려있다.

碩鼠走浮樑 樑塵下土牀
석서주부량 양진하토상
忽然幽夢罷 山月在西廂
홀연유몽파 산월재서상

*오야(午夜) : 한밤중. 자정 전후의 시간.
*서상(西廂) : 서쪽에 있는 곁채

山春
산춘

청산이 사벽을 둘러싸고
맑은 물은 계곡 깊이 누웠다.
고목 꽃이 마음을 차지하는
밤에는 비바람에 차갑다.

靑山圍四壁 白水臥深溪
청산위사벽 백수와심계
古樹花心漸 夜來風雨凄
고수화심점 야래풍우처

面壁
면벽

마음 보려 해도 자취 없어 허공에 그리는 듯
황금 산을 뚫어 쓴다 한들 아주 작은 일로
만길 낭떠러지라 새가 날기도 위험한 길
반연이 없으면 구덩이 가운데에 떨어진다.

見心無迹似描空 用鑿金山寸寸功
견심무적사묘공 용착금산촌촌공
萬仞懸崖危鳥道 攀緣不得落坑中
만인현애위조도 반연부득낙갱중

土窩
토와

스스로 금불굴이라 하고
혹은 옥선관이라 한다.
화조는 어느 곳인지 모르고
꿈속 넋은 오직 이 순간이다.
달과 고운 소나무 또한 늙고
구름과 마주한 학은 돌아가려한다.
모든 마을이 이제 문서가 없으니
명산 또한 이름 붙여 산이라 한다.

自爲金佛窟 或曰玉仙關
자위금불굴 혹왈옥선관
花鳥不何處 夢魂惟此間
화조불하처 몽혼유차간
月韶松亦老 雲面鶴將還
월소송역노 운면학장환
百郡今無籍 名山又字山
백군금무적 명산우자산

의순 초의(1786~1866)

　인동(仁同) 장씨(張氏). 자는 중부(中孚), 호는 초의(草衣), 당호는 일지암(一枝庵). 법명은 의순(意恂). 전라남도 무안 출신, 대흥사 제13대 종사이며 다도(茶道)의 정립자이다.

　16세 때 전라남도 남평운흥사(雲興寺)에서 민성(敏聖)을 은사로 삼아 출가하고, 대흥사(大興寺)에서 민호(玟虎)에게 구족계를 받았다. 22세 때부터 전국의 선지식(善知識)들을 찾아가 삼장(三藏)을 배우고 유학·도교 등 여러 교학에 통달하였으며, 범서(梵書)에도 능통하였다.

　정약용(丁若鏞), 홍현주(洪顯周), 김정희(金正喜) 등과 교유하였는데, 정약용에게서는 유서(儒書)를 받고 시부(詩賦)를 익히기도 하였다. 명성이 널리 알려지자 대흥사의 동쪽 계곡으로 들어가 일지암을 짓고 40여 년 동안 홀로 지관(止觀)을 닦고, 다선삼매(茶禪三昧)에 들기도 하였다.

　또한 모든 것을 구비한 인간이 될 것을 주장하면서 동다송(東茶頌)을 지어 다생활의 멋을 설명하였고, 범패와 원예 및 서예에도 능하였으며, 장 담그는 법, 화초 기르는 법, 단방약(單方藥) 등에도 능하였다.

평범한 일생을 통하여 선(禪)과 교(敎)를 겸하여 수도하고 중생을 제도하였으며, 이상적 불교인으로 존경한 인물은 진묵(震默)이었다.

1866년 나이 80세, 법랍 65세로 입적하였다.

법을 이은 제자로는 각안(覺岸)이 있다. 저서로는 『선문사변만어』 1권, 『이선래의(二禪來儀)』 1권, 『초의시고(草衣詩藁)』 2권, 『진묵조사유적고(震默祖師遺蹟考)』 1권, 『동다송』 1권, 『다신전(茶神傳)』 1권 등이 있다.

『초의시고(草衣詩藁)』 — 의순(意恂)의 문집. 4권 1책. 목판본. '일지암시고(一枝庵詩藁)' '초의음고(草衣吟藁)'라고도 한다.

권두에는 1891(고종 28)년에 쓴 홍석주(洪奭周)의 서문과 신위(申緯)의 서가 있고, 권말에는 윤치영(尹致英)의 발문과 1875(고종 12)년 신헌구(申櫶求)가 쓴 발문, 신관호(申觀浩)의 발문 등이 있다. 본문에는 저자의 차(茶)에 대한 사상 및 선관(禪觀)을 나타낸 시와 함께 홍석주 정약용(丁若鏞) 김정희(金正喜) 등 당대의 유명인사들과 주고받은 시문이 많이 수록되어 있다.

시 외에도 상량문 권선문 서(序), 발(跋), 제문, 서(書) 등이 수록되어 있어 의순을 연구하는 데 귀중한 자료가 된다. 연세대학교·동국대학교 도서관 등에 있다.

潤筆菴
윤필암

깎아지른 낭떠러지 길이 다하는
경치 좋은 산 중턱에 절이 있어
물에 그림자 비치니 맑은 줄 알고
산에 구름 없으니 비로소 하늘을 본다.
해를 가린들 무엇이 거리껴 우거진 풀을 베고
애석해 하며 봄을 보내지 않으려고 낙화를 쓰는가?
앞길에는 갈림길 고생하는 일 없으니
사람을 찾아 동으로 서로 찾지 마라.

削立蒼崖路欲窮　精藍蕭灑翠微中
삭입창애로욕궁　정람소쇄취미중
水因照影方知淨　山到無雲始見空
수인조영방지정　산도무운시견공
礙日何妨剗茂綠　惜春不遣掃殘紅
애일하방잔무록　석춘불견소잔홍
前程但得無岐派　不向人尋西復東
전정단득무기파　불향인심서부동

*정람(精藍) : 절을 가리켜, 가람(伽藍), 정사(精舍), 승방(僧房), 사 찰(寺刹), 사원(寺院), 정람(精藍)이라 한다.
*소쇄(蕭灑) : 운치 있다. 시원스럽다. 소탈하다.
*취미(翠微) : 청록빛의 산색. 산의 중턱
*잔홍(殘紅) : 지고 남은 꽃. 낙화

溪行
계행

나물 캐다 시냇가에 쉬니
흐르는 물이 맑고 잔잔하며
새로운 등나무 지나가는 비에 깨끗하고
오래된 돌은 구름으로 아름답다.
새순은 잎 옆으로 돋아나고
우거진 꽃들은 시들지 않아
푸른 바위는 수놓은 병풍 같으며
푸른 이끼는 무늬 놓은 돗자리이다.
사람살이 또 무엇을 찾을까
턱을 고이고 돌아갈 것을 잊으니
차갑게 산의 해는 저물고
숲 끝에 아득히 연기가 낀다.

採薪休溪畔　溪流淸且漣
채속휴계반　계유청차연

新藤經雨淨　古石依雲娟
신등경우정　고석의운연

嫩葉憐方展　蕤花欣未蔫
눈엽련방전　유화흔미언

靑巖當繡屛　碧蘚代紋筵
청암당수병　벽선대문연

人生亦何求　支頤澹忘還
인생역하구　지이담망환

滄涼山日暮　林末起暝煙
창량산일모　임말기명연

暮抵上院
모저상원

바로 산 깊은 곳에 이르니
작은 암자 하나 떨어져 있다.
빈 숲에 봄비가 지나가니
산 빛은 비취색으로 짙게 방울져
처마 끝에 떨친 꽃 그림자 담백하고
문을 돌아 흐르는 물은 푸르다.
누가 구름을 무심하다 하는가?
내가 오니 큰 바위가 생기고
천천히 중봉을 지나
더딘 나그네를 기다리며
소나무와 함께 머무니
조금은 어긋나도 마음이 간다.

正到山深處　蕭灑一庵僻
정도산심처　소쇄일암벽

空林春雨去　山翠濃欲滴
공림춘우거　산취농욕적

拂檐花影澹　繞門流水碧
불첨화영담　요문유수벽

誰言雲無心　我來生穹石
수언운무심　아래생궁석

冉冉度中峰　遲遲留遠客
염염도중봉　지지류원객

依汝松俱住　差可竝心跡
의여송구주　차가병심적

*궁석(穹石) : 높고 큰 바위.
*여송(汝松) : 소나무를 여송(汝松)이라 하고 곰솔을 남송(男松)이라고도 한다.
*차가(差可) : 그만하면 괜찮다. 그런대로 좋은 편이다.

哀殷古阜
애은고부

잎 하나가 가을에 놀라 상림에 떨어지니
처량한 흰 기러기 북에서 날아와 운다.
옛집 어두운 구름 삼생의 인연 멀리하고
달빛 차가운 새로운 정자에 한 꿈만 깊어
물은 다리 가에서 목 메이게 울고
성 위에 구름은 수심으로 맺혔다.
분명 마음의 눈을 얻었으니
비록 중천에 있더라도 나의 마음 보리라.

一葉驚秋殞上林　凄凉白雁北來音
일엽경추운상림　처량백안북래음
雲冥古館三生遠　月冷新亭一夢深
운명고관삼생원　월냉신정일몽심
水向橋邊成咽響　雲從城上結愁陰
수향교변성인향　운종성상결수음
分明記得心中眼　雖在重泉見我心
분명기득심중안　수재중천견아심

*애은고부 (哀殷古阜) : 은고부를 애도하다.
*상림(上林) : 중국 장안(長安)의 서쪽에 있었던 대궐 안의 동산. 진(秦)나라 시황제(始皇帝)가 창설하고, 한(漢)나라 무제(武帝)가 중축하였다.
*중천(重泉) : 사람이 죽은 뒤에 그 영혼이 가서 산다는 세계.

歸故鄕(癸卯)
귀고향(계묘)

멀리 고향을 떠난 지 사십 년
흰 머리로 돌아올 줄 알지 못했네.
새 터는 풀에 묻혀 집은 어디에 있는지
옛 묘지는 이끼 끼고 황망해 자국마다 걱정으로
마음 죽으니 한은 어느 곳을 쫓아 일어나고
피가 마르니 눈물 또한 흐르지가 않는구나.
외로이 지팡이 짚고 구름 따라 떠나가며
어쩔 수 없구나! 살아 고향 찾음이 잘못이구나.

遠別鄕關四十秋 歸來不覺雪盈頭
원별향관사십추 귀래불각설영두
新基艸沒家安在 古墓苔荒履跡愁
신기초몰가안재 고묘태황리적수
心死恨從何處起 血乾淚亦不能流
심사한종하처기 혈건루역불능유
孤筇更欲隨雲去 已矣人生愧首邱
고공갱욕수운거 이의인생괴수구

*향관(鄕關) : 조상 대대로 누리어 살아온 곳.
*안재(安在) : 어디에 있는가? 건재하다. 평안무사하다.
*리적(履跡) : '발자국'이라는 뜻으로, 사람이 다닌 자취를 이르는 말.
*이의(已矣) : 이제 마지막이다! 어쩔 도리가 없구나! 끝났구나!
*수구(首邱) : 여우가 죽을 때 제가 살던 굴이 있는 언덕 쪽으로 머리를 둔다는 뜻으로, 고향을 그리워하는 마음을 이르는 말.

선영 역산(1792~1880)

　성은 임씨(林氏). 호는 영허(暎虛) 또는 역산실(櫟山室), 자는 무외(無畏). 한양 출신. 아버지는 득원(得元)이다. 어려서부터 학문을 익혀 경사(經史)에 밝았다.
　12세에 수락산 학림암(鶴林庵)으로 출가하여 승행(勝行)의 제자가 되었고, 덕함(德凾)에게 구족계(具足戒)를 받고 지탁(知濯)에게 선(禪)을 배웠으며, 21세에 덕준(德俊)으로부터 심인(心印)을 이어받았다.
　특히, 선교에 능통하였으므로 주위에서는 '십지경왕본색납자(十地經王本色衲子)'라고 하였으며, 스승이었던 지탁도 그의 학문과 지견(知見)을 가리켜 '금모(金毛)의 사자(獅子)이며 백우(白牛)'라고 극찬하였다.
　만년에는 석왕사 내원암(內院庵)에서 지냈으며 참선과 염불에 전념하여 낮에는 누운 적이 없었다. 용모는 위엄과 자비를 갖추었고 음성은 마치 범종소리처럼 우렁찼다. 한번 도안(道顔)을 쳐다보면 공숙(恭肅)해지지 않는 이가 없었으며, 말하지 않아도 교화를 입었다고 한다. 나이 89세, 법랍 78세로 입적하였다. 제자와 신도는 합해서 1,000여

명에 이르렀다. 저술로는 『역산집(櫟山集)』이 있다.

『역산집(櫟山集)』 - 2권 1책. 고활자본. 1888(고종 25)년 안변 석왕사(釋王寺) 내원암(內院庵)에서 간행하였다. 저자의 호인 영허(映虛)를 따서 영허당유집(映虛堂遺集)이라고도 한다.

권두에는 1883(고종 20)년 김조영(金祖永)이 쓴 서(序)와 법손(法孫)인 심주(心舟)가 쓴 서가 있으며, 권말에는 이유원(李裕元)이 쓴 영허대사비명과 문인 계암(戒庵)이 지은 행장, 영응(靈應)이 지은 영찬(影贊), 윤조숭(尹祖崇)과 영응이 쓴 발문이 있다.

상권에는 오언절구 29수, 오언율시 16수, 칠언절구 28수, 칠언율시 47수, 칠언고시 및 부(賦) 각 1수가 수록되어 있다. 하권에는 당시의 순찰사 권돈인(權敦仁)에게 보낸 편지를 비롯하여 사찰의 중창 및 중수에 관한 기록 등이 수록되어 있다. 교리에 관한 것으로는 심성정설(心性情說)이 있다.

이 밖에도 뇌묵(雷默), 설송(雪松), 덕광(德光)의 비명(碑銘)과 뇌묵의 행장, 취암(翠巖), 월인(月印), 환성(喚惺), 영성(永醒), 용운(龍雲), 성담(性潭), 구담(九潭) 등에 대한 영찬과 진찬(眞贊), 권선문, 낙경소(落慶疏), 정종대왕사십구일영산재별(正宗大王四十九日靈山齋別) 등의 제문이 수록되어 있다. 규장각 도서·국립중앙도서관 등에 있다.

閑坐
한좌

산 구름 다하는 곳에
달이 뜨면 시를 짓고
솔바람에 술을 마시며
하늘과 함께 즐거워라.

看山雲盡處 得句月生時
간산운진처 득구월생시
酌酒松風下 與天同樂之
작주송풍하 여천동락지

題金剛山
제금강산

변화신이 만든 아름다운 연꽃
만폭의 소리에 세상 걱정 비우니
옛날 선랑이 볼 수 없었던
중향성 위에 달이 몽롱하다.

化翁琢出玉芙蓉　萬瀑聲聲世慮空
화온탁출옥부용　만폭성성세로공
昔日仙郎無見處　衆香城上月朦朧
석일선랑무견처　중향성상월몽롱

*옥부용(玉芙蓉) : 아름다운 연꽃
*선랑(仙郎) : 신라의 화랑을 이르던 말
*중향성(衆香城) : 유마경(維摩經) 향적불품(香積佛品)에 나오는데 "위로 항하의 모래처럼 많은 부처님의 나라를 지나면 香積佛이 화하는 나라가 있는데 그곳의 이름이 衆香이다" 하였음.

秋月
추월

바람 시원한 가을밤 달이 처음 밝아
시원함이 구름을 타고 옥경에 오르는 듯
집 생각에 몇 번이나 달밤을 거닐었고
은자는 꿈을 이루지 못했다.

涼風秋夜月初明 爽若乘雲上玉京
량풍추야월초명 상약승운상옥경
幾處思家仍步月 幽人於此夢難成
기처사가잉보월 유인어차몽난성

*보월(步月) : 달밤에 거닐며 다님. 달밤에 거닐다.
*유인(幽人) : 은자. 은사. 은둔하여 살고 있는 사람.

別金進士(正喜)
별김진사(정희)

옛 사람은 객을 보낼 때 시를 읊었으나
나는 부끄러워 아무 말 못하고 객을 보냈고
호계 가에 나막신 즐겁게 지나 셋이 웃었으나
오동나무 성근 비가 또 다시 질척거린다.

古人送客每吟詩 愧我無言客去時
고인송객매음시 괴아무언객거시
三笑溪邊遊屐過 梧桐疎雨更遲遲
삼소계변유극과 오동소우갱지지

*극(屐) : 나막신 중국에서는 극(屐)이라 하였고, 한국에서는 목혜(木鞋)라 부르다가 조선 후기부터 나막신이라 하였다.
*호계삼소(虎溪三笑) : 유교의 도연명과 불교의 혜원선사, 도교의 육수정이 호계를 넘자 함께 한바탕 크게 웃음.
*오동(梧桐) : 벽오동

釋王寺
석왕사

설봉산 아래 흐르는 맑은 물 위의 축대
붉은 난간 푸른 문이 날개를 활짝 펴고
하늘 높이 뜬 달은 처마 끝을 지나
많은 골짜기 물소리는 대지를 진동한다.
절에서 발우를 거두는 왕유의 웃음과
용산에서 검을 놓은 동빈의 애환은
우러러 보는 은하수는 어필의 자취
신하를 물리치고 백성을 기쁘게 한다.

峯下淸流上築臺　朱欄碧戶翼然開
봉하청유상축대　주난벽호익연개
千岑月色當軒轉　萬壑溪聲動地來
천잠월색당헌전　만학계성동지래
香刹鉢回摩詰喜　龍山劍落洞濱哀
향찰발회마힐희　용산검락동빈애
仰瞻雲漢宸章迹　却使臣民感悅哉
앙첨운한신장적　각사신민감열재

*익연(翼然) : 새가 양쪽 날개를 활짝 편 모양.
*만학(萬壑) : 첩첩이 겹친 많은 골짜기.
*마힐(摩詰) : 왕유 (701~761) 당나라 현종 때 시인, 호 마힐(摩詰), 불교 유마경의 주인공인 거사 유마힐(維摩詰)의 이름을 따서 호로 씀.
*운한(雲漢) : 은하수　　　　*신장(宸章) : 왕의 서한
*감열(感悅) : 마음에 깊이 감동하여 기뻐함

치능 함홍(1805~1878)

함홍선사는 순조을축(1805년)에 임제종의 37세 손인 송암화상을 은사로 출가하였다.

함홍(涵弘)은 법호이고 법명은 치능(致能)이다. 스승의 권유로 삭발 전 사서삼경과 제자백가를 통달하고 구담화상으로부터 구족계를 받았다. 대강백 혼허화상과 팔봉선사의 법을 잇고 고운사로 돌아와서 강당을 세우니 전국에서 승속을 불문하고 선사의 가르침을 받기 위해 학인들이 운집하였다.

근기에 따라 가르침을 펴되 정성을 다하니 열등한 자라도 끝내 재목을 이루었다. 조선에 석학으로 이름이 높아 사대부들로부터 존경을 받았으며 그 당시 불교의 최고 지도자인 조선불교 선교양종(禪敎兩宗) 정사(正事)를 지냈다.

말년에 만성재(晩成齋) 두어 칸 집을 짓고 '이 방에 4년을 있으리라' 하였는데 과연 그 때가 되자 병세를 보였다. 날이 저물자 제자들에게 일러 옷을 갈아입고 좌탈입망 하였다. 이때가 1878년 겨울이었다. 고운사 입구에 선사의 행적비가 있으며 법당에 그 영정이 모셔져 있다.

저서로 『함홍당집(函弘堂集)』이 있다.

『함홍당집(函弘堂集)』은 2권 1책으로 이루어진 조선 말기의 승려 함홍 치능(致能)의 시문집으로, 제자 명원(明遠)이 스승의 원고를 수집하여 간행하였다. 1881(고종 18)년 이돈우(李敦禹)가 쓴 서(序)와 1879(고종 16)년 김기선(金驥善)과 허훈(許勳)이 쓴 서문이 있다. 권말에는 부록으로 명원이 찬한 행장과 1879년 허훈이 찬한 비명, 이수영(李秀瑩)이 쓴 발문이 있다. 권1에 시(詩), 권2에 서(書) 서(序) 기(記) 등이 수록되어 있다. 동국대학교 도서관에 있다.

盆梅
분매

문득 어여쁜 시를 읊게 하는 나의 매형
글귀는 차가운 향을 대하나 운은 맑다.
누가 좋은 가지를 화분에 심었는가?
완연히 흰 달이 삼경을 대한다.

吟詩頓荷我梅兄　句帶寒香韻更淸
음시돈하아매형　구대한향운갱청
誰把瓊枝盆上置　宛然雪月對三更
수파경지분상치　완연설월대삼경

*매형(梅兄) : 매화를 매형(梅兄)이라 한다.
*완연(宛然) : 마치. 흡사. 완연히.

盆竹
분죽

화분에 많은 대나무 푸르른 가을
오히려 아황의 오랜 근심을 대하네.
눈 내린 뒤 창문을 밀치니 맑은 달이
바람과 운무에 맑고 깨끗한 작은 평상.

一盆叢竹碧湘秋 尙帶娥皇萬古愁
일분총죽벽상추 상대아황만고수
雪後推牕晴月在 風煙瀟灑小牀頭
설후추창청월재 풍연소쇄소상두

*아황(娥皇) : 중국 고대의 임금 요의 장녀

雪松
설송

눈과 서리가 업신여겨도 가을 타지 않고
세월 추위가 끝 가더라도 오히려 유유해
마음이 소나무 같으니 마음 알 것 없는데
세상 삶이 물결치는 것을 어찌 걱정하리.

傲雪凌霜不受秋 歲寒高標更悠悠
오설릉상불수추 세한고표갱유유
有心松合無心釋 世道波翻詎足愁
유심송합무심석 세도파번거족수

上元夜觀月
상원야관월

오늘밤 달이 가장 둥글고 밝아
만 리 달빛 세계가 청정하여
우러러 영접하여 합장하고 서서
지극한 마음으로 축원하나 소리 내지 않네.

今宵桂魄最圓明 萬里氷輪世界淸
금소계백최원명 만리빙륜세계청
翹首迎來叉拜立 深深心祝密無聲
교수영래차배입 심심심축밀무성

*계백(桂魄) : 계수나무가 있는 달이라는 뜻으로, '달'을 달리 이르는 말.
*빙륜(氷輪) : 얼음처럼 맑고 차게 보이는 둥근 달. 달의 다른 이름
*교수(翹首) : 우러러보다. 머리를 들다. 고개를 들다.

過銀海寺
과은해사

천년 고찰 부처님 전에
하늘 꽃이 내려 사룬 향이 짙고
가릉빈가도 그만둔 무언의 이별
은빛 바다 물결에 마음 머물지 않아.

千古伽藍金佛殿　天花亂墜炷香深
처고가람금불전　천화난추주향심
伽陵鳥罷無言訣　銀海波流不住心
가릉조파무언결　은해파유불주심

각안 범해

　선승(禪僧). 경주최씨. 법호는 범해(梵海), 자는 환여(幻如), 자호는 두륜산인구계(頭輪山人九階). 각안은 법명이다.

　아버지는 철(徹)이며, 전라남도 완도 출생. 1833(순조 33)년 두륜산 대둔사(大芚寺)로 가서 출가하였고, 1835년 호의(縞衣)를 은사로 삼고 하의(荷衣)에게서 사미계를 받았으며, 초의(草衣)로부터 구족계를 받았다.

　그 뒤 호의 하의 초의 문암(聞庵), 운거(雲居), 응화(應化) 등 6법사에게서 불법을 배웠고, 이병원(李炳元)에게서 유서(儒書)를 배웠으며, 태호(太湖)와 자행(慈行)으로부터 재공의식(齋供儀式)을 배웠다.

　1846년에 호의의 법을 이어 진불암(眞佛庵)에서 개당하여 화엄경과 범망경(梵網經)을 강설하고 선리(禪理)를 가르쳤다.

　22년 동안을 강당에서 학인들을 가르치다가 다시 조계산 지리산 가야산 영축산 등지에 있는 사찰을 순방하였고, 1873년에는 제주도를, 1875년에는 한양과 송악을 거쳐 묘향산과 금강산을 순례하였다.

　그 뒤 다시 대둔사로 돌아와서 후학들을 지도하다가 나이 77세, 법랍 64세로 입적하였다. 제자로는 교법을 전한 3인과 선법을 전한 81인이 있었으며, 그 가운데 성윤(性允), 예순(禮淳) 등이 가장 뛰어났다.

저서로는 고승전인 『동사열전(東師列傳)』을 비롯하여 『범해선사유고(梵海禪師遺稿)』, 『범해시고(梵海詩稿)』, 『경훈기(警訓記)』, 『유교경기(遺敎經記)』, 『사십이장경기(四十二章經記)』, 『사략기(史略記)』, 『통감기(通鑑記)』, 『진보기(眞寶記)』, 『박의기(博儀記)』, 『사비기(四碑記)』, 『명수집(名數集)』, 『동시선(東詩選)』, 『은적사사적(隱跡寺事蹟)』 등이 있다.

『범해선사유고(梵海禪師遺稿)』 – 각안(覺岸)의 시문집. 4권 2책. 신연활자본. 범해선사문집 2권과 범해선사시집 2권에 부록을 붙여 '범해유집보유(梵海遺集補遺)'라고 되어 있다.

문집 권1에는 자웅종기(雌雄鐘記)를 비롯하여 기(記) 발(跋) 설(說) 변(辨) 논(論) 명(銘) 찬(贊) 축(祝) 등 31편의 글이 있고, 권2에는 문향각상량문(聞香閣上樑文)을 비롯하여 선문만어(禪門謾語)의 서문, 대둔사무량회모연소(大芚寺無量會募緣疏), 기일허거사서(寄一虛居士書) 등 상량문과 서문 모연소 서(書) 제문(祭文) 등과 각안의 행장 등 42편의 글이 수록되어 있다.

권2의 수보살계계안서(受菩薩戒契案序)에는 석가로부터 보리달마(菩提達磨)까지 28세(世), 달마로부터 혜능(慧能)까지 중국의 6세, 혜능으로부터 석옥(石屋)까지가 중국의 방계(傍系)로 23세, 석옥에서 각안까지 한국의 16세를 모두 합해 73세(世)라는 선종(禪宗)의 정통 계보(系譜)를 밝히면서 각안 자신을 선사의 계보에 올리고 있다.

시집 권1에는 차석옥화상산거시(次石屋和尙山居詩) 12수 외에 승려와 신도들에게 보낸 시가 49수 수록되어 있다. 권2에는 목환자천념불

(木槵子千念佛) 등, 시 35수와 인물가(人物歌) 산수가(山水歌) 차가(茶歌) 등의 장시가(長詩歌)가 수록되어 있다.

　부록인 『범해유집보유』에도 시 118수가 실려 있다. 오언절구로서 입완호조사비(立玩虎祖師碑)를 비롯하여 19수가 있는데, 이 중에는 열선암사대각국사집(閱仙巖寺大覺國師集)이 있다. 오언율시도 초의차(草衣茶)를 비롯하여 19수가 있고, 칠언절구도 과수로왕릉을 비롯하여 58수가 있다. 동국대학교 도서관 등에 있다.

十一庵號
십일암호

심진암 가는 곳에 청신암 세웠고
동쪽 산등성에 이르니 신월암 가깝다.
명적암은 스산하고 매우 적막하며
적연암은 아름다워 도선을 굴린다.
내려가는 진불암에 꽃비가 돕고
남미암과 만일암이 특별하게 서있다.
북탑암과 제천암은 허공계에 있고
산의 암자 열한 번째 망중암은 새롭다.

尋眞去處起淸神 行到東岡新月親
심진거처기청신 행도동강신월친

明寂蕭條深寂寞 赤蓮爛漫導船輪
명적소조심적막 적연난만도선륜

降臨眞佛雨花贊 特立南彌挽日竣
강임진불우화찬 특입남미만일준

北塔齊天空界在 山庵十一望中新
북탑제천공계재 산암십일망중신

*소조(蕭條) : 스산하다.
*도선(導船) : 항구나 연해 구역을 출입하는 배를 안전한 수로로 안내하는 일.
*난만(爛漫) : 선명하고 아름답다. 눈부시다.

芭蕉花
파초화

옥 같은 다리 아름답고 크기는 한 길 남짓
꽃이 피고 시들어 죽는 것이 대나무와 같아
새로 나오는 잎의 마음은 봉지를 꺼내는 듯
넘어지는 잎은 마치 물결을 부는 고기인 듯하다.
부채를 만들어 조회하는 수레를 가리고
노래를 엮음에 초서를 쓰는 집이 된다.
개움 바람소리 엽엽하고 숲에는 비가 방울지니
겨울은 참으로 싫은데 눈이 처음 내린다.

玉股亭亭一丈餘 開花萎死竹同虛
옥고정정일장여 개화위사죽동허
新抽心若牽封紙 故倒葉如吹浪魚
신추심약견봉지 고도엽여취랑어
製扇惟遮朝會輅 編歌直指草書廬
제선유차조회로 편가직지초서려
溪風獵獵林霏滴 切忌嚴冬雪落初
계풍엽엽림비적 절기엄동설락초

*정정(亭亭) : 우뚝하게 높이 솟은 모양. 아름다운 모양.
*엽엽(獵獵) : 바람 소리. 깃발 따위가 바람에 나부끼는 소리.
*절기(切忌) : 극력 피하다. 극력 삼가다. 힘써 피하다.

過弓裔城
과궁예성

옛 일은 멀고멀어 어느 곳에 물을까?
흥하고 망한 이야기 사는 사람들에게 전한다.
황폐한 성의 풀 이슬은 원혼들의 눈물이요
피폐한 궁궐의 솔바람은 패장들의 울음이다.
검불랑산을 시초로 분수령이 되어
두려움 감추려 쌓은 아래 제사 지낸 산단
오직 삼십 년 자신의 안락함을 도모하기 위해
이루지 못한 나쁜 이름을 만년에 남겼는가.

古事悠悠何處問 興亡陳跡土人傳
고사유유하처문 흥망진적토인전
荒城草露怨神淚 廢闕松風敗將喧
황성초로원신루 폐궐송풍패장훤
劍拂浪頭分水嶺 尸藏磧下祭山壇
검불랑두분수령 시장적하제산단
惟圖卅載安身計 未達臭名遺萬年
유도삽재안신계 미달취명유만년

*토인(土人) : 토착인. 본토박이.
*검불랑(劍拂浪) : 강원도 철원군 고삼면의 검불랑(劍拂浪)은 철원/평강 용암 대지에서 흘러내린 검붉은 모래가 있어서 붙여진 것이다.
*취명(臭名) : 나쁜 평판. 악명. 추문.

一爐香室
일로향실

간화선을 하는 까닭은 평상에 앉아
창 앞에 흐르는 세월도 잊고
의식이 맑고 한가로워 인간사 느긋해
탐하고 성냄이 다해 스스로 깊어진다.
재를 파하고 누각에서 객과 함께 밥 먹고
가볍게 바람 부는 숲길을 새와 함께 쉬다
다시 향로실에 돌아와 화두를 관하니
구름은 무심히 왔다 갔다 한다.

由來看字坐床頭 忘却窓前歲月流
유래간자좌상두 망각창전세월유
衣食淸閑人事懶 貪嗔淨盡自居幽
의식청한인사라 탐진정진자거유
齋罷樓中同客飯 風輕樹下與离休
재파루중동객반 풍경수하여리휴
重來香室思量見 雲出無心任去留
중래향실사량견 운출무심임거유

紫微花
자미화

내가 옮겨 심은 지 삼십 년 만에
다시 오니 인연이 있는 것 같다.
삼일 동안 단비로 가지가지 피우고
백일 따뜻한 바람에 늘어진 꽃송이 곱다.
은하수 백일홍 같이 밝게 비추고
촉강과 비단이 공히 새롭고 고아
한 움큼 뽑아드니 가을빛이 흔들리고
가만히 들여다보니 불타는 듯하다.

自手移栽三十年 重來若有舊因緣
자수이재삼십년 중래약유구인연
三朝甘雨枝枝倚 百日煖風朶朶妍
삼조감우지지의 백일난풍타타연
天漢紫微同照曜 蜀江彩錦共新鮮
천한자미동조요 촉강채금공신선
叢中挺出撓秋色 望裏依俙火聚燃
총중정출요추색 망리의희화취연

*채금(彩錦) : 중국 비단
*총중(叢中) : 한 떼의 가운데
*의희(依俙) : 비슷하다.

세환 혼원(1853~1889)

성은 두씨(杜氏). 자는 정규(正圭), 호는 혼원(混元). 경상북도 청도 출신. 어려서 부모를 모두 여의었으며, 10세에 취학(就學)하였다. 16세에 출가하여 팔공산(八公山)에 있던 극암(克庵)의 제자가 되었다.

특히 학문을 좋아하여 불경은 물론 제자백가에도 두루 통하였다. 1883(고종 20)년에 예천 용문사(龍門寺)로 가서 용호(龍湖)로부터 경교(經敎)를 물려받았다. 1887(고종 24)년에 초청을 받아 김천청암사(靑巖寺)에서 강석(講席)을 열었는데 크게 명성을 얻었다.

그 뒤 팔공산으로 옮겨 후학들을 지도하다가, 1889년 가을에 병이 발생하자 스스로 오래 살지 못함을 알고 후학들을 불러서 임종게(臨終偈)를 남기고 입적하였다. 나이 36세였다. 저서로는 문집인 『혼원집(混元集)』이 있으며, 천재적 재능을 지닌 강사로 평가받고 있다.

『혼원집(混元集)』은 2권1책으로, 권1에는 詩는 없고 17편의 文만 실려 있다. 권2는 금강록(金剛錄)으로, 금강산을 기행하며 쓴 글이다.

서문은 1912년 석암거사(石菴居士) 홍희흠(洪羲欽)이 썼고, 행장은

1910년 법제자 석응달현(石應達玄, 태백산 각화사 중창주)이, 발문은 1911년 회응석주(晦應錫柱)가 썼다.

발문을 쓴 회응석주(晦應錫柱)는 동화사 강사를 역임했으며, 해인사 총섭, 직지사 조실을 지낸 남전 광언(南泉光彦 · 1868~1936)은 그의 제자이다. 전라남도 해남 대흥사(大興寺) 등에 소장되어 있으며, 한국불교전서(韓國佛教典書) 제11책에 실려 있다.

悟道幕韻
오도막운

작은 집이 매우 깊숙이 있어 해는 늦게 뜨나
세상 인연을 끊어 다하고자 선정에 들 때
다함이 없이 펼쳐진 연밥과 나머지 잎까지 먹고
늙지 않고 자라는 소나무 늦은 가지 이야기에
선현들의 향기로운 자취 돌아와 산과 함께 잠들고
높은 이름 쓰기 어려운 휘는 세상이 서로 알아
어니서 이치를 강의한다 하면 나는 가서
다른 날일지라도 문을 두드려 누구 있느냐고 한다.

小閣深深日上遲　塵緣斷了入禪時
소각심심일상지　진연단요입선시
無窮蓮鋪咬餘葉　不老松長說後枝
무궁연포교여엽　불노송장설후지
芳躅已還山與宿　高名難諱世相知
방촉이환산여숙　고명난휘세상지
蒲團講道吾方去　異日叩門復有誰
포단강도오방거　이일고문부유수

*방촉(芳躅) : 훌륭한 행적

抵夜以晴 有詩 二首
저야이청 유시 이수

서풍이 슬슬 높은 산을 어지럽히니
나그네 하는 일이 더욱 힘들고
한없는 가을 생각이 가는 털 같아
괴이한 시상은 칼처럼 예리하다.
빈 마을 해 저문 매점 공이를 서로 잡고
쏟아지는 비에 차가운 강 물결 넘쳐
이 몸 불쌍히 여겨 돌아간 일이 있으나
영욕을 가벼운 털처럼 던져버렸다.

西風瑟瑟亂山高 客事悠悠一倍勞
서풍슬슬난산고 객사유유일배로
無限秋懷纖似髮 怪來詩思利於刀
무한추회섬사발 괴래시사리어도
空村暮店杵相促 急雨寒江浪自滔
공촌모점저상촉 급우한강랑자도
身計堪憐歸有所 抛將榮辱一輕毛
신계감련귀유소 포장영욕일경모

*서풍(西風) : 가을바람.
*슬슬(瑟瑟) : 솔솔. 떠는 모양. 가벼운 소리.

어두운 구름 침침해 끝내 개지 않고
수많은 곤충 소리 참으로 어려운 심정
싸늘한 숲에는 솔솔 바람 부는 가운데
끊이지 않는 계곡 물에 비 소리 지나간다.
역로에 가면 슬픈 세상 이야기를 하나
산림으로 돌아오면 출가 뜻과 합하여
새벽이 와도 한가로이 금강산 꿈
창에 구름 걷힌 하늘 달이 밝다.

雲氣冥濛竟未晴　蛩音無數此難情
운기명몽경미청　공음무수차난정
寒林淅淅風吹裏　絕澗紛紛雨過聲
한림석석풍취리　절간분분우과성
驛路行吟悲出世　山林歸去合逃名
역로행음비출세　산림귀거합도명
曉來閒就蓬萊夢　窓半雲空月自明
효래한취봉래몽　창반운공월자명

　　　　　－金剛錄－

*석석(淅淅) : 살랑살랑. 솔솔. 약한 빗소리.　*분분(紛紛) : 잇달아. 몇 번이고. 쉴 사이 없이.
*행음(行吟) : 거닐면서 시를 읊조리다.
*역로(驛路) : 도로상에 설치한 역참의 역도(驛道)를 말한다.
*역도(驛道) : 역을 관리하기 위한 별도의 행정구역이다.
*출세(出世) : 속계(俗界)를 떠나 신선의 경지에 들어감.
*도명(逃名) : 세속적 명성을 추구하지 않다.

詠龜巖
영구암

온 몸이 이끼로 몇 천 년인가?
오행이 분명하여 항상 머리를 들고
낙서의 상서로움을 드러내 보인 이후
돌아와 돌로 변하여 홀로 물을 내려다본다.

全身苔沒幾千秋 五聰分明尙擧頭
전신태몰기천추 오총분명상거두
應是洛書呈瑞後 歸來化石獨臨流
응시낙서정서후 귀래화석독임유

*낙서(洛書) : 중국 하(夏)나라의 우왕(禹王)이 홍수를 다스릴 때, 낙수(洛水)에서 나온 거북의 등에 씌어 있었다는 45개의 점으로 이루어진 아홉 개의 무늬. 팔괘(八卦)와 홍범구주(洪範九疇)의 근원이 된다고 한다.

萬瀑洞
만폭동

봉래산 원화동에 들어오니
천둥소리 온 골짜기 울어댄다.
단풍이 무성한 꽃 세계로
바위가 희어 하늘과 땅이 옥 같다.
객이 보고 제명을 물으니
계곡에서는 돌과 이야기 한다.
바둑 마친 신선은 어디로 가고
비 내리고 그친 상처만 남았다.

轉入元化洞 雷聲萬壑喧
전입원화동 뇌성만학훤
楓酣花世界 巖白玉乾坤
풍감화세계 암백옥건곤
見客題名問 臨溪與石言
견객제명문 임계여석언
棋罷仙何去 但留憩雨痕
기파선하거 단유게우량

*우랑(雨痕) : 지층의 표면에 남아 있는 아득히 먼 옛날의 빗방울 자국

조선 고승문집 총괄

1. 자초 무학 (自超 無學 1327~1405) 무학대사어록
2. 기화 함허 (己和 涵虛 1376~1433) 함허화상어록. 원각경소. 금강경오가해. 윤관. 반야참문
3. 지엄 벽송 (智儼 碧松 1464~1534) 벽송시집
4. 보우 허응 (普雨 虛應 ?~1565) 허응당집. 나암잡저. 중문답. 전념요록
5. 휴정 청허 (休靜 淸虛 1520~1604) 청허당집.
6. 일선 정관 (一禪 靜觀 1533~1608) 정관집
7. 해일 영허 (海日 暎虛 1541~1609) 영허집
8. 경헌 제월 (敬軒 霽月 1542~1632) 제월당집
9. 선수 부휴 (善修 浮休 1543~1615) 부휴당대사집
10. 유정 사명 (惟政 四溟 1544~1610) 사명대사집. 분충서난록.
11. 명조 허백 (明照 虛白 1593~1661) 허백집
12. 충휘 운곡 (沖徽 雲谷 ?~1613) 운곡집
13. 인오 청매 (印悟 靑梅 1548~1623) 청매집
14. 법견 기암 (法堅 奇巖 1552~1634) 기암집
15. 일옥 진묵 (一玉 震默 1562~1633) 진묵유적고
16. 태능 소요 (太能 逍遙 1562~1649) 소요당집
17. 해안 중관 (海眼 中觀 1567~?) 중관대사유고. 죽미기. 화엄사적기.금산사사적기.
18. 청학 영월 (淸學 詠月 1570~1654) 영월대사문집
19. 응상 송월 (應祥 松月 1572~1645) 송월집
20. 각성 벽암 (覺性 碧巖 1575~1660) 선원집도중결의. 간화결의. 석문상의초
21. 언기 편양 (彥機 鞭羊 1581~1644) 편양당집. 선교원류심검설.
22. 수초 취미 (守初 翠微 1590~1668) 취미당집
23. 확언 춘파 (廓彦 春坡 1591~1658) 춘파집. 통백론.
24. 명조 허백 (明照 虛白 1593~1661) 허백당시집. 승가예문.
25. 각민 송파 (覺敏 松坡 1596~1675) 송파해의
26. 현변 침굉 (懸辯 枕肱 1616~1684) 침굉집
27. 처능 백곡 (處能 白谷 1617~1680) 백곡집
28. 진언 모운 (震言 慕雲 1622~1703) 대방광불화엄경칠구지회품목지도.
29. 무주 월봉 (無住 月峯 1623~?) 월봉집
30. 현일 한계 (玄一 寒溪 1630~1716) 한계집
31. 성총 백암 (性聰 栢庵 1631~1700) 백압집. 지엄기. 치문집주. 정토보서.
32. 경일 동계 (敬一 東溪 1636~1695) 동계집

33. 도안 월저 (道安 月渚 1638~1715) 월저당대사집
34. 명찰 풍계 (明察 楓溪 1640~1708) 풍계집
35. 명안 백우 (明眼 白愚 1646~1710) 백우수필
36. 성능 계파 (聖能 桂坡 ~ 1711~) 북한지. 자기문절차조열
37. 추붕 설암 (秋鵬 雪巖 1651~1706) 설암난고
37. 수연 무용 (秀演 無用 1651-1719) 무용집
39. 지안 환성 (志安 喚醒 1664~1729) 환성시집
40. 석 지환 (釋智還 　미상) 천지명양수륙재의범음책보집 3권.
41. 자수 무경 (子秀 無竟 1664~1737) 무경집
42. 약탄 영해 (若坦 影海 1668~1754) 영해대사문집
43. 태우 남악 (泰宇 南岳 ?~1732) 남악집
44. 법종 허정 (法宗 虛靜 1670~1733) 허정집
45. 나식 송계 (懶湜 松桂 1685~1766) 송계집
46. 정이 일암 (精頤 日庵 1674~1765) 일암집 15권
47. 대우 벽하 (大愚 碧霞 1676~1763) 예수시왕칠재의찬요.
48. 새봉 상월 (璽篈 霜月 1687-1767) 상월대사시집
49. 해원 천경 (海源 天鏡 1691~1770) 천경집
50. 태율 월파 (兌律 月波 1659~ ?) 월파집
51. 회암 정혜 (晦庵 定慧 1685~1741) 법집별행록절요사기해. 선원집도서과기.
　　　　　　　　　　　　　　　　　별행록사기화족. 제경론소구절
52. 기성 쾌선 (箕城 快善 1693~1764) 청택법보은문. 기성염불환향곡.
53. 조관 용담 (慥冠 龍潭 1700~1763) 용담집
54. 보인 풍악 (普印 楓嶽 1701~1769) 풍악당집
55. 유기 호은 (有機 好隱 1707~1785) 호은집
56. 청성 두륜 (淸性 頭輪 　미상) 두륜당집
57. 시성 야운 (時聖 野雲 1710~1776) 야운선사문집
58. 의민 오암 (義旻 鰲岩 1710~1792) 오암집
59. 체조 용암 (體照 龍巖 1714~1779) 용암집
60. 무외 대원 (無外 大圓 1714~1791) 대원대사문집
61. 최눌 묵암 (最訥 默菴 1717~1790) 묵암집. 화엄과도 1권.
　　　　　　　　　　　　　　　　　제경문답착회요 1권. 내외잡저1권.
62. 홍유 추파 (泓宥 秋波 1718~1774) 추파집
63. 팔관 진허 (捌關 振虛 ?~1782) 진허집
64. 취여 괄허 (取如 括虛 1720-1789) 괄허집
65. 유일 연담 (有一 蓮潭 1720~1799) 임하록
66. 지책 충허 (旨册 冲虛 1721~1809) 충허집

67. 정일 운담 (鼎馹 雲潭 1678~1738) 운담임간록
68. 기여 몽암 (箕穎 蒙庵   미상) 몽암대문집
69. 비은 월성 (費隱 月城 1710~1778) 월성집
70. 응윤 경암 (應允 鏡巖 1743~1804) 경암집(관식)
71. 의첨 인악 (義沾 仁岳 1746~1796) 인악집
72. 천유 해붕 (天遊 海鵬 ?~1826) 해붕집
73. 정훈 징월 (政訓 澄月 1743~1804) 징월대사시집
74. 지탁 삼봉 (知濯 三峰 1750~1839) 삼봉집
75. 긍선 벽파 (亘琁 白坡 1767~1852) 백파집. 선문수경. 정혜결사문. 육조단경요해.
오종강요사기. 선문염송사기. 작법귀감.
태고암기괴석. 식지설. 금강경팔가해.
76. 자우 설담 (自優 雪潭 1769~1830) 설담집. 몽유록.
77. 혜장 아암 (惠藏 兒庵 1772~1811) 아암집
78. 계오 월하 (戒悟 月荷 1773~1849) 가산고
79. 영오 경월 (寧遨 鏡月 1775~1857) 경월일기
80. 시오 호의 (始悟 縞衣 1778~1868) 호의행장기. 견문록
81. 정지 하의 (正持 荷依 1779~1852) 하의어록
82. 승제 나암 (勝濟 懶庵 1629~1707) 나암집
83. 의순 초의 (意恂 草衣 1786~1866) 초의시고
84. 보혜 회산 (普慧 晦山   미상) 회산집
85. 응언 철경 (應言 鐵鏡   미상) 철경문집
86. 혜즙 철선 (惠楫 鐵船 1791-1858) 철선문집
87. 선영 역산 (善影 櫟山 1792~1880) 역산집
88. 전령 천유 (展翎 天遊 ?~1826) 장유대방록
89. 계선 양악 (棨璇 羊岳 ?~1837) 양악문집. 고문사기.
90. 응운 공여 (應雲 空如   미상) 응운공여대사유망록.
91. 환공 치조 (幻空 治兆   미상) 청주집(淸珠集)
92. 낙현 이봉 (樂玹 離峯 1804~1880) 이봉집 2권.
93. 치능 함홍 (致能 函弘 1805~1878) 함홍당집
94. 유한 심한 (有閑 心垾 1813~1885) 심한집. 일기 1권.
95. 처익 용운 (處翼 龍雲 1813~1888) 용운집
96. 각안 범해 (覺岸 梵海 1820~1896) 범해시고
97. 우행 우담 (禹行 優曇 1822~1880) 선문증정록
98. 유형 설두 (有炯 雪竇 1824~1889) 설두시집. 선원소류
99. 치조 청주 (治兆 淸珠   미상) 청주집
100. 여심 보제 (如心 普濟 1828~1875) 보제집(포의집). 금강산유산록.

101. 원화 정덕주 (圓華 鄭德柱 1839~1893) 회경록.
102. 세환 혼원(世煥 混元 1853~1889) 혼원집

한국의 시승

韓國의 詩僧 -조선-

초판 1쇄	2014년 4월 3일
집　역	로담 정안
발행인	자　　승
편집인	김 용 환
펴낸곳	(주)조계종출판사

출판등록	제 2003-120호(2003.7.3)
주　소	서울특별시 종로구 우정국로 67(견지동)
	대한불교조계종 전법회관 7층
전　화	02-720-6107
팩　스	02-733-6708
도서보급	서적총판사업팀 02-998-5847
구입문의	불교전문서점 02-2031-2070~3 / www.jbbook.co.kr

ⓒ로담, 2014
ISBN 979-11-5580-012-6　03800

＊책값은 뒤표지에 있습니다.
＊저작권법에 의하여 보호를 받는 저작물이므로 무단으로 복사, 전재하거나 변형하여 사용할 수 없습니다.